"新思想在浙江的萌发与实践"系列教材

编委会

主　编：任少波

编　委：（按姓氏笔画排序）

王永昌　叶　松　朱　慧　朱世强

刘　亭　刘同舫　刘艳辉　刘继荣

李小东　张　彦　张光新　张丽娜

胡　坚　胡　炜　柏　浩　夏群科

徐国斌　郭文刚　盛世豪　傅方正

"新思想在浙江的萌发与实践"系列教材

主编　任少波

创新"枫桥经验"建设平安浙江

Refresh
"Fengqiao Experience"
and
Promote Peaceful
Zhejiang

卢芳霞　等　编著

ZHEJIANG UNIVERSITY PRESS
浙江大学出版社

序

　　浙江是中国革命红船起航地、改革开放先行地、习近平新时代中国特色社会主义思想重要萌发地。习近平同志在浙江工作期间，作出了"八八战略"重大决策部署，先后提出了"绿水青山就是金山银山""腾笼换鸟、凤凰涅槃"等科学论断，作出了平安浙江、法治浙江、数字浙江、文化大省、生态省建设、山海协作及加强党的执政能力建设等重要部署，推动浙江经济社会发展取得前所未有的巨大成就。2020年3月29日至4月1日，习近平总书记到浙江考察，提出浙江要坚持新发展理念，坚持以"八八战略"为统领，干在实处、走在前列、勇立潮头，努力成为新时代全面展示中国特色社会主义制度优越性的重要窗口。2021年6月，中共中央、国务院发布《关于支持浙江高质量发展建设共同富裕示范区的意见》，赋予浙江新的使命和任务。习近平新时代中国特色社会主义思想在浙江的萌发与实践开出了鲜艳的理论之花，结出了丰硕的实践之果，是一部中国特色社会主义理论的鲜活教科书。

　　走进新时代，高校在宣传阐释新思想、培养时代新人方面责无旁贷。浙江大学是一所在海内外具有较大影响力的综合型、研究型、创新型大学，同时也是中组部、教育部确定的首批全国干部教育培训基地。习近平同志曾18次莅临浙江大学指导，对学校改革发展作出了一系列重要指示。我们编写本系列教材,就是要充分发挥浙江"三个地"的政治优势,将新思想在浙江的萌发与实践作为开展干部培训的重要内容,作为介绍浙江努力打造新时代"重要窗口"的案例样本,作为浙江大学办学的重要特色,举全校之力高质量教育培训干部,高水平服务党和国家事业发展。同时,本系列教材也将作为高校思想政治理论课的重要教材,引导师生通过了解浙江改革发展历程,深切感悟新思想的理论穿透力和强大生命力,深入感知国情、省情和民情,让思想政治理论课更加鲜活,让新思想更加入脑入心,打造具有浙江大学特色的高水平干部培训和思想政治教育品牌。

实践是理论之源,理论是行动先导。作为改革开放先行地,浙江坚持"八八战略",一张蓝图绘到底,全面客观分析世情、国情和省情与浙江动态优势,扬长避短、取长补短走出了符合浙江实际的发展道路;作为乡村振兴探索的先行省份,浙江从"千村示范、万村整治"起步,以"山海协作"工程为重大载体,逐步破除城乡二元结构,有效整合工业化、城市化、农业农村现代化,统筹城乡发展,率先在全国走出一条以城带乡、以工促农、山海协作、城乡一体发展的道路;作为"绿水青山就是金山银山"理念的发源地和率先实践地,浙江省将生态建设摆到重要位置统筹谋划,不断强化环境治理和生态省建设,打造"美丽浙江",为"绿色浙江"的建设迈向更高水平、更高境界指明了前进方向和战略路径;作为经济转型发展的先进省份,浙江坚持以发展为第一要务,以创新为第一动力,通过"立足浙江发展浙江","跳出浙江发展浙江",在"腾笼换鸟"中"凤凰涅槃",由资源小省发展成为经济大省、开放大省。

在浙江工作期间,习近平同志怀着强烈的使命担当,提出加强党的建设"巩固八个方面的基础,增强八个方面的本领"的总体战略部署,从干部队伍和人才队伍建设、基层组织和党员队伍建设、党的作风建设与反腐败斗争等方面坚持和完善党的领导,有力推进了浙江党的建设走在前列、发展走在前列。在浙江工作期间,习近平同志以高度的文化自觉,坚定文化自信、致力文化自强,科学提炼了"求真务实、诚信和谐、开放图强"的"浙江精神",对浙江文化建设作出了总体部署,为浙江文化改革发展指明了前进方向。在浙江工作期间,习近平同志积极推进平安浙江、法治浙江、文化大省建设。作为"平安中国"先行先试的省域样本,浙江被公认为全国最安全、社会公平指数最高的省份之一。在浙江工作期间,习近平同志着力于发展理念与发展实践的有机统一,着力于发展观对发展道路的方向引领,着力于浙江在区域发展中的主旨探索、主体依靠、关系处理及实践经验的总体把握,深刻思考了浙江发展的现实挑战、面临困境、发展目标、依靠动力和基本保障等一系列问题,在省域层面对新发展理念进行了思考与探索。

从"绿水青山就是金山银山"理念到"美丽中国",从"千万工程"到"乡村振兴",从"法治浙江"到"法治中国",从"平安浙江"到"平安中国",从"文化大省"到"文化强国",从"数字浙江"到"数字中国",从对内对外开放到双循环新格局……可以清晰地看到,习近平同志在浙江的重大战略布局、改革发展举措及创新实践经验,体现了新思想萌发与实践的重要历程。

浙江的探索与实践是对新思想鲜活、生动、具体的诠释,对党政干部培训和高校思想政治理论课教学而言,就是要不断推动新思想进学术、进学科、进课程、进培训、进读本,使新思想落地生根、入脑入心。本系列教材由浙江省有关领导干部、专家及浙江大学知名学者执笔,内容涵盖"八八战略"、新发展理念、"绿水青山就是金山银山"理念、乡村振兴、"千万工程"、"山海协作"、县域治理、"腾笼换鸟"、对内对外开放、党的建设、新时代"枫桥经验"、平安浙江、法治浙江、数字浙江、健康浙江、民营经济、精神引领、文化建设、创新强省等重要专题。浙江省以习近平新时代中国特色社会主义思想为指引,全面贯彻党中央各项决策部署,统筹推进"五位一体"总体布局,协调推进"四个全面"战略布局,坚持稳中求进工作总基调,坚持新发展理念,坚持以"八八战略"为统领,一张蓝图绘到底,为社会各界深入了解浙江改革开放和社会主义现代化建设的成功经验提供有益的参考。

本系列教材主要有以下特色:一是思想性。教材以习近平新时代中国特色社会主义思想为指导,通过新思想在浙江的萌发与实践展现党的创新理论的鲜活力量。二是历史性。教材编写涉及的主要时期为2002年到2007年,并作适当延伸或回顾,集中反映浙江坚持一张蓝图绘到底,在新思想指导下的新实践与取得的新成就。三是现实性。教材充分展现新思想萌发与实践过程中的历史发展、典型案例、现实场景,突出实践指导意义。四是实训性。教材主要面向干部和大学生,强调理论学习与能力提升相结合,使用较多案例及分析,注重示范推广性,配以思考题和拓展阅读,加强训练引导。

"何处潮偏盛?钱塘无与俦。"奔涌向前的时代巨澜正赋予浙江新的期望与使命。起航地、先行地、重要萌发地相互交汇在这片神奇的土地上,浙江为新时代新思想的萌发、形成和发展提供了丰富的实践土壤。全景式、立体式展示浙江的探索实践,科学全面总结浙江的经验,对于学深悟透党的创新理论,用习近平新时代中国特色社会主义思想武装全党、教育人民具有重大意义。让我们不负梦想、不负时代,坚定不移地推进"八八战略"再深化、改革开放再出发,为建设社会主义现代化强国、实现中华民族伟大复兴的中国梦作出更大贡献。

感谢专家王永昌教授、胡坚教授、盛世豪教授、刘亭教授、张彦教授、宋学印特聘研究员对本系列教材的指导和统稿,感谢浙江大学党委宣传部、浙江大学继续教育学院(全国干部教育培训浙江大学基地)、浙江省习近平新时代中国特色社会主义思想研究中心浙江大学基地、浙江大学中国特色社会主义研究中心、浙江大学马克思主义学院、浙江大学出版社对本系列教材的大力支持,感谢各位作者的辛勤付出。由于时间比较仓促,书中难免有不尽完善之处,敬请读者批评指正。

是为序。

"新思想在浙江的萌发与实践"

系列教材编委会

二〇二一年十二月

前　言

习近平同志大力创新发展推广"枫桥经验"。2003 年 11 月 25 日至 26 日，中共浙江省委联合中央综治委（中央社会治安综合治理委员会）共同举办纪念毛泽东同志批示"枫桥经验"40 周年暨创新"枫桥经验"大会，习近平同志在会议上作了《创新"枫桥经验"维护社会稳定》的讲话，强调"充分珍惜'枫桥经验'，大力推广'枫桥经验'，不断创新'枫桥经验'，使'枫桥经验'在维护全省社会稳定中显示更强的生命力，在加快全省全面建设小康社会、提前基本实现现代化的进程中发挥更大的作用"。这场纪念大会标志着习近平同志启动对"枫桥经验"的全新谋划，引领"枫桥经验"朝着落实科学发展观、构建社会主义和谐社会的新方向发展。此后，习近平同志推出一系列举措，将"枫桥经验"从地方经验上升为省域经验，从政法经验拓展为平安经验，焕发出更强的时代价值和生命力。

习近平同志创造性地开展平安浙江建设。他在浙江工作期间，率先在省域内提出平安建设，亲自谋划、推动这项全新的工作。2004 年 5 月 10 日至 11 日，中共浙江省委在第十一届六次全体（扩大）会议上正式通过了《中共浙江省委关于建设"平安浙江"促进社会和谐稳定的决定》（以下简称《决定》）。《决定》强调平安浙江建设的平安，不是狭义的"平安"，而是涵盖了经济、政治、文化和社会各方面、宽领域、大范围、多层面的广义"平安"。平安浙江建设成为"枫桥经验"的升级版,实现了从"小平安"到"大平安"的跨越,保障了浙江全面发展和繁荣安定。此后,浙江逐步从经济"单科优秀生"变为综合发展"五好生",跻身于全国综合实力一流梯队省份。

习近平总书记全面推动平安中国建设。党的十八大后,习近平总书记从统筹推进"五位一体"总体布局和协调推进"四个全面"战略布局高度,对新时代"枫桥经验"、平安中国建设作出一系列总设计与规划。"枫桥经验"先后写入《中国共产党农村基层组织工作条例》《中共中央 国务院关于坚持农业农村优先发展 做好"三农"工作的若干意见》《2019年国务院政府工作报告》《关于加强和改进乡村治理的指导意见》《新中国人权事业发展70年白皮书》以及党的十九届四中全会《决定》、党的十九届五中全会通过的"十四五"规划和2035年远景目标建议等一系列治国理政方略中。同时,"枫桥经验"还编入《习近平新时代中国特色社会主义思想的纲要》《习近平谈治国理政(第三卷)》。平安中国建设先后写入党的十八大、十八届三中全会、十八届五中全会、十九大、十九届四中全会《决定》、党的十九届五中全会通过的"十四五"规划和2035年远景目标建议等重大决定中,多次在中央政法工作会议上被强调。力度之大,史无前例,反映了习近平总书记建设平安中国的坚定决心。

习近平总书记为浙江留下了这两笔非常宝贵的财富。浙江一直沿着习近平总书记指引的方向,始终坚持发展"枫桥经验",不断深化平安浙江建设,成为全面展示平安中国建设的重要窗口,为实现"两个一百年"奋斗目标和中华民族伟大复兴的"中国梦"提供浙江方案,贡献浙江智慧,作出浙江贡献。

　　本书主要通过纵向梳理的写法,把习近平同志从创新"枫桥经验",推动平安浙江建设,再到推动平安中国建设的思想演变过程一一呈现出来。同时,本书辅之以案例穿插、理论点评,兼具历史性与现实性、通俗性与学理性。本书内容主要包括五部分:一是创新"枫桥经验"推动平安浙江的起初过程(2002—2004年),介绍习近平同志创新发展"枫桥经验",推动平安浙江建设的过程及其思想升华;二是平安浙江建设的实践与探索(2004—2007年),介绍习近平同志正式推动平安浙江建设及其实践探索过程;三是平安浙江建设的深化与发展(2007年至今),介绍习近平同志离开浙江后,浙江深化发展平安浙江建设的情况,尤其自党的十八大以来打造平安中国建设示范区的情况;四是从平安浙江到建设平安中国(2012年至今),介绍习近平总书记把平安中国建设上升到国家战略的部署过程,以及取得的丰硕成果;五是平安浙江建设的经验与启示,从理论上提炼总结平安浙江建设的显著成效、时代价值和经验启示。

　　本书将有助于读者加深对平安浙江建设的全面理解,有助于深刻领会习近平新时代中国特色社会主义思想尤其是平安建设思想。本书既适用于高校学生,能帮助他们提升服务浙江社会发展的素养和能力;也适用于党政干部,能帮助他们更好地了解、学习、推广平安建设,从而使平安建设在全国各地扎根、开花、结果。

目　录

省委提出建设"平安浙江"、促进社会和谐稳定,是在深入学习、深刻领会"三个代表"重要思想和科学发展观基础上,从切实加强党的执政能力的要求出发,针对新的发展阶段,浙江面临的新形势、出现的新情况和需要解决的新问题,审时度势作出的重大战略决策。

——习近平同志在浙江省委十一届六次全体(扩大)会议上的报告,2004 年 5 月 10 日

第一章 "枫桥经验"从治安到平安

◆◆ 本章要点

1. 习近平同志到浙江工作后,多次强调要坚持和发展"枫桥经验",并把"枫桥经验"逐步从社会治安领域拓展到平安建设领域。

2. 平安浙江建设的提出,是习近平同志到浙江工作后,基于国际上出现"中等收入陷阱"现象、国内提出科学发展观和构建社会主义和谐社会、省内经济高速发展但面临社会建设短板的大背景,经过深思熟虑、统筹谋划后作出的战略决策。

3. 平安浙江建设的孕育与发展过程,总体经历了"首次提出—决策形成—体系成熟"三个阶段,体现出习近平同志平安建设思想的逐步成熟过程。

4. 平安浙江建设包含指导思想、工作目标、工作原则、实施步骤、考核测评等内容。这些内容既具有前瞻的理论指导性,又有较强的实践操作性和明确的责任落实性。

"枫桥经验"是 1963 年毛泽东同志亲自批示推广的经验,其核

心要义是"发动和依靠群众,坚持矛盾不上交,就地化解"。从诞生至今,"枫桥经验"一直有着旺盛的生命力,始终发挥着就地解决矛盾的榜样作用,因此被誉为全国政法战线的一面旗帜,是浙江政法工作的一张金名片。习近平同志到浙江工作后,非常重视"枫桥经验",多次在重要场合、重要会议强调要坚持和发展"枫桥经验",并不断从实践层面丰富和创新"枫桥经验",持续从政策层面固化和推动"枫桥经验",使得"枫桥经验"逐步从社会治安领域拓展到平安建设领域。2004 年 5 月 10 日,中共浙江省委出台了《关于建设"平安浙江"促进社会和谐稳定的决定》,此后又有一系列配套文件相继颁布,有力地从制度层面推动了"枫桥经验"创新与平安建设落地。正是习近平同志在浙江工作期间,把"枫桥经验"从公安主导的社会治安经验上升为省委统筹推动的平安建设经验,从"小平安"建设上升为"大平安"建设。

第一节　"枫桥经验"从治安经验到平安经验

"枫桥经验"自 1963 年诞生以来,一直到 21 世纪初期,主要是政法领域的经验,而且以公安为主导,先后在社会主义教育运动中改造"四类分子"、在改革开放后开展社会治安综合治理、在市场经济建立初期维护社会稳定方面发挥了榜样作用。进入 21 世纪以来,在时任浙江省委书记习近平的推动下,"枫桥经验"从治安领域拓展到平安领域。

一、"枫桥经验"最初是政法战线的经验

"枫桥经验"是原诸暨县枫桥区开展社会主义教育运动(简称"社教"运动)过程中,改造地主、富农、反革命分子、坏分子"四类分

子"所产生的经验。当时,在开展"社教"运动过程中,全国许多地方产生了过激行为,对"四类分子"采用打、斗、捕、杀等方式,激发了阶级矛盾。中央要求各地本着"教育人、改造人"的方针,做到"一个不杀,大部不捕",动员群众做斗争,把"四类分子"改造成社会主义新人。1963年6月,浙江省委根据中央精神,由时任省委书记处书记林乎加率领省委工作队,会同诸暨县委在枫桥区7个公社进行社会主义教育运动试点工作。浙江省公安厅是省"社教"工作指导组的重要成员,由时任公安厅副厅长吕剑光带领工作组长驻枫桥区指导试点工作。枫桥区在上级指导下,通过发动和依靠群众,对"四类分子"分类评审,斗争说理,用"文斗"的方法,把"四类分子"就地教服,实现"一个不杀,大部不捕"。浙江省公安厅将枫桥区的经验上报给公安部。10月下旬,时任公安部部长在杭州向毛泽东主席汇报了枫桥区的经验。毛泽东主席当即肯定经验,说,"这叫作矛盾不上交,就地解决",并且指示要好好总结枫桥的经验。11月22日,毛泽东主席对公安部起草的拟向第二届全国人民代表大会第四次会议的发言稿《依靠广大群众,加强人民民主专政,把反动势力中的绝大多数改造成为新人》作了批示:"要各地仿效,经过试点,推广去做。"①

遵照毛泽东主席的指示,浙江省委工作组派省公安厅到枫桥区进行经验总结,在12月1日形成了《诸暨县枫桥区社会主义教

---

① 浙江枫桥的经验为何会得到毛泽东主席的特别赏识? 据时任浙江省公安厅厅长王芳的回忆,除了在北京常住,毛主席还喜欢住在杭州,而且在杭州酝酿了中央许多重大决策。除了杭州的自然环境好外,还有一个非常重要的因素,那就是毛主席对浙江的整体工作是满意的。在当时"左"的思潮盛行、浮夸风十分严重的形势下,浙江的头脑是比较冷静的,作风是扎实的。这一点,主席在调查研究、深入群众的过程中,是可以深深感受到的。浙江提供的经验、干部群众反映的问题,一直让主席感到特别有价值。载:王芳.毛主席在浙江调查研究[J].政策瞭望,2007,(6)11:55.

育运动中开展对敌斗争的经验》一文,并上报给中央。12 月 5 日,浙江省委转发了《诸暨县枫桥区社会主义教育运动中开展对敌斗争的经验》。1964 年 1 月 14 日,中共中央向各中央局、省、自治区、直辖市党委发出《关于依靠群众力量,加强人民民主专政,把绝大多数四类分子改造成新人的指示》,并且转发了"枫桥经验"。由此,"枫桥经验"成为全国政法战线的一面旗帜。

党的十一届三中全会以来,我国开始走上改革开放的道路,社会矛盾也发生了根本变化,从原来的阶级矛盾转变为人民内部矛盾。当时,全国社会治安问题非常突出。据公安部统计,1980 年全国立案 75 万多起,其中大案 5 万多起;1981 年立案 89 万多起,其中大案 6.7 万多起;1982 年立案 74 万多起,其中大案 6.4 万多起。[1] 浙江处于改革开放的前沿,社会治安问题先发,刑事发案数量呈上升态势,从 1978 年的 2.6 万余起上升到 1981 年的近 5 万起,是改革开放以来出现的第一波高峰。20 世纪 80 年代末到 90 年代初,年均发案达 10 万起,其中 1991 年达到了 15.9 万起,为第二波高峰。[2] 面对严峻的社会治安形势,浙江迫切需要加强社会治安综合治理,为经济建设保驾护航,因此大力推广"枫桥经验"。

改革开放后,枫桥区(1992 年 5 月撤区设镇)的干部群众解放思想、与时俱进,逐步形成了融打、防、教、管、建于一体的社会治安综合治理网络,探索出一条符合农村集镇实际的社会治安综合治理的新途径。其主要做法一是在区、社党委领导下,发动干部、群

---

[1]　陈兴良.中国刑事政策检讨[M].北京:中国检察出版社,2004:281.

[2]　浙江省公安厅刑侦总队.强化打击是当前维护社会治安的首要环节——浙江近年刑事犯罪分析和对策思考[J].中国刑事警察,2003(5).

众,及时制止、解决各种治安问题;二是切实做好基层单位的安全防范工作,把预防企业被盗、被诈骗作为重点来抓;三是做好对违法人员的帮教工作,传承"教育人、改造人"的初心;四是针对经济政策放宽后出现的新情况,摸索和加强治安行政管理工作;五是加强治安保卫队伍建设。这些做法有效地维护了枫桥的社会治安,为经济发展奠定了基础。1981年3月13日,浙江省公安厅印发《1981年全省公安工作意见》,提出要继续推广"枫桥经验",落实对流窜犯的改造工作和对违法青少年的帮教工作。浙江省公安厅治安处对枫桥区的治安状况进行了调研,提交了《关于枫桥区治安情况的调查报告》。浙江省公安厅批转了调查组报告,对枫桥区坚持"枫桥经验",做扎实的基础工作,出现治安转好的情况予以肯定。"枫桥经验"作为农村社会治安综合治理的典范在全省推广,在改革开放中焕发出蓬勃生机与活力。

20世纪80年代始,枫桥区逐步探索建立了乡镇综合治理办公室。1984年,枫桥区各个乡镇相继建立由分管政法的副乡(镇)长为主任,公安员、司法助理员、土地管理员、团委书记、妇联主任等参加的综合治理办公室,统一负责社会治安治理工作,指导各村调处纠纷,直接负责调处治安纠纷。1986年9月,枫桥区各乡镇又相继成立了由乡(镇)长兼组长,公安、司法、人民武装部、共青团、妇联等干部参加的社会治安综合治理领导小组,下设乡镇综合治理办公室,进行法制宣传教育,调处各种治安纠纷,参加公共场所的治安管理,检查督促乡镇企事业单位和个体户、重点户的防火防盗等安全措施的落实,开展查禁赌博等工作。这是全国最早在乡镇成立的综合治理领导小组和综合治理办公室,并很快在诸暨市、绍兴市和浙江省得以推广。

党的十四大以后,我国开始步入社会主义市场经济新时期。在新旧体制转轨、社会结构转型以及经济格局、利益关系出现重大调整的特殊时期,各种不稳定因素大量出现,社会治安领域出现了许多新情况、新问题。由于浙江市场经济发展走在全国前列,早发性面临许多社会治安问题,如何正确地处理改革、发展、稳定之间的关系,成为新时期浙江面临的重大课题。枫桥镇创新发展"枫桥经验",深化发展社会治安综合治理经验:一是依靠群众,就地解决纠纷引起的治安问题;二是依靠群众,做好违法人员的帮教工作;三是依靠群众,加强公共复杂场所治安管理;四是依靠群众,强化社会防范机制;五是依靠群众,协助公安机关查破刑事案件。枫桥镇正是依靠健全的基层组织建设和扎实的群众工作方法,实现"小事不出村,大事不出镇,矛盾不上交",得到了上级关注与认同。1993 年 11 月 22 日,诸暨市委举行纪念毛泽东同志 100 周年诞辰和批示"枫桥经验"30 周年大会。大会指出,"枫桥经验"到现在逐步发展成为综合治理社会治安的典型经验。必须发动群众,依靠群众,动员社会各方面的力量狠抓安全防范,在教育人、改造人上下功夫,这样才能长治久安。并向全省、全国推广"枫桥经验"。

党的十五大以来,随着市场经济的深入发展、经济社会体制的深化改革、民主法治建设的要求提高,发展过程中的人民内部矛盾更加突出,影响了社会稳定问题。针对这一新情况,枫桥镇创新"四前"工作法①,建立起有效的预防和化解矛盾的工作机制,把大量矛盾和问题解决在基层、解决在内部、解决在萌芽状态。此阶段

---

① "四前"工作法是指"组织建设走在工作前、预测工作走在预防前、预防工作走在调解前、调解工作走在激化前"。

的社会矛盾,已经不是单一的社会治安问题,而是发展过程中的综合性矛盾,必须要在党委有力领导下,整合各方力量化解这些矛盾。因此,枫桥镇创新"党政动手,依靠群众,立足预防,化解矛盾,维护稳定,促进发展"的经验,成为新时期维护社会稳定的法宝。1998年,浙江省公安厅、绍兴市委和诸暨市委在诸暨联合召开纪念毛泽东同志批示"枫桥经验"35周年大会。大会指出,"'枫桥经验'的成功之处,就在于走出了一条农村稳定与发展同步、致富与治安并举的新路子。通过对'枫桥经验'的总结和推广,必将进一步促进浙江农村的稳定与发展,对提前实现农业现代化起到积极的推动作用"。1999年4月,浙江省委、省政府在诸暨市召开全省学习推广"枫桥经验"现场会,要求各地各部门采取得力措施,动员、组织和引导城乡基本单位,掀起学习推广"枫桥经验"的新高潮。

二、"枫桥经验"上升为平安建设的经验

进入21世纪以来,枫桥镇率先开展平安枫桥建设,由镇党委牵头整合各方面力量,成立乡镇综治中心,一站式解决镇域内日益复杂的矛盾。随后诸暨市全面推广"枫桥式"平安乡镇创建活动,在县域内开启由党委统筹推动平安建设的实践。2003年,习近平同志到诸暨调研"枫桥经验"时,对平安建设予以肯定。

党的十六大以来,我国提出了全面建设小康社会、加快推进社会主义现代化建设、开创中国特色社会主义事业新局面的奋斗目标。浙江在全面建设小康社会进程中,随着社会主义市场经济体制不断推进,经济社会生活中的一些深层次问题和矛盾开始暴露和凸显出来,在农村比较集中地表现为利益格局调整中引发的利益矛盾、推进城乡一体化过程中引发的管理矛盾、基层民主政治建设中引发的权益矛盾、环境改善过程中出现的生态矛盾、先进文化建设中引发的观念矛盾。

走在市场经济前沿的枫桥镇,也同样面临上述新矛盾。为了从源头上维护社会稳定,2002 年 8 月,枫桥镇党委率先开展"平安枫桥"建设,通过抓基层、打基础,建机制、架网络,明责任、强保障,首创乡镇综治工作中心,健全社会治安综合治理机制,创新"四先四早"①矛盾纠纷化解机制,建设"七个好"②派出所,创新"三帮三延伸"③工作机制,创新"八创八进"④平安建设,创新"四环"指导法⑤等,有力地打造了"治安秩序好、矛盾不上交"的平安乡镇。

2003 年 5 月,诸暨市委在枫桥镇召开"枫桥式"平安乡镇建设工作现场会,决定在全市推广"枫桥式"平安乡镇创建活动。2003年 11 月 23 日,绍兴市委、市政府出台《关于学习推广创新新时期"枫桥经验"的决定》,提出在全市范围内深入开展创建"枫桥式模范镇(街)"活动,大力弘扬"枫桥经验"的基本精神,着力营造更加稳定和谐的社会环境,进一步保障和促进绍兴经济和社会发展各项事业的持续健康快速稳定发展。至此,平安建设超越了原来一个镇的实践创新做法,上升到县域、市域层面来推动,由此在更广范围内被认同和推广。

---

①　"四先四早"化解矛盾纠纷的工作机制,指"预警在先,苗头问题早消化;教育在先,重点对象早转化;控制在先,敏感时期早防范;调解在先,矛盾纠纷早处理"。

②　"七个好"是枫桥派出所的工作机制,指"选拔一名好所长、建设一个好班子、培养一支好队伍、建设一套好制度、创造一套好机制、探索一套好办法、夯实一个好基础"。

③　"三帮三延伸"是枫桥司法所的工作方法,指"帮教进监狱,事先向监狱延伸;帮教重实效,事中向生产生活延伸;帮教讲长效,事后向巩固提高延伸"。

④　"八创八进"是枫桥镇平安创建工作机制,即"平安创建活动进'村、社区、企业、校园、医院、市场、矿山、路段'等场所"。

⑤　"四环"指导法是指枫桥法庭的工作方法,即"抓住四个环节,建立四项制度,推行四类指导,全方位指导人民调解工作",具体指"抓住诉前环节,进行普遍指导;抓住诉时环节,进行跟踪指导;抓住诉中环节,进行个别指导;抓住诉后环节,进行案例指导"。

三、"枫桥经验"在浙江全面推广学习

习近平同志到浙江任职不久,他敏锐地认识到"枫桥经验"的重要价值,"枫桥经验"不仅仅在政法综治战线中有维护社会治安的作用,而且在全面建设小康社会、提前实现现代化过程有维护社会稳定的作用。因此,他充分挖掘"枫桥经验"的潜力与价值,多次在重要场合强调要坚持发展"枫桥经验",并上升到省委层面统筹推动"枫桥经验"创新、发展与推广。

2003年11月25日,首次以中央综治委和浙江省委的名义联合召开纪念毛泽东同志批示"枫桥经验"40周年暨创新"枫桥经验"大会。时任中共中央政治局常委、中央政法委书记、中央综治委主任罗干出席会议,并作了《学习创新"枫桥经验" 将矛盾化解在基层》的重要讲话。省委书记习近平同志在会议上作了《创新"枫桥经验" 维护社会稳定》的讲话,要求牢固树立"发展是硬道理、稳定是硬任务"的政治意识,高度重视并切实抓好维护社会稳定的各项工作,特别是要充分珍惜"枫桥经验",大力推广"枫桥经验",不断创新"枫桥经验",使"枫桥经验"在维护我省社会稳定中显示更强的生命力,在加快我省全面建设小康社会、提前基本实现现代化的进程中发挥更大的作用。这次会议体现了习近平同志的高瞻远瞩,充分认识到"枫桥经验"的时代价值,推动浙江省委与中央综治委联合举办纪念大会,为全国性的世纪之交难题提供浙江经验。

2003年11月26日,浙江省综治委率领22个成员单位领导和全省各地、市政法委专职副书记、公检法司领导和全省各县(市、区)政法委书记赴枫桥镇考察学习。这是首次从省级层面把政法部门以外的其他部门组织起来推广"枫桥经验",体现了习近平同志开始从更广层面推动"枫桥经验"。是年,全省各地兴起了学习

推广"枫桥经验"的高潮,涌现了大量因地制宜就地化解矛盾的新经验。

第二节　平安浙江建设的孕育与提出

纪念大会结束后,习近平同志进一步强调要加大创新发展"枫桥经验"的力度,并逐步提出平安浙江建设。2004 年 5 月 10 日,浙江省委十一届六次全体(扩大)会议通过了《关于建设"平安浙江"促进社会和谐稳定的决定》(以下简称平安浙江建设《决定》)。这是习近平同志经过深思熟虑、统筹谋划后作出的战略决策。平安浙江建设的提出与发展过程,总体经历了"首次提出—决策形成—体系成熟"三个阶段①,这个过程也是习近平同志平安建设思想的逐步成熟过程。

一、平安浙江建设的孕育过程

2001 年,中国正式加入世界贸易组织(WTO),标志着中国对外开放进入了一个全新的阶段,同时面临着更多的外部风险。2001 年中国人均 GDP 首次突破 1000 美元,开始由低收入国家向中等收入国家迈进。国际经验表明,人均 GDP 处于 1000 到 3000 美元之间是一个国家经济起飞发展的关键期,也是经济社会发展的重要战略"关口"。从许多发展中国家的遭遇来看,这些国家脱离了"贫困陷阱"后,又慢慢陷入"中等收入陷阱"。为确保我国社会持续稳定,以胡锦涛同志为总书记的党中央提出了科学发展观、

---

① 这三个阶段的提出,参考了夏阿国,蓝蔚青在《平安浙江——全面构建和谐社会》(科学发展观在浙江的实践丛书,浙江人民出版社 2006 年出版)一书中所提出的"平安浙江建设经历三个阶段"的观点。

构建社会主义和谐社会、加强社会建设、改进社会管理等一系列重大决定。

习近平同志根据省情,结合科学发展观和构建社会主义和谐社会的要求,深入思考进一步创新发展"枫桥经验",逐步孕育了平安建设的思想。2004年1月29日,习近平同志在浙江省委理论中心组学习会上强调:"社会治安直接关系到人民群众能否安居乐业。打造治安稳定期,就是要进一步强调富裕和安定是人民群众的根本利益,致富与治安是领导干部的政治责任。要全力维护社会稳定,认真落实社会治安综合治理、安全生产和信访工作领导责任制,扎实推进平安浙江建设。"这是第一次在省委高层领导会议上提出平安浙江建设。接着,浙江省委政法委贯彻落实习近平同志的讲话精神,把平安浙江写入省委政法委《关于认真贯彻中央5号文件精神维护社会稳定的若干意见》。浙江省委转发这一文件,这是在省委文件中首次提出打造平安浙江。当时平安浙江建设无论是指导思想、总体目标,还是工作机制、重点措施,基本上都是处于社会治安综合治理层面的狭义的"平安",总体上包含维护社会政治稳定、保持社会治安状况良好和加强生产安全监管三大内容。

2004年2月16日,习近平同志参加中央党校举办的"树立和落实科学发展观专题研究"省部级领导干部研修班,在学习过程中对平安建设有了新的思考。3月2日,在全国"两会"期间,浙江省委、省政府在京举行浙江经济社会发展情况恳谈会,邀请在京的部分中国科学院院士、中国工程院院士,教育、文艺、体育、卫生界的知名人士参加,听取大家对推进浙江改革开放和现代化建设的意见和建议。在座谈会上,有的专家、知名人士在高度赞扬浙江经济发展的同时,对存在的问题也提出了中肯的意见,建议物质文明、精神文明、政治文明一起抓。

2004 年 2 月 23 日,习近平同志接受《人民公安报》有关"小康社会应该是平安社会"专访,他强调"从浙江实际出发,学习、推广和创新'枫桥经验',坚持预防在先、工作在前,努力把不稳定因素解决在基层,解决在内部,解决在萌芽状态"。

2004 年 4 月 22 日,浙江省委召开协调会,明确提出平安浙江建设不能仅仅停留在社会治安综合治理的层面,必须按照经济社会全面协调可持续发展的要求,针对存在于浙江政治、经济、文化、社会各个领域的不安定因素和安全隐患,开展"宽范围""大纵深"的平安浙江建设。

二、平安浙江建设的正式提出

2004 年 5 月 10 日至 11 日,浙江省委十一届六次全体(扩大)会议召开。习近平同志在会上作了《建设"平安浙江" 促进社会和谐稳定》的报告,他指出,省委提出建设"平安浙江"、促进社会和谐稳定,是在深入学习、深刻领会"三个代表"重要思想和科学发展观基础上,从切实加强党的执政能力的要求出发,针对新的发展阶段,浙江面临的新形势、出现的新情况和需要解决的新问题,审时度势作出的重大战略决策。"平安浙江"中的"平安",不是狭义的"平安",而是涵盖了经济、政治、文化和社会各方面宽领域、大范围、多层面的广义"平安"。各级党委、政府和领导干部一定要认清形势,统一思想,切实做到"四个充分认识":一是充分认识建设"平安浙江",创造一个和谐稳定的社会环境,是实践"三个代表"重要思想的具体体现。二是充分认识建设"平安浙江",创造一个和谐稳定的社会环境,是全面建设小康社会的必然要求。三是充分认识建设"平安浙江",创造一个和谐稳定的社会环境,是落实科学发展观的迫切需要。四是充分认识建设"平安浙江",创造一个和谐稳定的社会环境,是深入实施"八八战略"的题中之义。^① 这次会议正式审议并通过《中共浙江省委关于建设"平安浙江"促进社会和谐稳定的决定》,开始从制度层面来推动平安建设,标志着习近平关于平安建设思想的正式诞生。

平安浙江建设的开展,得到了中央领导的高度肯定。2004 年5 月 21 日,胡锦涛总书记对平安浙江建设给予充分肯定,作出了"贵在落实,贵在坚持"的重要指示。6 月 11 日至 12 日,全国社会治安综合治理工作会议在杭州召开,中央政治局常委、中央政法委书记、中央综治委主任罗干同志在会上指出,浙江省委建设平安浙江的理念和决策部署完全符合树立和落实科学发展观的要求,体现了"三个代表"重要思想,体现了中央的精神,在全国是个创举。6 月 12 日,《人民日报》发表通讯《平安是福 和谐为乐——浙江省诸暨市创新"枫桥经验"纪实》,并配发评论员文章《"枫桥经验"的启示》。

三、平安浙江建设的体系成熟

2004 年 9 月,党的十六届四中全会提出了构建社会主义和谐社会的战略思想。2005 年 2 月,习近平同志参加中央党校举办的"构建社会主义和谐社会专题研究"省部级主要领导干部研修班,他对和谐社会建设有了更为系统、全面的认识与思考。2005 年 3 月全国"两会"期间,胡锦涛总书记连续两次对浙江工作作出重要指示和发表重要讲话,充分肯定浙江推进平安浙江建设取得的新

---

① 习近平.建设"平安浙江"促进社会和谐稳定——习近平同志在省委十一届六次全体(扩大)会议上的报告(节选)[J].今日浙江,2004(9):6.

进展和积累的经验,希望浙江努力在全面建设小康社会、加快推进社会主义现代化的进程中继续走在前列,明确要求浙江在树立和落实科学发展观、构建社会主义和谐社会、加强党的先进性建设方面走在前列。

随后,浙江省委开始谋划如何结合构建社会主义和谐社会开展平安浙江建设。2005年下半年开始,省委专门组织"深化平安浙江建设,构建和谐社会"课题组,对如何按照和谐社会要求,深化平安浙江建设问题,进行了广泛而深入的调查研究,对平安浙江建设的总体目标、方法步骤、重点工作、建设机制、考核体系、组织领导等进行了调整、充实、完善,形成了范围更广、内涵更深、机制更严、指标更科学的平安浙江建设体系。

在此期间,习近平同志在各种场合经常强调要创新"枫桥经验",推动平安浙江建设。其中包括在历次省委建设"平安浙江"领导小组全体会议上讲话时、在省委保持共产党员先进性教育活动专题报告会上讲话时、在省委贯彻胡锦涛总书记重要讲话精神专题学习会上讲话时、在全省经济工作会议上讲话时、在全省领导干部会议上讲话时、在全省公安工作会议上讲话时,还包括赴绍兴、诸暨等地调研时,都反复强调各级党委、政府和各部门要牢固树立固本强基的思想,把创新发展"枫桥经验"作为总抓手,贯穿于建设"平安浙江"的始终,努力在综合、融合、结合上下功夫,使"枫桥经验"特色更加鲜明、内涵更加丰富,使建设"平安浙江"各项工作基础更加扎实、成效更加明显。2007年3月5日,习近平同志接受中央人民广播电台"两会"特别节目《做客中央台》专访时,主持人问他,浙江省不仅做到了 GDP 超万亿元,而且还有这样两项殊荣——"生态环境状况评价"名列全国第一,而且被认为是全国最具安全感的省份之一,体现了政府对社会管理职能的重视。浙江是如何做到这样的成绩的？习近平回答的其中一个原因是"创新发展'枫桥经验',加强社会治安综合治理,强化安全生产责任制等制度"①。

习近平同志还从制度层面推动"枫桥经验"创新和平安浙江建设落地。出台《中共浙江省委关于建设"平安浙江" 促进社会和谐稳定的决定》这一总纲性的文件,以及一系列配套性制度,如《浙江省平安市县(市、区)考核办法》《浙江省突发公共事件总体应急预案》《关于加强应急机制建设 提高政府保障公共安全和处置突发公共事件能力的意见》《浙江省信访事项终结办法》《浙江省信访听证暂行办法》《浙江省预防处置群体性事件若干规定》等。这从制度上保障了平安浙江建设的顺利开展与有效落实。

经过几年的努力,浙江逐步走上全面发展之路,社会治安形势发生了根本改变。中央高度认可平安建设,并大力向全国推广。2005 年 10 月,中共中央办公厅、国务院办公厅转发了中央政法委、中央综治委《关于深入开展平安建设的意见》。2005 年 10 月,党的十六届五中全会把"继续推进社会治安防控体系建设,深入开展平安创建活动"写进《中共中央关于制定国民经济和社会发展第十一个五年规划的建议》,这是中央第一次把平安创建纳入国民经济和社会发展总体规划。2007 年 10 月,党的十七大强调"加强社会治安综合治理,深入开展平安创建活动",这是中央第一次把平安创建写进党代会的政治报告。全国推广平安创建工作使日益严峻的社会治安形势得到改善,一度居高不下的刑事命

---

① 习近平. 为民办实事,重在实效,贵在长效[EB/OL]. (2007-3-23)[2020-9-17]. http://china. cnr. cn/jrlt/wqhg/200703/t20070323_504426949. html.

案也开始下降。据统计,从 2004 年开始,中国的命案率开始呈现快速下降趋势[①],每十万人命案发生率从 1.90 人下降到 2006 年的 1.22 人,这充分证实了平安建设的有效性。

第三节　平安浙江建设的总体布局

平安浙江建设是个系统工程,包含明确的指导思想、工作目标、工作原则和实施步骤等,带有非常强的操作性,是推进浙江全面、协调、可持续发展的一个重要战略决策。

一、平安浙江建设的指导思想与原则

平安浙江建设的指导思想是:坚持以邓小平理论和"三个代表"重要思想为指导,全面贯彻落实党的十六大和十六届三中全会精神,牢固树立和认真落实全面、协调、可持续的科学发展观。紧紧围绕深入实施"八八战略"这条主线,扎实推进平安浙江建设,有力促进社会和谐稳定,切实推动浙江物质文明、政治文明、精神文明协调发展。正是因为有着正确的指导思想,并在实际工作中严格遵守落实,所以使得平安浙江建设能始终沿着正确的方向前进。

平安浙江建设的工作原则是"四个坚持",即坚持以人为本,坚持统筹兼顾,坚持标本兼治,坚持协力推进。

1.坚持以人为本。着眼于人的全面发展,不断满足人民群众日益增长的物质文化需要,切实保障人民群众的经济政治文化权

---

① 2003 年、2004 年中国十万人命案发生率为 1.89、1.9,2005 年下降到 1.59,此后一路下降,到 2017 年仅为 0.81,中国命案发生率已低于德国、英国、澳大利亚、加拿大、美国等发达国家,已经成为世界上命案发生率最低、最安全的国家之一。数据来源:图解:近 5 年中国命案率不到 10 年前一半,好于德英美.人民网,2018-3-2.

益,关爱生命,关心健康,关注安全,努力提高人民群众的思想道德素质、科学文化素质和健康素质,积极为人民群众创造平等发展、安居乐业、和谐稳定,能够充分发挥聪明才智的社会环境,真正让改革发展的成果惠及广大群众。[①]

2.坚持统筹兼顾。正确处理改革发展稳定的关系,切实把改革的力度、发展的速度和社会可承受的程度统一起来。正确处理经济建设与社会发展的关系,切实把物质文明、政治文明、精神文明建设统一起来。正确处理不同社会群体之间的利益关系,切实把人民群众的长远利益与眼前利益、根本利益与具体利益统一起来。

3.坚持标本兼治。既从严治标,什么问题突出就有针对性地解决什么问题,又着力治本,充分考虑经济、政治、文化等因素,综合运用行政、法律、教育等方法,坚持依法治理,做到德法相济、打防结合、疏堵并举、上下联动,积极推进体制、机制和制度建设,努力从根源上解决问题。

4.坚持协力推进。强化各级党委总揽全局、协调各方的领导核心作用,完善各级政府经济调节、市场监督、社会管理、公共服务的职能,充分发挥执法部门的职能作用,充分发挥各类社会组织的基础性作用,充分发挥广大人民群众的主体作用,使广大人民群众既成为社会和谐稳定的受益者,又成为平安浙江的建设者。

二、平安浙江建设的工作目标与步骤

平安浙江建设的总体目标是"五个更加",即努力实现经济更加发展、政治更加稳定、文化更加繁荣、社会更加和谐、人民生活更加安康。具体目标是"六个确保",即扎实做好确保社会政治稳定、

---

① 习近平.建设"平安浙江" 促进社会和谐稳定——在省委十一届六次全体(扩大)会议上的报告[J].今日浙江,2004(9):8.

确保治安状况良好、确保经济运行稳健、确保安全生产状况稳定好转、确保社会公共安全、确保人民安居乐业的各项工作,并要求各地各部门要进一步明确并分解细化"六个确保"的具体目标。①

1.确保社会政治稳定。全面贯彻党的基本理论、基本路线、基本纲领和基本经验,坚定不移地与党中央保持高度一致,使全省广大干部群众的政治意识、大局意识、法治意识明显增强;政治文明建设进一步加强,依法治省各项工作深入推进,基层基础工作扎实有效,政治体制改革稳步进行,权力的运行、制约和监督机制逐步完善,公民有序的政治参与进一步扩大;及时化解和妥善处理各类人民内部矛盾,减少各类群体性事件,力争不发生在全国造成重大影响的群体性事件;进一步依法规范信访秩序,做到有访必接、有信必复,切实提高要信要访按时办结率、当事人息诉率和群众满意率,重复访、越级访、集体访上升特别是来省去京人员增多趋势得到有效遏制;纠正损害群众利益的不正之风取得明显成效,党风廉政建设和反腐败斗争不断向纵深推进。

2.确保治安状况良好。全省刑事案件高发势头得到有效遏制,多发性、可防性案件上升幅度明显下降,黑恶势力受到毁灭性打击;反恐怖斗争组织健全、预案完善、措施得力,对杀人、绑架、伤害等严重犯罪案件力争"命案必破,挂牌全破",盗窃、抢劫等多发性案件得到有效遏制;走私贩私、偷税骗税、金融诈骗、制假售假等各类经济犯罪大要案总量下降,严重经济犯罪得到有效防范和打击;社会治安综合治理各项措施全面落实,重点整治地区和行业社会治安有明显进步,社会治安综合治理评估和人民群众安全感继

---

① 习近平.建设"平安浙江"　促进社会和谐稳定——在省委十一届六次全体(扩大)会议上的报告[J].今日浙江,2004(9):6-7.

续保持全国前列。

3.确保经济运行稳健。经济发展的协调性和安全性进一步增强,宏观调控和市场监管的各项措施落到实处,经济领域的不稳定因素能够及时消除,经济增长方式进一步转变;生产要素配置不断优化,资源能源、交通等影响经济发展的要素制约有效缓解;确保必要的粮食播种面积、生产总量和储备规模,粮食市场供应平稳、价格合理、金融安全得到有效保证,各级财政收支保持平衡;对外开放各项工作有序、稳健、安全,回避和应对国际经济风险的措施得力;市场经济秩序进一步规范,各种严重危害市场经济秩序的犯罪活动得到有力打击,全社会信用体系不断完善。

4.确保安全生产状况稳定好转。安全生产的法律意识和责任意识进一步增强,安全生产责任制进一步落实,各项安全生产规章和措施进一步强化,各类事故高发多发的态势和重特大事故进一步得到遏制;全省道路交通、建筑施工、工矿企业、火灾等事故总量和重特大事故造成的死亡人数,不超过国务院有关部门下达的控制指标;经过努力,全省建立起较为完善的安全生产监管体系,工矿企业事故死亡人数逐年下降,道路交通运输万车死亡率指标达到或低于全国平均水平,力争使亿元生产总值死亡率、十万人死亡率等指标达到全国先进水平。

5.确保社会公共安全。社会公共管理薄弱的状况明显改变,防范和处置自然灾害、事故灾难、公共卫生事件、社会安全事件等公共安全重大突发事件的能力和水平得到提高;各类公共突发事件应急预案完善,预警和应急工作机制健全,应急指挥系统顺畅,应急资源准备充分;应急处置工作反应灵敏、快速有效,应急处置保障措施到位,公共突发性事件对整个社会正常秩序、公共安全的威胁和影响能及时消除化解,确保最大限度避免和减少此类事件造成的人员伤亡、财产损失和社会动荡,维护公共的生命财产安全和国家安全。

6.确保人民安居乐业。全省每年新增城镇就业岗位 50 万个以上,城镇登记失业率控制在 1.5％以下,"千万农村劳动力素质培训工程"扎实推进;城乡居民收入不断增加,贫富差距扩大的势头得到遏制;居住条件不断改善,全省城乡人均居住面积继续位于全国前列,社会保障制度更加完善,覆盖城乡最低社会保障和养老、失业、医疗等社会保障制度更加健全,失地农民基本生活保障以及困难群众救助的长效机制规范运行;公民法人合法权益切实得到保护,人民物质文化生活水平不断提高。

为保证平安浙江建设步步落实,浙江制定了详细的平安浙江建设实施步骤,具体分两步走:到 2010 年,平安浙江建设各项工作目标取得明显成效,经济社会发展的协调性不断增强,区域、城乡、贫富三大差距的扩大趋势得到扭转,走出一条具有浙江特色的和谐发展之路,为构建和谐社会打下坚实基础。到 2020 年,民主法治建设不断得到完善,社会公正得到切实维护,文明程度得到全面提高,发展活力得到不断增强,社会秩序得到有效改善,人与自然更加和谐,与提前基本实现现代化同步。

三、平安浙江建设的工作考核与测评

2004 年 8 月,浙江省委、省政府下发《浙江省平安市、县(市、区)考核办法(试行)》(浙委〔2004〕16 号),以平安市、县(市、区)为主要载体,将"平安浙江"建设的六大内容细化为 1000 分制的 72 项定量定性指标,按照兼顾全面、突出重点、促进工作的原则,确定各项指标的分值权重,以年度各项指标的完成情况为标准进行考

评打分。同时设置不发生 14 项重大事项、较高的人民群众安全感满意率和所辖单位的平安达标率作为平安市、县(市、区)的前置条件。通过自查自评、逐级考核、部门核准、省级抽查审定、公示命名等程序,按年度评出省级平安市、县(市、区)。同时,以各县(市、区)和省级有关部门投票测评的方法,对相关部门的平安创建工作进行考核,评定省级平安创建先进单位。平安市、县(市、区)考核办法经过一年的试行,被实践证明是推动各地各部门平安创建工作的有力抓手,成效比较明显。2005 年 7 月 6 日,浙江省委、省政府又对其进一步加以完善,正式颁布《浙江省平安市、县(市、区)考核办法》,确定了涵盖全省深化"平安浙江"建设、构建和谐社会相关内容的 100 项考核指标。与之相配套,浙江还出台了《考核办法若干问题的解释》《平安市、县(市、区)评审工作责任分工》,研究开发了"平安建设信息管理软件",形成了一套比较完整的"平安浙江"建设考核体系。

习近平同志强调要压实平安建设的责任,以考核促成效。他要求:各级党政领导要切实承担起"促一方发展、保一方稳定"的政治责任,主要领导负总责,亲自抓,分管领导具体抓,班子成员协助抓,形成打造"平安浙江"的领导合力。要以落实社会治安综合治理领导责任制和目标管理责任制、信访责任制、安全生产责任制为重点,按照"属地管理"和"谁主管谁负责"的原则,坚持条块结合,以块为主,制订和完善具体可操作的打造"平安浙江"工作考核措施,严格落实领导、部门和单位责任制,把抓维护社会稳定、打造"平安浙江"的工作成效,作为检验各级党政领导班子和领导干部执政能力和执政水平的重要标志,作为衡量其政绩的重要指标,列入任期目标和年度述职报告的重要内容,认真考核,并把考核结果作为干部政绩评定、晋职晋级和奖励惩处的重要依据。要落实责任追究制,对打造"平安浙江"工作成绩显著的要予以表彰奖励,对工作不重视、不扎实,搞形式主义、走过场要通报批评,对失职、渎职,导致发生重大恶性刑事案件、治安灾害事故和群体性事件等严重危害社会稳定重大问题的地方、部门和单位,要坚决追究有关领导和直接责任人的责任。通过严格责任,一级抓一级,一级对一级负责,真正把打造"平安浙江"各项任务和措施落到实处。①

此后,浙江省委、省政府每年总结表彰平安市、县(市、区)、社会治安综合治理优秀市和省级平安创建先进单位。其中对连续 3 年评选为平安市、平安县(市、区)的授予平安鼎,连续 6 年的授予平安铜鼎,连续 9 年的授予平安银鼎,连续 12 年的授予平安金鼎。平安金鼎犹如中央综治委的"长安杯",代表着浙江综治工作的最高成就。

◆◆ **思考题**

1.习近平同志为什么要提出"平安浙江"建设?

2.习近平同志的"平安浙江"建设思想是如何逐步发展和日趋成熟的?

3."平安浙江"建设跟社会治安综合治理相比,在内涵上、范围上有什么区别?

◆◆ **拓展阅读**

1.习近平.建设"平安浙江" 促进社会和谐稳定——在省委十一届六次全体(扩大)会议上的报告[J].今日浙江,2004(9).

---

① 习近平.干在实处 走在前列——推进浙江新发展的思考与实践[M].北京:中共中央党校出版社,2006:274-275.

2.习近平.创新"枫桥经验"建设"平安浙江"——在全国社会治安综合治理工作会议上的讲话[J].今日浙江,2004(12).

3.习近平.干在实处 走在前列——推进浙江新发展的思考与实践[M].北京:中共中央党校出版社,2006.

4.夏阿国,蓝蔚青,等.平安浙江——全面构建和谐社会[M].杭州:浙江人民出版社,2006.

5.李培林.和谐社会十讲[M].北京:社会科学文献出版社,2006.

"平安浙江"中的"平安",不是狭义的"平安",而是涵盖了经济、政治、文化和社会各方面宽领域、大范围、多层面的广义"平安"。

　　　　　　——习近平同志在浙江省委十一届六次全体（扩大）会议上的报告,2004 年 5 月 10 日

第二章　平安浙江建设的探索与实践

◆◆　本章要点

　　1. 习近平同志将平安浙江建设定位于大平安建设,着眼于更广的领域综合施策。通过以人为本建设平安浙江、民主建设夯实平安浙江、法治建设保障平安浙江、社会管理创新平安浙江等实践,使浙江走上科学发展、和谐发展、全面发展之路。

　　2. 平安浙江建设成效显著,使得浙江综合实力大大增强,从原来经济高速发展的"单科优秀生"变成了全面发展的"五好生"。在此过程中,习近平同志的平安建设思想得到了检验,并日趋成熟,为此后萌发中国特色社会主义思想尤其是社会治理思想打下了坚实基础。

　　进入 21 世纪后,浙江人均 GDP 已经由 2000 美元向 3000 美元跨越,其中 2003 年为 2400 美元左右。浙江率先提出"全面建设小康社会,加快推进社会主义现代化建设"[①]的目标。此时的浙江

---

　　① 　按照党的十六大提出的"有条件的地方可以发展得更快一些,在全面建设小康社会的基础上,率先基本实现现代化"的要求,2002 年 12 月 19 日,中共浙江省委在十一届二次全体（扩大）会议上作出了"全面建设小康社会,加快推进社会主义现代化建设"的决定。

已经从原来贫穷落后的农业省份,一跃成为经济相对发达的工业大省。尤其市场经济所释放的活力,使浙江在全国各省区中脱颖而出。从 1978 年到 2002 年,全省国内生产总值由 124 亿元增加到 9395 亿元,排名由全国第 12 位上升到第 4 位;人均国内生产总值由 331 元增加到 20147 元,排名由全国第 13 位上升到第 4 位;全省城镇居民人均可支配收入和农村居民人均纯收入分别达到 13180 元和 5431 元,跃居全国第 3 位和各省区第 1 位。[①] 但是,经济先发伴随着矛盾多发,浙江比全国其他地区更早地感受到一些带有普遍性的新矛盾和新问题。这主要体现为:一是城乡居民收入差距加大;二是生产要素供给日趋紧张;三是生态环境问题比较突出;四是社会发展相对滞后;五是安全生产和公共安全方面的形势严峻。[②]

习近平同志高度重视这些新矛盾、新问题,要求各级党委、政府认真解决,避免"癣疥之忧酿成心腹之患,蝼蚁之穴损毁千里之堤"。他着力推动平安浙江建设这一战略部署,拓展视野,放眼于"大平安"建设,将其与经济建设、政治建设、文化建设、社会建设和生态建设有机结合,"五位一体"式推进平安浙江建设。重点结合社会建设领域,推动一系列事关民生服务、民主协商、矛盾化解、社会治安、公共安全与社会管理的重大举措,涌现了一大批走在全国前列的平安建设经验,为浙江的科学发展、全面实现小康社会奠定了坚实基础。

经过多年努力,浙江实现了经济更加发展、政治更加稳定、文

---

① 上述数据来源于浙江省统计年鉴和夏阿国,蓝蔚青,等.平安浙江——全面构建和谐社会[M].杭州:浙江人民出版社,2006:21-26.

② 习近平.建设"平安浙江" 促进社会和谐稳定——在省委十一届六次全体(扩大)会议上的报告[J].今日浙江,2004(9):5-6.

化更加繁荣、社会更加和谐、人民生活更加安康的良好局面。据统计，至 2007 年，全省群众安全感满意率连续 3 年高于全国平均水平；全省安全生产事故发生起数、死亡人数和直接经济损失三项指标连续 3 年实现"零增长"；全省刑事发案上升幅度连续两年实现回落，2006 年还实现刑事发案绝对数下降；全省企业养老保险、基本医疗保险、失业保险和以大病统筹为主的农村新型合作医疗保险参保人数逐年增加。① 民安则天下稳。伴随人民群众的安全感、幸福感不断提升，浙江被公认为全国最安全、最公平、最具活力的省份之一。

第一节　以人为本建设平安浙江

以人为本是平安浙江建设的一条基本指导原则，民生问题是影响群众评价平安建设满意度的重要因素。习近平同志经常在各种场合强调要以人为本、改善民生、维护安定。2004 年 5 月 10 日，他在省委十一届六次全体（扩大）会议上做报告时明确指出："坚持以人为本，着眼于人的全面发展，不断满足人民群众日益增长的物质文化需要，切实保障人民群众的经济政治文化权益，关爱生命，关心健康，关注安全。"② 2006 年 6 月 16 日，他在"浙江论坛"上讲话时强调："以人为本，就是以作为历史主体的人民群众的需要为本，以人民群众的根本利益作为经济发展的出发点和落

---

① 朱海兵."平安浙江"建设成效显著　民众对将来充满信心[J].浙江日报,2007-3-30(01).

② 习近平.建设"平安浙江"　促进社会和谐稳定——在省委十一届六次全体（扩大）会议上的报告[J].今日浙江,2004(9):8.

脚点。"①2006 年 10 月 16 日,他应邀到中国浦东干部学院做报告时指出:"以人为本是社会和谐的最高价值理念;和谐社会就是众人共建、众人共享的理想社会状态。"②2007 年,他在全国"两会"期间接受《光明日报》采访时指出:"坚持以人为本,体现在执政上,就是要坚持立党为公、执政为民,做到权为民所用、情为民所系、利为民所谋;体现在发展上,就是要回归到经济发展以社会发展为目的、社会发展以人的发展为中心这样一种理念,做到发展为了人民、发展依靠人民、发展成果由人民共享;体现在结果上,就是要实现好、维护好、发展好最广大人民群众的根本利益。"③在习近平同志的倡导和推动下,浙江涌现了大量以人为本、改善民生的实践,从源头上确保了平安浙江建设的顺利推动。

一、建立健全为民办实事的长效机制

为民办实事长效机制是习近平同志在浙江工作期间创新的工作。2004 年初,他主持"建立健全为民办实事长效机制"这一重点课题研究。5 月 10 日,"努力形成为民办实事的长效机制"写入平安浙江建设《决定》。6 月 3 日,他在湖州市调研民生实事长效机制时指出:"全心全意为人民服务是我们党的根本宗旨,千方百计为人民谋利益是我们党一切工作的出发点和落脚点。从这个意义上

---

① 习近平.干在实处 走在前列——推进浙江新发展的思考与实践[M].北京:中共中央党校出版社,2006:24.

② 习近平.推进社会主义和谐社会在浙江的实践[EB/OL].(2006-10-17)[2020-9-14].http://www.china.com.cn/policy/zhuanti/sljlzqh/txt/2006-10/17/content_7247963.htm.

③ 叶辉,严红枫.习近平:在为民办实事中落实以人为本的理念[N].光明日报,2007-3-7(1).

说,党和政府的所有工作都属于为民办实事范畴。"①他还在《之江新语》发表了《凡是为民造福的事就一定要千方百计办好》《为民办实事旨在为民》《为民办实事重在办事》《为民办实事成于务实》等一系列文章。10 月 23 日,浙江省委、省政府在全国率先下发《关于建立健全为民办实事长效机制的若干意见》,系统提出"就业再就业、社会保障、医疗卫生、基础设施、城乡住房、生态环境、扶贫开发、科教文化、权益保障、社会稳定"等跟人民群众生产生活密切相关的十大民生重点工作领域,并要求建立健全"民情反映机制、民主决策机制、责任落实机制、投入保障机制、督查考评机制"等工作机制,以推动为民办实事各项工作落到实处。

2005 年 2 月,浙江省《政府工作报告》首次承诺要"突出抓好十个方面实事",开启了每年为民办十件实事的征程,找准了为民办实事长效机制建设的切入口。当年,浙江实施了农民增收、培训就业、保险保障、医疗卫生、基础设施、住房改善、环境整治、教育投入、工程建设、安全生产等十方面民生实事②。2006 年开始,浙江将新增财力七成以上投向民生工程。据统计,当年全省新增财力用于新农村建设和教育、就业等社会事业的支出达到 145.32 亿元,占新增支出的 72%。其中,用于农业农村和社会保障体系建设的资金分别为 25.65 亿元、32.13 亿元。③ 至此,浙江开始建立公共财政投向民生工程的长效机制,扩大部门预算范围,通过调整支

---

① 习近平.干在实处 走在前列——推进浙江新发展的思考与实践[M].北京:中共中央党校出版社,2006:528.

② 浙江今年突出抓好十个方面的实事[EB/OL].(2005-2-27)[2020-9-10].http://zjnews.zjol.com.cn/system/2005/02/27/006063907.shtml.

③ 2006 年浙江新增财力七成投向"民生工程"[EB/OL].(2007-2-22).http://biz.zjol.com.cn/05biz/system/2007/02/22/008190567.shtml.

出结构,保证公共财政支出,各级财政面向广大农村和城乡困难群众设立各种专项资金和专项补助,形成了公共财政支出的制度化管道。全省各地也推出民生工程,每年切切实实为人民群众提供一批涉及重要民生领域的工程和实事。

◆◆ **案例 2-1**

温州实施"五个一"民生工程

2006 年新春伊始,浙江省温州市全力实施以"一房、一堤、一路、一环、一网"为主要内容的"五个一"民生工程,以促进社会和谐。"五个一"工程是指关系温州市民切身利益的五大民生建设项目:沿江防洪堤建设工程、拆迁安置房建设工程、瓯海大道建设工程、地下排污管网建设工程、市区东片道路建设工程。

近年来,温州市委、市政府越来越重视市民的衣食住行建设。2005 年,温州安置房全年开工建设 132 万平方米、竣工 103 万平方米,2 万户拆迁户得到认购定位;三大入城口整治成果显著,东入城口西段整治已完成,东段整治进入实质性施工,南入城口主车道提前建成通车,西入城口一期整治完成,二期改建拓宽工程全面展开。

据了解,2006 年温州民生工程建设的目标是:全年实现安置房竣工交付使用面积 190 万平方米,入住 7000 户,认购定位 3000 户;将城市东片道路建设成为以行政管理中心为核心的道路网络和多层交通环线,并争取贯通城市东西走向的瓯海大道明年建成通车;将沿江防洪堤建设成为集城区防洪、交通道路、公园景观为一体,群众安居乐业的"温州外滩";年内完成 30 公里的排污主干管网建设,逐步形成城市污水收集、输送、处理连贯配套的新格局。

案例来源:人民日报,2006-2-16(1).

案例简析 >>>

温州实施"五个一"民生工程,是浙江整个民生实事工程的缩影,体现了以人为本的理念,是践行"大平安"的生动实践。努力为民办实事,解决人民群众最期盼、最需要、最迫切的民生问题,可以从源头上预防、化解矛盾,促进社会和谐。民生工程是推动平安浙江建设的最有效途径,是赢得人民群众积极拥护的最有力措施。

二、创新高效便民的运行机制

打造高效便民服务平台,提供优质公共服务,建设人民满意的服务型政府,是深化行政体制改革、全面建设小康社会的必然要求。2004 年 2 月,习近平同志在全省加强机关效能建设大会上的讲话中指出:"提高优质的公共服务,更好地实现人民的愿望、满足人民的需要、维护人民的利益。"①2006 年,他在做客央视《中国经济大讲堂》时指出,浙江将努力建设服务型政府、法治政府、"有限政府"。在习近平同志带领下,浙江开启一系列高效便民措施,从行动上切实贯彻落实以人为本理念和服务人民宗旨。

一是创新便民服务平台。早在 1999 年,浙江就诞生了全国第一家规范意义上的行政服务中心——上虞市便民服务中心。上虞市(今绍兴市上虞区)将 21 个职能部门的审批、报批、核发证照等权力分离出来,集中在一栋楼,设立 47 个窗口,率先建立起以"进一家门办成,盖一个章办好,收规定费办完,按承诺日办结"为宗旨的便民服务中心。2001 年 8 月 18 日,宁波市海曙区建立了 81890(谐音"拨一拨就灵")求助服务平台,极大地方便了市民生活。随

---

① 习近平.大力推进机关效能建设 确保完成"狠抓落实年"的各项目标任务——在全省加强机关效能建设大会上的讲话[J].今日浙江,2004(4):5.

后，浙江各地逐步推广一站式便民服务中心和信息化求助平台，大大方便了人民群众办理相关事项。

二是改革行政审批制度。浙江省从 1999 年就率先开始推行行政审批制度改革，转变政府职能，提高办事效率，努力减少权力寻租和权钱交易的可能性。县级以上政府部门全部进行了两轮以上的审批制度改革，审批事项削减了四分之三。通过改革，审批行为逐步规范，行政效率有了提高。2003 年 10 月，浙江省人民政府出台《关于进一步深化省级行政审批制度改革的实施意见》，启动第三轮行政审批制度改革，大力推进审批制度和方式的创新，加强行政审批规范和监督工作。经过三轮行政审批制度改革，至 2006 年审批事项削减了四分之三。省政府按照"能放都放"的总体原则，将 313 项本属于地级市的经济管理权限直接下放给 20 个经济比较发达的县、区政府。①

三是建立公开招投标制度。浙江是全国较早实行招投标制度的省份之一。2005 年 12 月，浙江省十届人大常委会第二十二次会议审议通过了《浙江省招标投标条例》，对全省范围内的招投标活动作了"五统一"的要求，建立全省统一的招投标统计、信用和公示制度，招标人、招标代理机构、投标人和评标专家等当事人的违规记录都将记录进全省统一的招投标信用档案，并在网上公布。在全省范围内普遍建立招投标中心，对建设工程、政府采购、产权交易、土地交易等进行公开招投标，保证这些权力始终在"阳光"之中运行。

四是加强机关效能建设。2004 年 2 月，浙江在全国率先出台

① 夏阿国，蓝蔚青，等.平安浙江——全面构建和谐社会[M].杭州:浙江人民出版社,2006:45.

《关于开展机关效能建设的决定》，要求切实解决机关效能建设中存在的突出问题，使机关干部在履行职责和改革创新上有新突破，在服务质量和办事效率上有新进步，形成行为规范、运转协调、公正透明、廉洁高效的管理体制和运行机制。当年，全省共有 6053个机关部门、1497 个乡镇街道和 2353 个具有行政管理职能的单位开展机关效能建设，破解"机关病"。通过明察暗访、舆论监督，有效推动机关效能建设。自 4 月上旬启动以来，各地聘请 25165 名效能监督员，组织 10777 次明察暗访，一批效能低下、影响形象的人和事得到及时查处。截至 8 月底，有 120 人被辞退，146 人落聘待岗，659 人受到诫勉。[①]

◆◆ 案例 2-2

宁波海曙区 81890 拨一拨就灵解民忧

宁波市海曙区求助热线"81890"（"拨一拨就灵"）为市民提供 160 多项服务，内容涉及家政、维修、购物、培训、交通等 16 个大类，3 年来服务满意率达到九成，在宁波享有很高声誉。

为百姓排忧解难的民生热线

3 月 18 日晚，在朱雀小区一居民家，记者拨通了"81890"："我们这里突然断电了，能帮助解决吗？""请告诉我详细的楼牌号码。"在确认地址后，女接线员说："别着急，维修人员 10 分钟内就到。"不到 10 分钟，一名男子摸黑爬上楼来，仔细检查后，发现是保险丝烧断了。电话铃响起，还是那位女接线员，询问维修人员是否到了现场。

---

① 鲍洪俊，陈穆商.浙江以机关效能建设提升执政能力[N].人民日报，2005-2-15（1）.

此时,室外保险丝已接好,但烧坏的老式保险盒难配,维修人员将带来的新型保险盒稍加改造。灯终于亮了,收下 10 元工钱,维修员道了声"再见"便消失在黑夜中。约半小时后女接线员的电话再次打来,询问服务和收费是否满意。"如果不满意,可向我们投诉。"

始于 2001 年的"81890"求助热线,在宁波市民中信誉甚高,日求助量从最初的几十个到现在的几百个,最多一天达 600 多个,求助内容小到开锁、家电维修、捅马蜂窝,大到请保姆、心理咨询、寻找失踪人员,共计 160 多项服务信息。

整合资源,寓服务于产业之中

"81890"求助热线的服务要求是"三全":全天候——24 小时不间断,全方位——范围包括市内市外,全程式——跟踪回访。实现这"三全"由三方面支撑:一是市场资源,500 多家服务企业,上万名服务人员加盟,组成"81890"的服务主体。二是政府资源,由政府出资搭建信息平台,一方面开通企业服务与市民要求间的通道,另一方面搭建政府各部门与市民间沟通的桥梁。三是社会资源,组建上千名有一技之长的红帽子志愿者队伍,为市民提供个性化义务服务。

政府、市场、社会三方面力量构成的这个立体服务网络,触角遍布城市的大街小巷,通过"81890"信息枢纽的聚合和释放,确保市民基本生活在社区 10 分钟、城区半小时、市区 1 小时的服务圈中。在这里,政府构筑的是一个权威、诚信的平台,而数以百计的家政服务企业、1 万多名服务业大军提供的是有效的服务资源,通过市场化的手段,将老百姓的生活需求和企业的服务实现对接。靠机制,靠产业,是热线"红火"起来的长效"燃料"。

提升品质,寓质量管理于服务之中

"我家小孩上学放学需要接送,请推荐一家家政公司。""我想求购紫外线消毒柜,但不知何处有售。""这段时间我工作压力大导致心情郁闷,需要专业人士心理咨询指导。"许多意想不到的难题,难不住"81890"热线。在提供优质服务的产业支撑下,"81890"依靠诚信和质量,逐渐成为市民心中的名牌。诚信和质量的赢得,离不开政府着力构筑的服务企业约束制度、教育培训制度和服务质量保证体系。

面对每天几百个生活类求助电话,从受理、登记、处理到跟踪、返回、结案、归档,"81890"都坚持执行一整套规范的管理制度,对每件求助事项都进行一丝不苟的全程跟踪监督回访,有效地督促和保证了加盟企业的规范服务。"81890"对加盟企业的管理堪称"严厉"。在服务质量回访和检查中,若发现有一次不良信誉记录,即予以黄牌警告,在批评、警告、以观后效 3 次处罚后,第四次便取消加盟资格。

政府、企业、市民在"81890"热线平台上实现了"三赢"。对市民来说,热线是"有求必应"的代名词。对政府来说,它是分担压力的助手,是社情民意的"晴雨表"。自"81890"热线开通后,海曙区区长值班电话量减少了近 40%,为生活小事找"110"指挥中心求助的现象也明显减少。

目前,宁波已将这条区级求助热线提升为市级热线。

案例来源:人民日报,2004-3-29(1),有删减.

案例简析 >>>

"81890"的"灵",体现了立党为公、执政为民、以人为本思想的"真"。这一平台为市民提供高效便捷的政务服务、丰富平价的市场服务、免费温情的志愿服务,赢得了人民群众对党和政府的认同、拥护。同时,这一平台还常常将市民反映的公共事务管理方面的问题转交并督促政府有关部门尽快解决与答复,及时化解了一些因沟通不畅可能产生的矛盾。这些都从源头上推动了平安宁波建设,使社会和谐度不断提升。

三、完善公正的社会保障机制

社会保障是民生安全网,与人民幸福安康息息相关,关系国家的长治久安。习近平同志非常关注社会保障问题,2003 年 7 月 8 日,他在《之江新语》撰文指出,"把帮扶困难群众放到更为突出的位置"。[①] 2004 年 1 月 29 日,他在省委理论学习中心组专题学习会上的发言指出:"就业是民生之本,直接维系人民群众的生活来源。社保是民生之需,直接维系人民群众的生活保障。救助解民生之难,直接维系部分困难群众的基本生活。"[②]习近平注重完善面向全社会的各类社会保障制度,注重建立对困难群体、特殊群体的长效帮扶机制。

一是维护劳动者权益保障。2004 年伊始,浙江省委、省政府发出《切实解决拖欠工程款和农民工工资问题的通知》。2004 年 12 月 27 日,浙江省总工会发出"参与清欠,强化维权"的紧急通知,积极主动配合政府有关部门开展清理拖欠农民工工资问题。据不完全统计,全省各级工会参与检查用人单位 7327 家,涉及职工 62.6 万人,为 6.5 万名职工追回及督促发放被拖欠工资 854.9 万元。据省劳动监察部门统计,2005 年全年共追发拖欠工资 2.3 亿元,涉

---

① 习近平.之江新语[M].杭州:浙江人民出版社,2007:4.

② 习近平.干在实处 走在前列——推进浙江新发展的思考与实践[M].北京:中共中央党校出版社,2006:240-241.

及职工 24 万余人。① 2005 年 7 月 1 日,《浙江省劳动保障监察条例》正式施行,切实保障劳动者特别是农民工的合法权益。2007 年春节前,浙江省委办公厅、省政府办公厅发出《关于切实解决拖欠农民工工资问题的通知》,要求对发现仍存在拖欠工资情况的企业,坚决责令整改,限期支付工资;如有欠薪严重违法行为的,要将其列入重点清欠对象,重点进行监控,并督促有关部门蹲点进行重点清欠。

二是改善困难群众的住房问题。2005 年 1 月 1 日,浙江省人民政府制定了《浙江省城镇廉租住房保障办法》,两大类家庭可以享受廉租房:政府确定的低保范围家庭和当地政府根据实际情况确定的家庭。据统计,全省有低保家庭 7 万多户,除去已经有房的,还有近一半的低保家庭得益于廉租住房。到 2004 年为止,全省 69 个市、县(市)中,已有 31 个实行了廉租住房制度;2002—2003 年的两年间,全省已有 6800 多户家庭享受了廉租住房。② 从 2005 年 6 月 1 日起,《浙江省经济适用住房管理办法》正式施行,为城市中低收入住房困难的家庭提供基本住房。

三是解决失业人员的就业问题。随着所有制结构的调整,大量国有企业和集体企业职工下岗,这些失业人口成为 21 世纪初期影响社会稳定的重要因素。浙江建立劳动保障机构帮助群众就业,截至 2005 年年底,全省 95％的街道和 94％的社区均建立了劳动保障的专门机构或聘请了专职工作人员;86％的乡镇也建立了劳动保障机构。宁波等一些经济发达地区的农民足不出户,便可

---

① 夏阿国,蓝蔚青,等.平安浙江——全面构建和谐社会[M].杭州:浙江人民出版社,2006:47.

② 夏阿国,蓝蔚青,等.平安浙江——全面构建和谐社会[M].杭州:浙江人民出版社,2006:49.

享受到各种劳动就业服务。同时,积极开发社区公益性岗位,截至2005年年底,已有11.61万名就业困难群众通过社区公益性岗位实现再就业。实施"千万农村劳动力素质培训"工程,提高农村劳动力的就业能力,2004年全省共培训农民140万人,其中就业技能培训70万人,有40万人通过培训转移到了第二、三产业就业。[①]积极鼓励创业,通过创业增加就业,大力推广温州等地的经验,放开一切可以放开的领域,维护市场秩序,保护公平竞争。鼓励下岗失业人员自谋职业,并提供一系列优惠措施加以支持与引导。

四是加强失地农民保障问题。经济发达,城市化、工业化进程快速发展的浙江是失地农民最集中的地区之一。2003年5月,浙江在全国率先下发《关于建立失地农民基本生活保障制度的指导意见》,规定由政府、集体和个人分担的办法,一次性为失地农民缴足基本生活保障费:政府从土地出让金收入中列支,不低于保障资金总额的30%;集体从土地补偿费中列支,不低于40%;个人从征地安置补偿费中抵交。这标志着以"土地换社保"的制度安排在浙江省全面启动,使失地农民有了基本生活保障。接着,进一步规范完善被征地农民社会保障制度,规定对2003年起被征地的农民应做到应保尽保。统计显示,全省已将139万被征地农民纳入社会保障范围。全省已有71个县(市、区)、1800万农民参加以大病统筹为主的农村新型合作医疗制度和医疗救助制度,失地农民是这项制度优先考虑的对象。[②]

---

① 夏阿国,蓝蔚青,等.平安浙江——全面构建和谐社会[M].杭州:浙江人民出版社,2006:70.

② 潘海平,孙彬,徐寿松,等.(长三角新跨越)创新制度改变失地农民生活[EB/IL] [2005-3-8].新浪网,http://news.sina.com.cn/o/2005-03-08/10505298844s.shtml.

◆◆ **案例 2-3**

浙江失地农民老少三代各有保障

随着土地的大量征用,浙江失去土地的农民越来越多。据不完全统计,从 1999 年到 2001 年三年时间,全省失地农民达到 106 万人,且逐年递增。2003 年,仅绍兴、上虞两地,被征地农民就超过了 10 万人。杭州因土地征用而农转非的人数也呈递增趋势。到 2002 年,全市农转非人员 20 万人左右,其中老城区约 10 万人,萧山、余杭约 5 万人。

浙江失地农民的迅速增加,与城市化进程不断加快有关。1999 年到 2002 年,3 年时间全省共征用土地 155 万亩(一亩约为 666.67 平方米)。近几年,失地农民每年都以 30 万人的速度上升。因此,迫切需要通过建立制度来保障失地农民的基本生活。

2002 年,浙江省人民政府出台文件,从 2003 年起全省各地要建立被征地农民基本生活保障制度。2003 年 5 月,省劳动和社会保障厅、省国土资源厅、省财政厅等 5 个部门联合出台了《关于建立被征地农民基本生活保障制度的指导意见》,为这一特殊群体构筑基本生活保障体系。到目前,全省 11 个设区市中已有 10 个市(除温州),以及长兴、上虞等 20 多个县(市、区)就被征地农民的保障范围、待遇享受、保障资金筹集和管理以及就业等相关工作出台了实施细则。在杭州,男性年满 16 周岁未满 60 周岁、女性年满 16 周岁未满 50 周岁的农转非人员,一次性缴清 15 年的养老保险费,人均只要缴费 4.6 万元,到达养老年龄时每月即可享受 410 元。如果是在劳动年龄段却没有就业的农转非人员,还可进行失业登记并领取失业保险金。

这样,浙江被征地农民基本上是:老的直接养起来,小的发一次性安置补助费,劳动年龄段内人员就业后进入城镇职工基本养老保险,各类被征地农民都有保障。

案例来源:徐芳.浙江失地农民超过百万　老少三代各有保障.浙江在线新闻网站,2003-4-16.有删节.

案例简析 >>>

政府如何解决"失地农民"的就业和生活保障,这是事关社会稳定的大事,也是全面建设小康社会进程中必须十分重视和妥善解决的问题。浙江作出了农民"土地换社保"的制度安排,使失地农民有了基本生活保障,这既体现了以人为本的执政理念,也推动了平安浙江建设的有力践行,从民生源头上保护农民利益,大大减少了征地冲突。

四、建立农民工合法权益的保障机制

习近平同志多次在讲话或撰文中强调,要平等对待农民工、保护农民工的权益。2004年8月6日,他在杭州考察西湖文化广场建设工地慰问农民工时指出,"要坚持以人为本,更加关爱和善待广大民工,积极为广大民工提供良好的工作环境,创造必要的物质和文化生活条件,努力为他们解决家庭居所、子女就学、个人婚恋等实际问题"[①]。2005年3月23日,他就《人民日报》发表《李学生:农民工的人生壮举》一文作出批示,"农民工既是经济建设的重要力量……也是构建和谐社会的重要力量。我们都要关心和重视农民工的生产和生活,切实维护广大农民工的合法权益,给广大农民工以真切的人文关怀,同时加强对农民工的教育、引导和管理,促

---

① 习近平.干在实处　走在前列——推进浙江新发展的思考与实践[M].北京:中共中央党校出版社,2006:251.

进社会各个阶层、不同岗位群众之间的和谐"①。2005 年 4 月 29 日,他在省委贯彻胡锦涛总书记重要讲话精神专题学习会上的讲话中指出,"农民工又是工人,要随着经济社会发展水平的提高,逐步解决农民工的充分就业、工资待遇、社会保障、子女教育、医疗、住房、文化生活和政治地位等问题,并促成有条件的农民工逐步向市民转变"②。习近平同志对农民工问题非常重视,体现了他心有百姓、同情弱者、注重公正的博大胸怀。

浙江省委把保护农民工的合法权益摆上重要位置,稳步推进农民工问题更好地解决:一是简化进城务工手续,降低进城门槛,减少成本。二是建立为流动人口服务的就业服务平台。各级政府部门创办的公共职业介绍机构已延伸到全省许多街道、社区和乡镇、农村,免费为本地和外来农民工服务。浙江着力构建"三级机构、四级网络"就业服务平台,实现了网络互联和劳动力信息资源共享,外来农民工通过这一渠道就业的比例达 81.2%。三是保障流动人口子女受教育权。在浙江 58 万流动人口子女中,接受义务教育的比例达到 96%,比全国平均水平高出 66 个百分点。③ 收费标准与当地学生一视同仁。四是建立民工公寓,解决民工住宿问题。截至 2004 年 6 月,全省已经建成此类农民工公寓 1250 多万平方米,已有 110 多万农民工住上了这类公寓。④ 五是用法律手段

---

① 习近平.干在实处 走在前列——推进浙江新发展的思考与实践[M].北京:中共中央党校出版社,2006:251.

② 习近平.干在实处 走在前列——推进浙江新发展的思考与实践[M].北京:中共中央党校出版社,2006:252.

③ 浙江在全国率先普及 15 年教育[EB/OL].(2004-09-02).http://www.people.com.cn/GB/jiaoyu/1053/2757594.html.

④ 浙江在全国率先普及 15 年教育[EB/OL].(2004-09-02).http://www.people.com.cn/GB/jiaoyu/1053/2757594.html.

维护农民工利益。如湖州市南浔区人民法院成立民工法庭,专门审理和执行涉及农民工的民商事案件。六是依靠工会组织维护农民工的合法权益。为此,浙江省总工会、劳动和社会保障厅等七个部门于 2005 年 7 月联合出台了《组织农民工加入工会的实施办法》,要求各企业不得以任何理由拒绝农民工加入工会。2006 年 9 月,浙江下发《关于解决农民工问题的实施意见》,这是全国最早就农民工问题发布的地方性法规,对保护农民工合法权益作出了系统的制度性安排。

全省各地涌现了大量以人为本、关爱农民工的举措。如诸暨市店口镇于 2004 年首创"老乡管老乡"的工作模式,分别从贵州遵义县(今遵义市)、江西永丰县公安局聘请民警协助管理遵义籍、永丰籍外地人口。嘉善县于 2005 年建立了浙江省首家专门面向外来人员的管理服务机构——嘉善县"新嘉善人"管委会,对"新嘉善人"实行"市民化管理"。嘉兴市委、市政府于 2006 年制定出台《关于加强嘉兴新居民服务管理工作若干意见(试行)》,率先提出新居民的人性化称谓,并对新居民服务保障等作了明确规定。浙江成为全国最关爱农民工、最平等对待农民工的省份之一。

◆◆ 案例 2-4

义乌市总工会社会化维权

随着义乌民营企业的快速发展,外来务工人口高达 75 万,超过了本地人口。近几年来,劳资纠纷、劳动争议事件频发,每年都在 1 万起左右。由于一些细小的劳资矛盾得不到及时处理,曾经出现过地缘性、亲缘性的自发组织,使得矛盾激化,造成社会不稳定。

市总工会大胆创新维权机制,于 2000 年 10 月在全国率先成立了专门的工会维权组织——市职工法律维权协会。这个维权协会运转一年多,化解了许多劳资纠纷,但工会组织这么做,在法律层面上是否合适? 当市总工会倾心为职工提供法律服务之时,自身也遇到如何获得法律支持、依法维权的"名分"问题。

不久,修改后的《工会法》把为职工提供法律服务列为县级以上总工会的法定职责。但这个"法定职责"怎样实施,义乌市总工会获悉全国人大常委会正在海南举办宣传《工会法》培训班,便派人赶去求教。中华全国总工会法律顾问十分钦佩义乌市总工会的做法,并认为"这件事情非常了不起,突出了工会的维权职能,是工会维权模式的一个创新"。义乌在这个培训班上拿到了《中华人民共和国工会法释义》,其中司法解释就有:县级以上各级总工会经司法行政部门同意,可以成立职工法律服务所。义乌市总工会法律在手,大胆地站在维权的前列,与当地众多职能部门携手合作,逐步形成了工会社会化维权的新机制。2004 年底,维权协会改为维权中心,共有 4 名工作人员,平均每天要接待十几批来访的职工,还要处理大量的职工来电投诉。

一个县级总工会在 4 年多的时间里,调解 3400 多件涉及职工的劳动纠纷,调解率高达 90% 以上,从而避免了大量的劳动纠纷付诸劳动仲裁及法庭诉讼,也有效地避免了重大群体性事件的发生。这就是义乌市总工会开创工会组织的社会化维权之路的结果。

案例来源:施晓义.义乌市总工会维权纪事 开创社会化维权之路,2005-8-3,浙江在线新闻网站.

案例简析 >>>

浙江在推动平安浙江建设过程中,特别重视农民工的维权问题,各地各部门结合自身工作创新性开展相关工作。义乌市总工会积极探索维权新机制,主动发挥工会的社会化维权功能,大胆地走在了全国前列。这充分体现了浙江以人为本的执政思想在各个部门、群团组织的渗透与有效执行,能多渠道、多形式地维护农民工合法权益,深刻践行平安浙江建设与和谐社会构建。

第二节　民主建设夯实平安浙江

进入 21 世纪以来,我国对民主建设日益重视,把加强民主建设作为构建和谐社会的重要内容。习近平同志来浙江工作后,一方面重视总结推广已有经验,另一方面又不断推陈出新,提出新的民主建设要求。2004 年 5 月 10 日,他在省委十一届六次全体(扩大)会议上做建设平安浙江报告时,明确指出平安建设包括民主法制建设。2006 年 2 月,他在省委理论中心组学习会上指出,要"把人民群众的民主要求,包括人的权利、人的利益、人的安全、人的自由、人的平等、人的发展等,全面纳入法治化轨道,使公民的政治参与既能够在具体的制度上得到保障,又能够在有序的轨道上逐步扩大"①。2006 年 9 月,他在衢州调研基层基础工作时说:"和谐社会是民主法治的社会,基层历来是民主政治的发源地和实验田。人民群众的素质觉悟越高,民主素养越好,基层民主机制越健全,社会就越和谐稳定"②。2006 年 10 月 11 日,他在《之江新语》发表《基层矛盾要用基层民主的办法来解决》,指出"推进基层民主建设是实现政治稳定、社会和谐的重要保证,基层民主越健全,社会就

---

①　何显明,陈柳裕.从"法治浙江"到"法治中国"[N].浙江日报,2018-7-22(3).

②　习近平.基层民主越健全,社会越和谐[EB/OL].(2006-9-25). http://news.sina.com.cn/c/2006-09-25/014010097899s.shtml.

越和谐。"①在习近平同志的重视和推动下,浙江成为全国民主氛围最浓、民主建设最有成效的省份之一,全省涌现出大量民主建设实践与创新做法,有力地助推了平安浙江建设。

一、改善公民民主政治参与条件

浙江省积极推动政治参与制度化、规范化和程序化。2004 年,浙江省委先后出台了《关于进一步加强人大工作的意见》《关于加强和改善党的领导,支持人民政协履行职能制度化、规范化和程序化建设的意见》《关于加强和改善党对新世纪新阶段工会、共青团、妇联工作领导的意见》等文件,支持人大、政协和群众团体履行各自在发扬民主中的职能作用。各级决策机关都建立健全重大决策的规则和程序,通过完善论证会、听证会、社会公示和专家咨询等制度,确保群众对重大决策的知情权和参与权。②

浙江各级人大常委会不断完善主任接待代表日、常委会组成人员分工联系代表、重要情况向代表通报、代表座谈会等制度,建立和完善了重要建议重点办理、建议办理结果向代表通报等制度。"十五"期间,浙江省人大代表共提出议案 92 件,建议、批评和意见 2984 件。代表议案的规范性和质量都得到提高,代表建议的解决率和满意率也有所提高。③ 同时,人大代表与选民的联系也在不断加强,选民接待日、代表述职等制度得到了建立和完善。有些人大代表还通过座谈会、人大网站、电子信箱等多种方式,密切与人民

---

① 习近平.之江新语[M].杭州:浙江人民出版社,2007:226.

② 夏阿国,蓝蔚青,等.平安浙江——全面构建和谐社会[M].杭州:浙江人民出版社,2006:164.

③ 浙江省人大、政协制度建设的有关材料引自浙江省人大常委会研究室."十一五"时期我省完善社会主义民主,加强社会主义法制建设的思路和对策研究[M].杭州:浙江人民出版社,2005.

群众的联系,及时反映人民群众的意见和要求。2004年3月,温州市十届人大代表周德文在全国首推以个人命名的"周德文人大代表工作室",征集民间议案或建议,反映民声民情,维护群众的合法权益。浙江省人大还在引导公民直接、有序参与方面进行了工作制度与方式方法的创新,省人大常委会在编制2005年立法计划时,面向全省公民公开征集立法建议。公民可以通过书信、电子邮件等方式提出立法建议。

浙江省政协充分发挥参政议政作用,"十五"期间,省政协立案并转交有关方面办理的提案达3535件,报送社情民意信息1800多条,许多重要意见、建议进入了省委、省政府决策。① 省政协还通过听证会等形式,引导普通公民直接、有序地参与政治事务协商。2007年2月,浙江省委出台了《关于贯彻〈中共中央关于加强人民政协工作的意见〉的实施意见》,强调建立健全人民政协参政议政工作机制,进一步健全政协调查研究工作机制、政协提案工作机制和反映社情民意工作机制;积极为人民政协参政议政创造良好条件。要求各级党委根据工作重点,结合政协特点,主动出题目,提高政协参政议政实效,坚持和完善情况通报制度,政府部门完善与政协专门委员会的对口联系制度,加强协作配合,提供支持帮助,为充分发挥人民政协的参政议政作用,提供有力保障。

浙江注重政治参与制度的开放性与包容性,让外来务工人员有机会参政议政。2001年,义乌市依据《浙江省县乡两级人民代表大会代表选举实施细则》中的"在现居住地一年以上而户籍在外地

---

① 夏阿国,蓝蔚青,等.平安浙江——全面构建和谐社会[M].杭州:浙江人民出版社,2006:166.

的选民,在取得户籍所在地选区的选民资格证明后,也可以在现居住地选区登记"的规定,给予外来务工人员平等参加当地人大代表选举的权利。2002年,义乌市选举第十二届人代会代表,市人大常委会特意安排12个名额给外来务工人员,成为全国首创。当选人大代表的外来务工人员就务工者子女入学、住房和普法教育等问题提出了议案,许多问题在会后得到了圆满解决。随后,温州瓯海区、宁波北仑区这些流动人口比较多的地区都开始邀请外来务工人员参政议政。上述政治沟通机制的完善和政治参与条件的改善,有助于推动群众的利益组织化和利益表达,有利于解决社会关注的各种焦点问题,避免社会矛盾的激化,进而为建设"平安浙江"、构建和谐社会创造必要条件。

◆◆ 案例 2-5

周德文首推以个人命名的人大代表工作室

周德文的人大代表工作室创办于2004年3月17日,也就是在温州市十届人大二次会议召开的前夕。其宗旨是行使人大代表职权、征集民间建议、听取民众的利益诉求、反映民意民情、维护百姓的合法权益。工作室由周德文本人主持成立,并邀请其他市人大代表、律师、记者等10人一起组成。周德文通过当地媒体向全市市民承诺:如果市民有什么需要人大代表反映、帮助的事都可以拨打热线,也可以直接来信来访。周德文还承诺将定期(每月第一个星期六上午)不定期接待群众。

"周德文人大代表工作室"一出现,温州媒体即与工作室展开联动,开辟专栏及时反映民情民意和工作室工作情况。从3月17日成立到3月21日温州市十届人大二次会议召开前夕,"周德文人大代表工作室"共接到热线电话 200 多个,收到投诉材料 300 多份。人们把议案的焦点聚集在反腐败、保障市民房屋拆迁利益、改革滞后的政策体制等方面。周德文从中整理出若干个有代表性的议题进行调研后,写出《尽快设立温州市中小企业发展基金》《要加强对城市乞丐的管理》《政府要讲诚信,保护企业合法权益》等多项议案,提交温州市十届人大二次会议。根据百姓的投诉,周德文以人大代表身份,先后撰写了《建议对中旅集团改造进行调查,防止公有资产流失》《关于要拆除梧田违章建筑物》《建议瓯海区人民法院恢复对孙崇佑案执行》等 10 余件人大代表建议、批评和意见,由温州市人大转交政府有关部门办理。这些议案、建议针对性强,受到"一府两院"的重视,大多被采纳。

案例来源:梁小波.周德文和他的代表工作室.浙江人大,2004(12):40-41,有所增删.

案例简析 >>>

周德文建立人大代表工作室,体现了浙江民营企业家参政议政的积极性,在人大代表与市民之间架起沟通的桥梁,征集民间议案或建议,反映民意民情,为群众维护权益。习近平同志重视发扬民主,兴起了一股亲民之风。全省有许多诸如周德文之类的人大代表,民主参与的积极性很高,主动创新收集议案的各种途径,履行代表职责和发挥参政议政作用。

二、加强城乡基层民主建设

城乡社区直接接触人民群众,最了解基层民情,是开展基层民主建设最重要的场域之一。习近平同志重视城乡基层民主建设。2003 年 4 月 17 日,他在全省城市社区工作会议上讲话时指出:"扩大基层民主,实行居民自治,是社会主义政治文明建设的重要内容,也是社区建设的基本原则"①。2005 年 6 月 17 日,他在金华市调研时指出:"村级民主政治建设的方向十分明确,就是积极推行'民主选举、民主决策、民主管理、民主监督'。对这四个方面的内容要全面地加以理解……这'四个民主'都配套完善起来以后,村党支部就可以在其中游刃有余,充分发挥领导核心作用了,可以像地方党委'总揽全局、协调各方'那样,体现出核心的地位,站得稳,说得响,呼得应,叫得动。"②

浙江村级民主建设蓬勃发展,各地涌现了"四个民主"方面的大量创新实践,成为平安乡村建设的重要内容。在民主选举方面,浙江省较早在村委会选举中采用公推直选方式,余杭等地还探索"自荐海选",这是全国首次采用"自荐海选"方式选举村干部。③ 在民主决策和民主管理方面,浙江较早建立和完善村(居)民会议、村(居)民代表会议、村(居)务公开等制度,探索和创新民主听证会、民情夜谈会、村民议事厅等做法。至 2004 年底,全省 99%以上的村建立了村务公开栏和村务公开监督小组,大部分村的村级财务基本做到村民(代表)会议监督。浙江一些乡村制定了符合时代要求的村规民约,确立对村级组织和全体村民具有普遍约束力的村务运作程序。"枫桥经验"发源地绍兴还创新了一系列民主决策、民主管理的治村规程,如新昌县的"乡村典章"④,绍兴县的"夏

① 习近平.干在实处 走在前列——推进浙江新发展的思考与实践[M].北京:中共中央党校出版社,2006:381.

② 习近平.干在实处 走在前列——推进浙江新发展的思考与实践[M].北京:中共中央党校出版社,2006:382-383.

③ 浙江在全国率先采用"自荐海选"方式选举村官[EB/OL].(2005-03-28).http://www.china.com.cn/chinese/2005/Mar/822606.htm.

④ 新昌基层民主搞出新意"乡村典章"村民作主[EB/OL].(2005-05-17).http://zjnews.zjol.com.cn/05zjnews/system/2005/05/17/006112991.shtml.

履程序"①,嵊州市的"八郑规程"②。余杭区一些乡镇的村民代表每月例会制度、温岭农村的"民主恳谈会"等治理机制都在基层民主实践中发挥了良好作用。此外,浙江各地还有"民主理财日""民主议政日""民主听证会""民主议事会""村民民主评议会"等治理形式,在不同程度上促进了当地群众民主有序地参与,密切了党群、干群关系,减少了社会矛盾。在民主监督方面,浙江首创村务监督委员会。2004年,武义县白洋街道后陈村选举产生全国首个村务监督委员会,这一组织对完善村集体资金监督、加强村级财务管理、防止干部违纪违规、密切干群关系、化解矛盾纠纷、促进基层民主法制建设发挥了积极作用。习近平同志多次批示"后陈经验"。2005年6月17日,在后陈村村务监督委员会成立一周年之际,习近平同志到后陈村考察调研,组织召开座谈会,充分肯定后陈村的村务监督委员会工作。随后,在全省推广村务监督委员会制度。

浙江在城市社区中也较早开展直接选举试点,截至2004年底,浙江省2557个社区居委会有1169个完成换届选举,其中实行直接选举的有244个,占换届总数的1/5,并且在选举程序和技术上采用了新的办法,例如采取无候选人的海选方式,要求竞选者现场做自我介绍并回答选民提问,设立了"秘密划票间"等。③ 为拓宽居民参与社区治理的渠道,浙江省建立和完善居民代表会、居务公开等各项制度,在借鉴国内其他城市社区的民主评议机制、协调会、人民联络员制度、信访接待室等做法的同时,也进行了创新。

---

① 绍兴县"夏履程序"探索民主治村新模式[EB/OL].(2006-06-09).http://china.zjol.com.cn/05china/system/2006/06/09/007674857.shtml.

② 嵊州市"八郑规程"给农村基层民主自治注入活力[EB/OL].(2006-08-20).http://zjnews.zjol.com.cn/05zjnews/system/2006/08/20/007820083.shtml.

③ 叶英.解读城市社区直选[J].2005年杭州市党校系统理论研讨会入选论文.

例如,宁波市海曙区的 57 个社区先后建立了"民情信息站",多途径、多方式收集居民的意见、建议和要求。各社区大多设立了来访接待点、居民求助评议信箱和民情电话;居委会干部结合自己分管的各线工作,走家串户收集信息;各社区还建立了以墙门代表、楼道小组长为主的信息员队伍以了解情况。由此形成了点、线、面相结合的信息反馈网络,能及时、准确地向有关部门反映群众的困难并帮助解决。城市社区民主的发展对于保证人民当家做主,共同创建平安、和谐的社区起到了不可或缺的作用。

◆◆◆ **案例 2-6**

后陈村首创村务监督委员会制度

2004 年 6 月 18 日,武义县白洋街道后陈村的村民代表聚集在村委会会议室,选举产生了全国第一个村务监督委员会(以下简称监委会),与村党支部、村委会一起称为"三委会"。以一个机构、两项制度为标志的村务监督委员会制度诞生。

后陈村的监委会,制度设计上与村党支部、村民委员会并列,可以"对村'两委'不按村务制度作出的决定或决策提出废止建议"。并规定,监委会候选人应是非村"两委"的成员及其父母、配偶、子女、兄弟姐妹等直系亲属的村民代表。监委会成员除了党支部召开的党务会议外,村里其他一切会议都有权参加,直接对村民代表大会负责。村委会按制度办事的,监委会支持和保障其有序开展工作;在监督过程中或接到村民举报后发现村干部有违规行为的,启动纠错程序。整套制度体现了分权制衡和村民自治。

武义县在后陈试点取得经验的基础上,于 2004 年 9 月在全县试推行,到 2005 年 5 月底,结合农村村级组织换届,武义在全县

546 个村(社区)全部推行了监委会制度。2005 年 10 月,"村务监督委员会"入围"中国地方政府创新奖"。2007 年 6 月,"后陈经验"获得全国村务公开民主管理协调小组授予的"全国村务公开民主管理制度创新奖"。

监委会的全程监督,从制度和机制上保障了村干部"不能腐败""不敢腐败"。后陈村近年投入公共建设资金 2000 余万元,建设标准厂房 4 万多平方米,招投标 82 次,招待费却从 2003 年的 10 多万元迅速下降,每年控制在数千元之内,为村里增收节支近百万元。据统计,武义县 2005 年至 2008 年村级公益性投资总额约为 5.16 亿元,普遍进行招投标,全县节约资金 1.06 亿元,村级招待费总平均下降 18.5%。

案例来源:让村务监督更到位——武义首创村务监督委员会制度.浙江新闻,2009-06-18.

案例简析 >>>

村务监督委员会制度能使村干部办事越来越规范、透明、公开,从源头上预防、化解矛盾。习近平同志在浙江工作期间,敏锐地意识到村务监督委员会制度对完善农村基层民主、建设平安乡村有重要意义,因此在全省推广这一制度。这对浙江村级民主建设、社会和谐有重要推动作用。2010 年,《中华人民共和国村民委员会组织法》修订,规定村应当建立村务监督委员会或者其他形式的村务监督机构。诞生于浙江的村务监督委员会制度,被进一步放大到国家制度的层面,为夯实平安中国建设作出了重要贡献。

三、探索企业民主制度建设

企业民主建设关系到我国基层民主政治建设,涉及中国特色社会主义企事业管理制度的建立和完善。习近平同志在浙江工作期间,十分重视企业民主建设。2005 年 9 月 15 日,他在全国工会维权机制建设经验交流会上的致辞中指出,"在社会建设和管理中,工会组织有着独特的重要地位和作用,工会维权机制是促进社会和谐的重要内在机制"①。

　　浙江省率先探索企业职工代表大会制度和其他形式的企事业民主管理制度。截至 2004 年底,浙江省有 95％的国有集体及其控股企业和 87％的事业单位建立了职工代表大会,实行"职代会('职工代表大会'的简称)民主评议企业领导干部"制度的国有、集体及其控股企业占 90％以上,建立厂务公开制度的企事业单位达 2284 家,占已建工会企事业单位总数的 1/3 以上。非公企业的职代会制度建设也有一定进展,传化集团 1994 年建立工会后于翌年实行职代会制度。随后,杭州市萧山区总工会在非公企业民主管理工作中大力推行了职代会制度建设,职工享有的民主权利大大增强,有效地保障了职工民主管理权利的实现。

　　浙江省率先开展工会直选改革,明确工会的角色定位,加强其独立性,改善其维权功能。从 2000 年起,杭州余杭区、宁波余姚市先后在基层工会推行主席直选制,探索出了两种各具特色的直选模式,初步形成了一套基层工会民主治理的体系和网络,使工会直选成为工会会员维护权利、实现民主参与的一种制度化、规范化、程序化的途径。② 义乌市总工会针对工会维权缺乏有力手段的弱点,探索出了维权社会化的"义乌模式",成为浙江工会维权的一大亮点。浙江工会的改革和创新使得工会能更好地发挥协调和代表

---

① 习近平.干在实处 走在前列——推进浙江新发展的思考与实践[M].北京:中共中央党校出版社,2006:247.

② 陈剩勇,吴巍,陈燕.工会直接选举:中国地方民主的新发展[J].浙江社会科学,2004(1):69.

功能,减少了企业内的劳资矛盾,减少了社会矛盾,为构建企业和谐劳动关系、建设平安浙江的社会氛围创造了条件。

浙江还积极探索工资集体协商制度。早从 1999 年开始,浙江就以非公有制企业为重点,探索开展以工资支付、工资增幅、加班工资、社会保险等为主要内容的工资集体协商。2002 年 7 月出台了《浙江省企业工资支付管理办法》,全省各地涌现了许多创新做法。如 2002 年底,绍兴市推进企业工资集体协商机制,经过三年努力,在建立工会的企业中实现工资集体协商制度全覆盖。2004 年底,全省工资集体协商现场经验交流会在绍兴召开。另外,全省各地也涌现了工资集体协商的典型经验,如 2003 年温岭市新河镇羊毛衫行业率先开展行业工资集体协商,得到温家宝总理肯定批示:"温岭的做法可以总结推广。"2005 年,杭州市出台《工资集体协商实施办法》,成为全国第一部工资集体协商地方性法规。2007 年,浙江省开展创建"劳动关系和谐企业"活动,将企业依法开展工资集体协商制度并签订工资协议作为评价企业劳动关系和谐的标准之一。2007 年开始,工资集体协商制度在浙江从试点到逐步推开,覆盖面不断扩大。工资集体协商制度对构建和谐劳动关系、建设平安浙江有重要作用,使得浙江劳资和谐程度一直排在全国前列。

◆◆◆ **案例 2-7**

温岭行业工资集体协商机制

温岭是全国第一家股份合作制企业诞生地,民营经济十分活跃。随着改革的深入和利益格局的调整,企业与劳动者之间的"强资本、弱劳动"的矛盾日益突出,劳资纠纷引发的集体停工和上访事件不断,严重影响了企业和社会的稳定。这一现象在温岭市新河镇的羊毛衫企业中表现得尤为突出。2002年,该镇羊毛衫行业职工上访量占到全镇接访数量的45%。要从源头解决问题,必须创新利益协调机制,创造一种企业主和职工平等协商、兼顾劳资双方利益、有效协商解决矛盾冲突的民主治理新模式。同时,温岭"民主恳谈"的广泛开展激发了企业主和企业职工的民主意识和维权意识,为行业工资集体协商制度的推进提供了良好条件。2003年,温岭市选择在新河镇羊毛衫行业开展工资集体协商试点工作。其做法一是组建羊毛衫行业工会,确定协商主体;二是召开民主恳谈会,确定开展行业工资集体协商;三是划分工种工序,确定行业计件工资单价;四是组织开展集体协商,签订行业工资协议。具体来说是把集体协商分若干阶段进行,以使各方充分讨论协商,形成高度共识。鉴于羊毛衫行业易受市场、价格、成本等方面影响,行业工会和行业协会还约定,每年一次就调整行业职工工资(工价)进行集体协商,保证职工工资(工价)与企业效益的增长相适应。至今,新河镇羊毛衫行业的行业工资集体协商已进行了5年,职工工资(工价)年均增幅5%～12%。

新河镇羊毛衫行业工资集体协商试点工作开展后,在当年就取得了明显成效,2003年长屿羊毛衫行业因劳资纠纷上访,比2002年同期减少了70%。为此,温岭市及时总结了羊毛衫行业工资协商的成功经验,并在全市逐步推广。2004年6月,温岭市转发了市人事劳动和社会保障局、市总工会、市工业经济局《关于开展非公企业行业工资集体协商工作的实施意见》;2005年5月,温岭市又出台了《关于大力推广行业工资集体协商制度的实施意见》,对行业工资协商工作不断加以引导和规范,确保行业工资集体协商工作沿着正确的方向有序推进,在全市各地各行业"开花结果",并形成了一套规范有序、行之有效的制度。

案例来源:温岭出台行业工资集体协商制度.浙江在线新闻网站,2009-07-17.

案例简析 >>>

温岭的行业工资集体协商制度,产生了多方面的效应,保障了职工的合法权益,维护了和谐劳动关系,改善了行业内用工无序竞争的状态,优化了企业整体发展环境,缓和了劳资冲突局面,也减轻了政府的维稳压力。可谓是"一举多赢"的创新实践,充分体现了民主协商在化解矛盾冲突、推进平安建设中的充分魅力与有效作用。

四、创新民主恳谈等民主参与形式

浙江各地结合实际探索了其他多样化民主治理形式。如温岭市的"民主恳谈会"就是基层行政民主实践的范例,获得了第二届(2003—2004 年度)"中国地方政府创新奖"。温岭市实行"民主恳谈会"制度后,各乡镇、街道在重大的公共事务决策前,必须举行听证会,认真听取群众的意见后才能作出决策。[①] 通过"民主恳谈"等一系列制度的实施,公民能够直接参与公共事务治理,并且及时获得效果反馈,使公民的政治参与愿望得以满足,参与的制度化水平也同时得到了提高。

民间组织积极参与民主政治建设。浙江省以公益性和互益性为宗旨的一些民间组织在社会治理、利益组织化和利益表达等方面展示了良好的绩效。如温州市工商联(总商会)作为民间商会的业务主管单位和特殊的官方性社会团体,在民营企业家的政治参

---

① 景跃进.行政民主:意义与局限——温岭"民主恳谈会"的启示[J].浙江社会科学,2003(1).

与方面作用突出。它把绝大多数的行业协会和民间商会吸收为团体会员,安排了一些民营企业家为工商联执委;帮助一大批民间商会的领导人当选为政协委员和人大代表,使人大、政协成为商会和民营企业家影响政府决策的重要途径。近年来,工商界人士在人大、政协会议上的提案、议案明显增多,许多议案被政府采纳,成为温州经济发展战略的重要组成部分。[①] 除了民间商会以外,另外一些社会组织、中介机构,如律师协会、会计师协会等功能性团体,也对公民的政治参与起到重要作用。

浙江的电子政务在全国起步较早,1996年就建成了覆盖全省收发文单位的拨号网络。2003年,浙江省提出了电子政务网络的目标及总体规划,逐步启动电子政务网建设,这使得公民的政治参与更为便捷化。省市的门户网站对政府机构、工作规则、政府规章、政策性文件等都进行了公布,方便了群众查询,为政治参与提供了前提,方便了群众网上投诉、咨询、求助、建议。电子政府不但可以为市民排忧解难,还为促进行政决策科学民主化提供了强大支持。

◆◆ 案例 2-8

温岭"民主恳谈会"助力平安建设

"民主恳谈会"是温岭市首创的一种基层协商民主形式。它最初是为了加强镇村干部与群众的对话、沟通、交流,共同解决所在地区的公共事务矛盾而产生的一种基层民主形式。目前"民主恳谈"机制不断完善和推广,成为浙江基层民主的亮点和浙江平安建

[①] 陈剩勇,魏仲庆.民间商会与私营企业主阶层的政治参与:浙江温州民间商会的个案研究[J].浙江社会科学,2003(5):21.

设的助推器。

1999 年 6 月,温岭市委根据浙江省委在全省开展农业农村现代化教育的决定,在松门镇开展教育试点。松门镇靠海,经济比较发达,当地群众富裕而思想开放,但长期以来跟政府之间缺乏有效的沟通渠道,导致干群之间积累了一些隔阂和矛盾。松门镇在试点中,当地党委、政府借鉴电视中看到的记者招待会,采取"与群众双向对话"的方式召开第一期民主恳谈会,当时有 150 多位群众自发前来参加,就投资环境、村镇规划、邻里纠纷、液化气价格等提出 20 多个问题。这些问题得到了镇政府领导和相关职能部门的当场阐释、答复,会议现场氛围热烈,被群众誉为松门镇的"焦点访谈"。

1999 年 11 月,温岭"民主恳谈会"得到浙江省委的高度肯定,此后更是在全省其他市、县、乡、镇普遍开展,这一基层民主政治建设的新功能也被不断发掘出来。2000 年 8 月,温岭将各地开展的"民情恳谈""村级民主日""农民讲台"等活动形式,统一更名为"民主恳谈"。2001 年民主恳谈开始逐步转型与规范,由局部具体利益的沟通转向公共利益的协商,把干群沟通对话的民主恳谈引向群众参与政府决策。温岭市委先后出台文件,对民主恳谈的基本原则、议题范围、参加对象、基本程序以及实施监督,都作出全面完善和规范,明确规定"全市各地各部门都要把民主恳谈作为重大决策的必经程序"。

自 2003 年开始,温岭市信访部门努力畅通信访渠道,夯实工作基础,特别是在创新工作机制上狠下功夫,着力于信访调解机制的创新,尤其是把"民主恳谈"这一民意表达载体引入信访调解机制中,充分发挥了该载体在预防和化解社会矛盾纠纷中的积极作用,使得信访调解绩效大大提高,信访量逐年回落。进京或赴省访、重复访、缠访比例明显下降。2003—2008 年,全市信访总受理量分别为 11745、10938、10039、8395、7946、7539 件。同时进京、赴省上访也由 2004 年的 39 批 107 人次和 12 批 134 人次分别下降到 2007 年的 34 批 76 人次和 5 批 44 人次。

案例来源:陈鼎.权利与权力互动视角下的社会矛盾纠纷化解之道——基于温岭市"民主恳谈"介入信访工作的案例分析[J].广州社会主义学院学报,2010(1).

案例简析 >>>

温岭的"民主恳谈会",将浙江基层民主建设从选举领域拓展到治理层面,成为社会主义基层协商民主的雏形。这种面对面、直接沟通的协商民主形式,不但创新了基层民主建设的形式,而且有利于助推平安浙江建设。正如习近平同志指出"基层矛盾要用基层民主的办法来解决",通过民主恳谈,可为基层各方提供利益协商、沟通对话的平台,使各方社会矛盾在平等协商、轻松和谐的氛围中得以解决。

第三节　法治建设保障平安浙江

进入 21 世纪以来,我国加大法治建设的力度,从源头上促进和谐社会构建。2004 年 3 月,国务院发布《全面推进依法行政实施纲要》,加快建设法治政府的步伐。浙江把法治建设作为平安建设的重要内容,《中共浙江省委关于"平安浙江"促进社会和谐稳定的建设决定》有 5 处强调法治,明确提出"依法治省各项工作深入推进"的目标。① 2005 年,习近平同志主持"建设法治浙江"重点课

---

① 习近平.建设"平安浙江"　促进社会和谐稳定——在中共浙江省委十一届六次全体(扩大)会议上的报告[J].今日浙江,2004(9):7.

题,调研足迹遍及全省 40 多个乡村、社区。2006 年 2 月,省委召开理论中心组学习会,专题学习和研究有关法治建设的理论问题和实践问题。2006 年 4 月 25 日,省委十一届十次全会审议通过了《中共浙江省委关于建设"法治浙江"的决定》,吹响了建设法治浙江的号角。这标志着浙江实现了从"依法治省"到建设法治浙江的跨越,开启了浙江作为市场经济先发地区运用法治思维、法治方式治省理政的征程。① 2006 年 5 月 15 日,习近平同志发表《和谐社会本质上是法治社会》一文,指出社会主义和谐社会的"六大特征"都具有法治的属性。② 可见,习近平同志重视发挥法治在省域治理中的作用,以法治调节社会各种利益关系,维护和实现公平正义。在习近平同志推动下,浙江形成了一系列以法治建设保障平安建设的制度性成果,涌现了一大批法治促进平安的生动实践,平安浙江和法治浙江在浙江大地上交相辉映、互为促进。

一、完善具有浙江特色的地方立法

习近平同志强调要从浙江实际出发,做好地方立法工作。2003 年 8 月 4 日,他在全省立法工作会议上指出,"立法要为发展服务,立法要有地方特色,立法要维护人民利益,立法要体现时代性"③。2006 年 4 月 25 日,他在省委十一届十次全会上作报告时指出"立法是法治的基础。要根据宪法和立法法,适应我省经济社会

---

① 张军,袁卫.建设法治中国先行区——法治浙江建设 8 周年综述[EB/OL].(2014-11-28)[　].http://cpc.people.com.cn/n/2014/1128/c162854-26111696.html

② 习近平.之江新语[M].杭州:浙江人民出版社,2007:204.

③ 习近平.干在实处　走在前列——推进浙江新发展的思考与实践[M].北京:中共中央党校出版社,2006:402-403.

发展走在前列的要求,加快地方立法步伐,不断完善与国家法律法规相配套、具有浙江特色的地方性法规规章体系"①。在习近平浙江工作期间,浙江制定了一系列有关平安浙江建设的地方性法规和政策性制度,有力推动了平安浙江建设的制度化、规范化。

一是加强社会治安综合治理方面的立法。2002 年 12 月,浙江省率先出台《浙江省社会治安综合治理条例》,随后在 2007 年 7 月又进一步修订,对五个方面进行了更新。①进一步明确了综治的方针原则和目标任务;②将建立乡镇(街道)综治工作中心、完善矛盾纠纷排查调处和预防处置群体性事件等创新"枫桥经验"有效做法纳入立法内容;③对流动人口服务管理等综治专项工作作出立法规定;④对司法救助和社区矫正工作作了规范;⑤对综治责任考核机制、"一票否决权"制度等作了明确规定。② 另外,浙江还出台了《浙江省预防处置群体性事件若干规定》《浙江省矛盾纠纷排查调处工作规程》《全省重大建设项目社会稳定风险评估试点工作方案》等一系列法规和制度,使"平安浙江"建设有章可循。

二是加强信访方面的立法。国务院《信访条例》颁布后,浙江结合实际制定具有浙江特色的信访条例。2004 年 1 月 16 日,浙江省第十届人大常委会第七次会议通过了《浙江省信访条例》,以保障信访人的民主权利和其他合法权益,规范信访行为和信访工作,维护信访秩序。2005 年 9 月 12 日,浙江省人民政府印发了《浙江省信访事项终结办法》《浙江省信访听证暂行办法》,在省内全面建立疑难信访听证会制度和信访三级终结制度。当年 2005 年 1 月

---

① 习近平.干在实处 走在前列——推进浙江新发展的思考与实践[M].北京:中共中央党校出版社,2006:363.

② 江宗.浙江:修订综治《条例》[J].长安,2007(10):21.

至 10 月,与上一年同期相比,省本级群众来信总量下降 17.9%,集体访批次和人次分别减少了 7.74% 和 29.38%。[①]

三是加强安全生产方面的立法。2003 年 9 月 17 日,浙江省人民政府发布《关于进一步深化安全生产专项整治工作的通知》。2004 年 8 月 12 日,浙江省人民政府出台《关于切实加强安全生产工作的决定》,要求"从 2005 年起,三年内努力实现全省各类事故总量、事故死亡人员和事故直接经济损失三项指标年增长率为零,并力争有所下降";2006 年 7 月 28 日,出台《浙江省安全生产条例》,指出安全生产事关人民群众的生命健康和根本利益,事关改革发展稳定的大局,是落实科学发展观、构建和谐社会的基本要求。2006 年 12 月 13 日,浙江省人民政府办公厅《关于加强企业安全生产基础建设意见的通知》,要求以加强企业安全生产"三基"(基层组织、基本制度、基础培训)工作为重点,进一步规范和加强企业安全生产工作,努力控制和减少各类安全事故,促进安全生产形势稳定好转。据统计,2007 年全省各类安全生产事故数量与2003 年相比,减少 49774 起、死亡人数减少 2483 人、直接经济损失减少 5.6 亿元,年均降幅分别为 19.3%、7.0% 和 22.6%。[②]

四是加强公共卫生方面的立法。2003 年 11 月,浙江省根据非典时期的新情况,出台《浙江省突发公共卫生事件预防与应急办法》(以下简称《办法》),规定了处理突发公共卫生事件的组织领导、遵循原则和各项制度、措施,明确了各级政府及有关部门、社会有关组织和公民在应对突发公共卫生事件工作中承担的责任和义

---

① 浙江全面推行信访事项终结制[N].人民日报,2005-12-28(4).
② 浙江安全生产形势连续三年好转获国家督查组肯定[EB/OL].(2008-07-24).
http://zjnews.zjol.com.cn/system/2008/07/24/009768002.shtml.

务,还明确了违反《办法》行为的法律责任。这标志着浙江突发公共卫生事件的预防、控制及消除危害应急处理工作纳入法制化轨道,突发公共卫生事件应急处理机制得到了进一步完善。

五是加强环境保护方面的立法。浙江省结合自身的产业特点,积极开展地方性立法。2002 年 10 月制定了《浙江省核电厂辐射环境保护条例》,2003 年 2 月制定《浙江省水资源管理条例》,2004 年 3 月制定《浙江省建设项目环境保护管理办法》,2004 年 4 月制定《浙江省海洋环境保护条例》。2004 年 10 月,浙江省人民政府公布《关于进一步加强环境污染整治工作的意见》,决定从 2004 年到 2007 年,在全省开展对重点流域、重点区域、重点行业和企业的环境污染整治行动。据统计,2007 年上半年全省 COD(化学需氧量)排放量比 2006 年下降了 2.48%,减排幅度居全国第一;二氧化硫排放量下降了 4.05%,居全国第四。2006 年 11 月在中国环境监测总站编制的《全国生态环境状况评价报告》中,浙江以 87.1 分的成绩名列全国第一。①

◆◆◆ **案例 2-9**

浙江首次公开征集立法建议项目

浙江省人大常委会昨天宣布,首次面向全省公开征集立法建议项目,让更多的公民参与立法,广泛吸纳公众意见,使人大立法更具针对性、更加完善。

以往地方立法建议的征集,主要来自人大代表、政府部门和有关单位,此次浙江省直接面向群众征求立法建议,体现了立法民

---

① 浙江:"811"环境污染整治行动首战告捷[EB/OL].(2007-12-24).http://lib.cet.com.cn/paper/szb_con/75551.html.

主、立法公开,拓宽了公民参与立法的渠道。从现在起到本月 30 日,群众可以通过寄送书面建议、发送电子邮件或网上提交的方式,针对全省政治、经济、社会发展等各方面需要通过立法解决的问题,或现行地方性法规不适应形势需要修改的部分,向省人大提出自己的建议。

浙江省人大法制办已安排专人整理征集建议。群众的立法建议经过汇总、筛选,并由专门委员会、专家会议论证分析后,有望被列入 2005 年度省人大的立法计划,或进入全省地方立法项目库作进一步调研。

从 2000 年开始,浙江省就通过立法听证、登报公布、设立专门网页等多种形式,听取社会公众对即将通过的法律条文的意见和建议。据悉,今后浙江省人大每年在编制立法计划时,都将公开征集立法建议,为公民表达立法意见提供畅通渠道,更好地体现民情、民智、民意。

案例来源:人民网,2004-11-12.

案例简析 >>>

习近平同志在浙江担任省委书记的同时担任省人大常委会主任,他高度重视地方性立法,并在地方立法中引入公众参与机制,把公众的意见、利益、诉求都渗透到立法中,从而赢得人民群众对法律的更好认同、遵守与执行。这让浙江民主立法迈出了坚实的一步,也为"大平安"浙江建设找到了一个新的通道。

二、依法行政建设法治政府

随着法治建设的深入推进,民众的维权意识也越来越强。2004—2006 年,浙江一度出现"民告官"行政诉讼案件频发现象。2004 年,宁波奉化市 9 个农民因土地征用问题状告浙江省人民政府,最后省政府败诉。2005 年,温州 82 位养殖户状告国家环保总局,最终国家环保总局败诉。2006 年,杭州农民因拆迁纠纷状告国家发改委,最终国家发改委败诉。根据法院的诉讼案件统计,过去 5 年,浙江全省各级法院办结的行政诉讼案件 15496 件,同比上升 89.7%。① 数字增长的背后,一方面反映了行政机关的违法行政现象比较突出,另一方面也体现出浙江人民群众法律意识的增强,这些都对浙江各级政府依法行政提出更高要求。习近平同志多次强调要加强法治政府建设。2004 年 7 月 9 日,他在省直机关效能建设工作现场会上的讲话指出,切实把追求效率与坚持依法行政、依法办事结合起来,全面提高依法行政水平。② 2006 年 4 月,习近平同志在浙江省委十一届十次全会上做报告时指出:"'治国者必先受治于法。'依法规范行政权力、全面建设法治政府,是建设'法治浙江'的关键所在。要深入贯彻国务院《全面推进依法行政实施纲要》,按照'职权法定、依法行政、有效监督、高效便民'的要求,切实把依法行政落实到政府工作的各个环节、各个方面,努力建设法治政府。"③浙江法治政府建设大步前进,产生了不少亮点做法,尤其破解了一些重点领域的法治难题。

一是行政"一把手"出庭应诉制度。2006 年 1 月 1 日,浙江省全面实行县级公安机关法定代表人出庭应诉制度,规定除诉讼案件数量不足的外,县级公安机关法定代表人对本单位发生的行政

---

① 浙江:五年"民告官"政府胜诉仅两成[EB/OL]. (2003-01-24). http://zqb.cyol.com/content/2003-01/24/content_602763.htm.

② 习近平.干在实处 走在前列——推进浙江新发展的思考与实践[M].北京:中共中央党校出版社,2006:367.

③ 习近平.干在实处 走在前列——推进浙江新发展的思考与实践[M].北京:中共中央党校出版社,2006:366-367.

诉讼案件出庭应诉每年不得少于两次。温州市出台规定,从 2006 年 1 月 1 日起,在温州发生的行政官司中,"行政一把手"必须亲自上被告席,确因工作不能出庭的,也必须由一位副职领导代为出庭。2006 年 9 月 1 日,杭州市出台《行政首长出庭应诉工作暂行办法》,明确规定行政机关的行政诉讼案件一年在 5 起以上的,行政首长出庭应诉不得少于 2 起;10 起以上的,不得少于 3 起。这种强制性要求行政主要领导亲自出庭的制度性做法,倒逼着行政机关对行政诉讼引起足够的重视,并能在日常的管理与执法中更加注重规范化建设。

二是加强文化市场综合执法力度。2004 年 2 月 9 日晚,中央电视台《焦点访谈》栏目播出《疯狂的演艺厅》,披露浙江省嵊州、新昌、永康等地个别娱乐场所涉嫌进行色情表演。此事引起了浙江省委、省政府和国家公安部领导的高度重视,要求有关部门立即进行深入调查,坚决取缔色情娱乐场所,依法查处涉案人员。随即,由浙江省委宣传部、省政府办公厅、省文化厅、省公安厅、省工商局、省总工会等部门负责人组成的联合调查组兵分两路,奔赴嵊州、新昌和永康对个别演艺厅涉嫌色情表演事件进行深入调查,配合三地重拳出击整治违法娱乐场所。事后,浙江针对文化市场管理、监督上的薄弱环节,启动开展文化市场专项治理。2005 年,浙江省启动全省文化市场综合执法体制改革,专门建立了文化市场管理工作领导小组("扫黄打非"工作领导小组),挂牌成立文化市场综合执法机构——文化市场行政执法队,切实加大对文化市场的综合执法力度。

三是加强环保领域执法力度。浙江省加大对企业环保的监督与执法。2005 年新年伊始,省环保局先后曝光了 33 家污染严重企业、15 家未批先建违法企业和 33 家限期整改企业名单,在"信用浙江"网上公布了 746 家 2004 年度环境违法企业名单;长兴县关闭了 11 家铅酸蓄电池企业,限期治理 58 家。[①] 经过持续几年的努力,浙江被国家环境保护总局批准为全国第 5 个生态省建设试点省份。杭州、宁波、绍兴被评为国家环境保护模范城市,绍兴、临安等 6 个县(市)被命名为国家级生态示范区,奉化滕头村、绍兴夏履镇等 4 个村镇荣获联合国环境规划署授予的"全球 500 佳"称号;5 个镇(乡)分别被国家环保总局授予"全国环境优美乡镇"称号。随着平安浙江战略的深入实施,"人与自然和谐相处"理念渗透到社会的各个层面,全省各地生态环境明显改善。根据中国科学院公布的 2004 年中国可持续发展战略报告,浙江省的区域可持续发展总能力的相对水平处于全国领先位次。其中,环境支持系统位次居于全国第 3 位,在构成环境支持系统的子系统中,区域生态水平处于全国领先位次,比较稳定地居于第 2 位。[②]

◆◆ 案例 2-10

温州行政诉讼案"一把手"必须出庭应诉

行政诉讼,通俗地说就是"民告官"。在越来越多的"民告官"行政诉讼案件审理过程中,经常不见"官"的身影,"缺席审判"让原告备感不公。为改变这一现象,增强各级行政领导的法制意识和依法行政水平,近日出台的《温州市行政机关首长出庭应诉工作暂行办法》(以下简称《办法》)做出硬性规定:从明年 1 月 1 日起,在

---

① 我省建设环境友好型社会　为了让天更蓝水更美—环境友好型社会[EB/OL].
(2005-5-18). https://www. zjol. com. cn/05zjnews/system/2005/05/18/006113467_01.
shtml.

② 沈满洪.绿色浙江——生态省建设创新之路[M].杭州:浙江人民出版社,2006:
26-27.

温州发生的行政官司中,"行政一把手"必须亲自上被告席。地级市出台此类办法,这在我省尚属首次。

自从 1988 年苍南的第一起"民告官"以后,"民告官"早已不是什么稀奇事儿,但行政机关首长出庭的案件却相当少。来自温州市人大常委会执法检查组的一份报告显示:自 2000 年以来,温州市共审结的 5000 多起一审行政案件中,行政机关首长(即"一把手")出庭的仅 64 起;1990 年《行政诉讼法》实施以来,温州市本级行政首长出庭的仅 1 起。有的行政机关不仅首长不出庭,甚至机关人员也不出庭,全权委托律师进行诉讼。

同时,很多"民告官"案件中还显示出一些行政机关在法律面前,程序意识和证据意识不强,很多案件因此而败诉。越是行政首长不出庭,许多部门越是不会从行政诉讼案件中吸取教训,以至于会有一个机关一年内因同一个问题被老百姓告十多次的现象。因此,《办法》规定,如果"一把手"确因工作不能出庭的,也必须由一位副职领导代为出庭。

《办法》中所指的行政机关首长包括各县(市、区)政府、市政府工作部门,受市政府或市政府工作部门直接管理的法律、法规授权的组织,受市政府委托行使行政职权的组织的法定代表人或主持工作的行政负责人。《办法》明确规定,三种情况下"行政一把手"必须出庭:本年度第一起行政诉讼案件;社会影响重大或涉案金额巨大的行政诉讼案件;法院或政府法制办公室建议首长出庭的行政诉讼案件。《办法》还将行政机关首长出庭应诉工作列入行政执法责任制的考核内容。届时,温州市法制办将采取平时抽查和年终检查的办法,对行政首长出庭应诉做出考核。

案例来源:浙江日报,2005-11-14.

案例简析 >>>

温州是全国首例行政诉讼案件的发生地,体现了温州人非常强的法治意识。进入 21 世纪以来,针对行政诉讼案例爆炸式增长,温州创新行政诉讼案"一把手"出庭应诉制度,破解见"民"不见"官"难题。从实际情况来看,这种倒逼式的做法,有效地减少了地方政府的违法行为与行政不作为,从源头上确保了平安建设。

三、司法工作保障社会公平正义

司法工作是保障社会公平正义的最后一道防线,习近平同志对此多次进行强调。2006 年 4 月 25 日,他在浙江省委十一届十次全会上做报告时指出:"要以保证司法公正为目标,树立公平正义和保护人权的司法理念,坚持法律面前人人平等,确立依法办案、无罪推定的司法原则,做到实体公正与程序公正并重。"[1]2006 年 3月 5 日,习近平同志在接受《人民法院报》采访时指出:"为构建社会主义和谐社会提供有力的司法保障,是推进'法治浙江'建设的一项重要内容。全省各级法院要坚持'公正司法、一心为民'的指导方针,充分发挥审判工作职能,维护社会秩序,保障公民权益、化解矛盾纠纷,以公正、高效、文明的司法工作服务于党的国家工作大局。"[2]浙江省高级人民法院印发《关于全省法院落实司法为民思想的若干实施意见》和《关于在人民法庭工作中贯彻落实司法为民思想的意见》,不断丰富司法为民的内容,群众将能更切实地感受到和体会到司法的便民、利民和公平正义。

---

① 习近平.干在实处　走在前列——推进浙江新发展的思考与实践[M].北京:中共中央党校出版社,2006:367.

② 习近平.干在实处　走在前列——推进浙江新发展的思考与实践[M].北京:中共中央党校出版社,2006:368.

一是加强廉政监督。2005 年 7 月 1 日，浙江省高级人民法院关于在案件审理过程中向当事人送达廉政监督卡、在本院审判大厅设立庭审意见箱和实行诚勉谈话等三项制度正式施行。廉政监督卡专为案件当事人投诉承办法官在审理案件过程中有不廉洁行为而设，并随受理案件通知书或合议庭组成人员通知书一并送达。制度规定，案件当事人如发现承办法官或合议庭组成人员在办理案件过程中有不廉洁行为均可以填写廉政监督卡的方式，向该院纪检监察部门举报。浙江省高级人民法院在审判大厅设立"庭审意见箱"，主动接受人民群众对法院审判工作的监督，进一步改进审判作风，提升法院和法官形象，便于群众和当事人对庭审中存在的问题及时提出意见和建议。诚勉谈话是对于从信访或者其他渠道反映的本院法官及其他工作人员可能存在轻微违纪行为的，进行诚勉谈话予以督促纠正。①

二是破解"执行难"问题。2006 年初，浙江省高级人民法院作出"努力做到不使有诉求的群众因经济困难打不起官司，不使有理有据的当事人因没有关系打不赢官司，不使胜诉当事人的合法权利因执行不力、不公得不到保护"的三项承诺，并于 7 月出台《浙江省高级人民法院关于落实"三项承诺"的实施意见》。为破解"执行难"问题，法院动员全社会力量进行全方位"综合治理"，多管齐下，综合运用法律、经济、行政、舆论等手段，促进标本兼治，重点从"排除地方和部门保护主义干扰；与公安、检察加强配合，加大对拒不执行法院判决、裁定犯罪行为的打击力度"等 7 个方面着手②，大力

---

① 黄献安，余建华. 浙江高院三项措施促进司法公正[N]. 人民法院报，2005-7-4(1).
② 余春红. 以司法公正实践一心为民——今年全省法院工作亮点一览[N]. 浙江法制报，2006-2-24(07).

破解执行难问题,维护人民群众的合法权益。

三是提高监督能力。针对司法不公背后往往隐藏着司法人员徇私枉法、滥用职权等职务犯罪的情况,浙江省人民检察院积极引导全省检察机关把执法监督与查办执法不公背后的徇私枉法、滥用职权等犯罪案件紧密结合起来,全年依法立案查处68件司法人员职务犯罪案件。与此同时,全省检察机关还重点加强对社会危害大、群众反映强烈的刑事案件的法律监督,防止和纠正有罪不究、以罚代刑等情况。努力加强对刑事诉讼和刑罚执行活动的监督以及对民事审判和行政诉讼活动的监督,意图多方面地纠正群众反映强烈的司法不公现象,努力在全社会实现公平正义。[①]

◆◆ 案例 2-11

台州路桥区执行人性化 破解老大难

执行难一直是困扰法院的一大难题。怎样破解执行难?台州路桥区人民法院以人为本、站在群众的立场上换位思考,觉得只要尊重当事人,推行人性化执法,大多数当事人是会理解和支持的。基于这种思路,从2003年开始,他们转变观念,注重人性化执行,注重说服教育,少用、慎用强制措施,力求做到执行财产穷尽,执行措施穷尽,执行方法穷尽。

为了得到群众更广泛的支持,该院在全区乡镇、街道选拔了一批人员担任执行联络员,解决了警力不足的问题,也为人性化执行打下群众基础。与此同时,该院向执行当事人发放便民联系卡,便于联系和监督。针对有些当事人因特殊原因导致严重生活困难,

---

[①] 陈晓青,岳耀勇.以刚性监督维护司法公正浙江强化诉讼监督查处执法违法和司法腐败[N].检察日报,2005-2-17(12).

该院在区政府的支持下,设立了司法救助基金。2004 年 10 月,一位河南籍老人来到执行局,反映儿子被来路桥打工的广西籍青年打死后,要求对方赔偿,钱却拿不到手。执行人员与广西法院执行机关联系后,其赔偿资金仍无法解决。他们为了缓解被害人家属的生活困难,向这位河南老人发放了司法救助金 3000 元。

遇外地来人要求执行的情况,该院优先办理、主动调查,力求尽快给外地人满意的答复。2004 年,一乐清人来到法院,要求路桥一家工厂归还 5 年前的 20000 元货款。执行人员接手此案后,得知该厂几年前早已倒闭,按照常规,此案可中止或终结执行。但执行人员仍千方百计查找企业法定代表人缪某的下落。他们通过多方走访,终于找到在黄岩区山区一小厂打工的缪某,动之以情,晓之以理,最后促使缪某归还申请执行人 18000 元。

对一些疑难案件,路桥法院不是简单地采取强硬措施,强制执行,而是站在当事人的立场上考虑,帮助其创造条件,解决实际问题,使当事人配合执行。路桥一位当事人因负债房子被外地法院拍卖,新的买主要其搬迁,但原房主没有别的房子住,一直拖了四五年就是不搬。买主到路桥法院起诉,要求原房主搬迁。执行局接手后考虑到原房主的实际困难,就到当事人村里做工作,联系落实地基。半年后,原房主的住宿问题得到了解决,当事人也就顺利地搬迁了。

路桥法院推行人性化执行后,化解了许多矛盾,减少了因执行而带来的上访,标的到位率 2004 年比 2003 年提高了 5%,案件执结率有了较大提高,办案期限平均从法定的 6 个月缩短到不足 2 个月,而且没有发生大的冲突与暴力抗法事件。2004 年底,该院被省高级法院评为"执行工作良性循环长效管理机制先进单位"。

案例来源:浙江法制报,2005-6-9(7).

案例简析 >>>

　　执行难的问题一直是影响法院司法公正、执政为民正面形象的重要因素,也是构建和谐社会、建设平安浙江过程中一个非常棘手的问题。台州路桥区探索人性化的执行方案,从解决实际困难的角度出发,综合考虑双方当事人的情况来开展执行,不但使得案件得以执行,还减少了上访次生问题。这是从源头上预防矛盾冲突、推进平安浙江建设的一种探索,也是将法治回归于以人为本的一种体现。

四、法制宣传提高公民法律素质

　　习近平同志在多个场合强调法制宣传教育的重要性。2003年12月4日,正值全国法制宣传日,他在《浙江日报》发表《提高公民法律素质促进政治文明建设》一文,阐述了法制宣传教育的重要意义及四方面要点。[①] 2006年2月8日,习近平同志在杭州市余杭区专题调研建设"法治浙江"工作时,指出"普法在机关和城市社区相对比较容易,难点在农村……我们必须把农村作为法制宣传教育的重点……农村法制宣传教育重在培育法治观念"。2006年3月23日,他在省委建设社会主义新农村专题学习会上强调"要结合'平安浙江'、'法治浙江'建设,深入开展创建'平安乡镇'、'民主法治村'活动"[②]。2006年4月25日,他在省委十一届十次全会作报告时再次强调要"普及公民法制教育……在着力点上,要突出培养公民的法治精神,在全社会树立法治信仰、形成法治风尚,努力把法治精神、法治意识、法治观念熔铸到人们的头脑之中,体现于人

---

　　① 习近平.提高公民法律素质促进政治文明建设[N].浙江日报,200-12-4(01).
　　② 习近平.干在实处 走在前列——推进浙江新发展的思考与实践[M].北京:中共中央党校出版社,2006:181.

们的日常行为之中"①。浙江各级普法教育机构扎实开展法制宣传教育工作，成效显著。占应普对象总数的85%，其中领导干部普及率为100%；公职人员普及率为100%；青少年学生普及率为99.5%；企业经营管理人员普及率为90%；农（居）民普及率为88%；企业职工普及率为96%；特殊群体普及率达到79%。全省11个市、90个县（市、区）都已全面开展了依法治理工作。88%的农村开展了"民主法治村"建设，96.7%的社区开展了普法依法治理工作。②

一是加强领导干部学法用法。"四五"普法期间，浙江出台《关于进一步加强领导干部学法用法工作的实施意见》，领导干部学法用法工作走上了制度化、规范化的轨道。全省有71个市、县（市、区）先后实行了领导干部任职法律知识考试制度；举办领导干部法制讲座或培训班。全省各级领导干部的法治观念得到了强化，依法执政、依法行政、依法办事正逐步成为各级领导干部的工作准则。法治政府理念日益增强，基本形成了"研究问题先学法、制定决策遵循法、解决问题依照法、言论行为符合法"的共识，政府行政管理方式发生了深刻变革，并逐步实现从主要依靠行政手段管理向主要依靠法律手段管理的转变。

二是企业职工和农民列为普法的重点对象。全省各地举办企业经营管理人员各类法制培训班，组织规模企业中层以上干部法律知识考试。组织"送法下乡"活动，村民不同程度地接受了法制教育。开展各类大型社区法制文艺演出、法律咨询活动、法律知识

---

① 习近平.干在实处　走在前列——推进浙江新发展的思考与实践[M].北京：中共中央党校出版社，2006：386.

② 浙江省"四五"普法工作特色鲜明、成效显著[EB/OL].（2005-11-30）.http://www.shzgh.org/renda/gonggao/node3247/node3340/node3341/node3342/userobject1ai-55501.html.

竞赛、法制讲座,刊发法制宣传板报等受到社区居民普遍欢迎。针对外来人员、下岗职工、暂住人口和个体业主等群体的现状,全省各地通过采取以案说法、图片解法、现身说法和开展依法文明经营竞赛等方式,使法制宣传通俗易懂、深入浅出,取得了良好效果。群众法律意识和素质明显提高,"遇事找法、办事说法、解决问题依法、维护权益靠法"的社会风气日渐浓厚。

三是开展"法律六进"活动。"五五"普法期间,浙江省普法办等部门下发《浙江省"法律六进"活动实施意见》,普及、推广法制宣传教育,使之进机关、进乡村、进社区、进学校、进企业、进单位。浙江省坚持"普治并举",结合"法律六进"活动,把深化农村、社区、企业等基层单位的依法治理作为不断创新基层民主政治建设的重要工作去实施,努力提高机关干部、乡村群众、学校学生、企业事业单位工作人员的法律意识,提高了依法办事的能力。

四是开展民主法治示范村(社区)创建活动。民主法治村(社区)创建活动是浙江首创。早在 1998 年,宁波市在总结基层依法治理工作经验基础上,就开始民主法治村创建的探索实践。2003年,浙江省委组织部、省司法厅等五部门联合下发《关于进一步深化农村基层民主法制建设的意见》,在全国率先开展"民主法治村(社区)"创建工作。至 2007 年止,浙江省已有全国"民主法治示范村"39 个,五星级(省级)"民主法治村"202 个。[①] 实践证明,"民主法治村"创建工作是推进农村基层民主法治建设的一个行之有效的载体,是维护基层社会稳定、推进平安浙江建设的重要举措。深入推进"民主法治村(社区)"创建工作,对于实现科学发展、推进基

---

① 陈岚,李爽.我省基层民主法治建设工作 绘就三年发展蓝图 建成市级以上民主法治村(社区)1 万个[N].浙江法制报,2017-12-21(1).

层民主法治建设、加强和创新社会管理、维护社会和谐稳定具有重要意义。

◆◆ **案例 2-12**

浙江省创新实践法律进入市场

"五五"普法启动之时,浙江省借"法律六进"这一载体,提出了"法律进市场"这一创新举措,通过在市场广泛开展法律知识的宣传普及和法治实践活动,不断提高市场管理人员、经营户依法管理、依法经营的能力,促进专业市场经济持续健康发展。

在开展"法律进市场"活动中,浙江省工商、税务、经贸、质监等部门的积极介入,从管理人员、经营人员和消费者三个层面,分层次、有重点地开展与市场经营密切相关的法制宣传,营造了浓厚的宣传氛围。首先,加强阵地建设。充分利用宣传窗、电子滚动屏幕、广告灯箱等多种阵地开展法制宣传。其次,创新普法载体。在市场局域网上开设普法专栏或设置专门的普法网站,使市场经营户足不出户(摊)就能接收系统的、生动形象的法律知识培训,大大提高了法制宣传教育的实效。第三,强化集中宣传。各专业市场在做好日常宣传的基础上,通过各种纪念日、"宣传周"、"宣传月"等主题活动,开展了形式多样、生动活泼、喜闻乐见的法制宣传活动。

坚持宣传与服务并重、以服务为先导的指导思想,充分整合法制教育、基层调解、律师公证等资源,将法制宣传与法律服务有机结合起来。浙江省以建设市场调委会为抓手,在组织机构、制度建设、人员配备和业务培训上狠下功夫,确保市场调委会健康发展。专业调解员也是法制宣传员,日常承担着市场的法制宣传工作,发现矛盾纠纷苗头,就会同工商、质监组成联合调查小组第一时间介入,依法调处纠纷。

同时,注重把法制宣传教育根植于法治实践中,真正解决普法教育"入耳、入脑、入心"问题。一是制定各类规章制度;二是开展星级市场创建活动;三是开展各类诚信经营评选活动;四是开展知识产权保护专项整治。

通过开展"法律进市场"活动,努力推进企业经营管理人员和职工学法守法。市场经营户依法经营意识不断增强,市场依法管理机制不断健全,市场化解矛盾纠纷能力不断提高,市场美誉度、信誉度不断提升。

案例来源:新浪网,2008-11-13.

案例简析 >>>

浙江省从实际出发,创造性地开展"法律进市场"活动,作为"法律六进"的延伸,充分发挥法制宣传教育的先导性、基础性作用,有力地推动了专业市场的持续繁荣健康发展,维护了社会的繁荣稳定,拓展了平安浙江的领域。

第四节　社会管理创新平安浙江

党的十六届四中全会提出要建立健全"党委领导、政府负责,社会协同、公众参与"的社会管理新格局。习近平同志对社会管理工作非常重视,他指出"越来越多的'单位人'开始向'社会人'转变,原有的管理模式受到冲击,组织形式发生变化,人们的思想观念和行为习惯面临挑战,而新的社会管理功能的重建和完善尚需时日,这就可能在社会管理上造成部分失控,使不和谐、不稳定的因素增加"①。因此,他要求"要从满足'社会人'的交往和尊重需要出发,营造相互尊重、相互理解、相互关爱的氛围,使广大人民群众共享祥和的社会生活"②。习近平同志结合浙江实际,建立健全了具有浙江特色的"党委领导、政府负责,社会协同、公众参与"的社会管理新格局。

一、建立健全社会管理新格局

社会管理创新是平安建设的重要组成部分,是 21 世纪初提出的新命题,也是构建和谐社会的新路径。社会管理创新格局是"党委领导、政府负责,社会协同、公众参与",浙江对这"四位一体"格局进行了探索与创新。

一是党委领导社会管理。习近平同志对如何加强党委领导有系统、全面的阐述。2003 年 12 月 5 日,他在省委常委务虚会上指出,"充分发挥省委的领导核心作用,我认为,主要应研究和解决三个方面的问题:一是积极探索和完善'总揽全局、协调各方'的领导体制;二是建立健全'总揽全局、协调各方'的工作机制;三是不断健全和完善'总揽全局、协调各方'的各项工作制度"③。2006 年 11 月,他在《求是》杂志上发文,对基层党组织如何加强统领作用,作了进一步详细的阐述:"要把基层党组织建设作为组织建设的支撑点,发挥其在和谐社会建设中的组织和推动作用。党的基层组织是构建和谐社会的基石和支撑。基层党组织要围绕建设和谐社会的工作,进一步发挥领导核心和战斗堡垒作用……使党组织成为

---

①　习近平.建设"平安浙江"　促进社会和谐稳定——在省委十一届六次全体(扩大)会议上的报告[J].今日浙江,2004(09):5.

②　习近平.与时俱进的浙江精神[N].浙江日报,2006-2-5(1).

③　习近平.干在实处　走在前列——推进浙江新发展的思考与实践[M].北京:中共中央党校出版社,2006:401-403.

基层和谐社会建设的主心骨。"①

二是政府负责社会管理。习近平同志对政府如何在社会管理中发挥主导作用有着精辟的阐述。2005年4月29日,他在省委贯彻落实胡锦涛总书记重要讲话精神专题学习会上指出,"政府要转换职能,由社会的直接'管理者'逐步向社会治理的'主导者'转变,致力于创造一个平等竞争的市场环境和和谐相处的社会环境,更好地协调经济发展与社会发展的关系,更好地为社会提供市场机制所不能提供的公共产品,包括经济性公共产品、社会性公共产品和制度性公共产品,更好地维护社会政治稳定"②。在习近平同志推动下,浙江各级政府不断转型,从原来"弱政府""少干预"的状态开始向"强政府""主动施政"的模式转变,对社会管理中需要的平等竞争环境营造、法治政府建设、行政审批改革、公共产品提供、矛盾纠纷化解等不断给予政策支持和财力保障,尤其将每年新增财政收入的三分之二用于民生事业,将维稳及综治工作经费列入同级财政预算,将综治信息平台和社会管理网络率先搭建起来。这充分体现了浙江政府在社会管理中主动履职、积极有为。

三是社会协同社会管理。习近平同志对社会协同管理有着深入思考和系统阐述,2006年12月,他在《求是》杂志中撰文指出"不仅要加强党政组织在社会管理和服务中的职能作用,还要发挥好各类社会组织的积极作用;不仅要发挥好人民政协组织以及工会、共青团、妇联等人民团体的桥梁和纽带作用,还要注重发挥其他社团、行业组织和社会中介等民间组织的有益作用"③。他还特别强

---

① 习近平.加强基层基础工作 夯实社会和谐之基[J].求是,2006(21):24.
② 习近平.干在实处 走在前列——推进浙江新发展的思考与实践[M].北京:中共中央党校出版社,2006:67-68.
③ 习近平.加强基层基础工作 夯实社会和谐之基[J].求是,2006(21):24.

调社会组织这一新型组织如何协同社会管理。2005 年 8 月 26 日,他在浙江省民政厅调研时指出,"政府不可能包揽代替社会生活的各个方面,政府加强社会管理还需要发挥社会组织的作用。我们要坚持培育发展与监督管理并重的方针,重点培育与发展社会主义市场经济、民主政治、先进文化相适应,符合构建和谐社会要求的行业性社团和公益性社团,把存在于形形色色组织中的'社会人'变成'组织人'"。由此,浙江民间组织蓬勃发展,到 2003 年年底,全省经县级以上民政部门核准登记的社会团体总数已经达到 10549 个,其中省级社会团体 830 个,市级社会团体 3393 个,县级社会团体 6326 个。省级社会团体就拥有个人会员 1239 万人次,单位会员 27.2 万个次,资产总额达 7.2 亿元。与此同时,全省各级民政部门已累计核准登记民办非企业单位 9279 家,资产总额达 81 亿元,从业人员 10 万多人。[①] 这些社会组织在化解矛盾、公共服务、公益慈善、社会救助等各个领域发生了积极作用,成为协同社会管理的重要力量。

四是公众参与社会管理。习近平同志在多种场合对不同群体如何有效参与社会管理提过要求。2003 年 4 月 17 日,他在全省城市社区工作会议上指出,"把原来由政府包揽或由企事业单位包办的居民服务、居民管理职能归还给社区,逐步实现社区居民的自我管理、自我教育、自我服务、自我发展"[②]。2004 年 5 月,他在省委十一届六次全体(扩大)会议上做建设平安浙江的报告时,明确指出要"充分发挥广大人民群众的主体作用,使广大人民群众既成为

---

① 浙江省召开全省民间组织管理工作会议[EB/OL].(2004-4-14).http://www.chinanpo. gov. cn/1938/16804/nextindex. html.

② 习近平. 干在实处　走在前列——推进浙江新发展的思考与实践[M].北京:中共中央党校出版社,2006:382.

社会和谐稳定的受益者,又成为'平安浙江'的建设者"①。2005 年
9 月 26 日,他在《之江新语》发表《坚持科学维权》一文,指出"要教
育引导人民群众合法、理性、有序地表达利益诉求,依法维护自身
权益"②。2006 年 2 月 8 日,他在余杭区调研时指出:"现在群众上
访也要按照《信访条例》的要求做到依法信访……引导群众树立遵
章守法、依法维护自身合法权益的意识,进而在全社会形成遵法、
守法、护法的良好氛围。"③在习近平同志主政浙江期间,民间活力
得以激发,广大人民群众在党委政府的有力领导下,合法、理性、有
序地参与到社会管理中。

◆◆◆ **案例 2-13**

枫桥镇首创乡镇综治工作中心

　　建立乡镇综治工作中心,是 21 世纪初浙江乡镇创新社会管理
格局的一种形式。2003 年 8 月,枫桥镇在全国首创乡镇综治工作
中心,把综治办、司法所、信访办、调解委、警务室、流动人口管理办
等部门集合在镇政府一幢小楼内一起办公,形成一站式的工作平
台。综治中心建立后,枫桥镇不断健全综合治理的组织和机制建
设,把管理的长效性、功能的完整性作为第一目标,致力于形成人
人参与、部门配合、齐抓共管社会治安综合治理格局。④ 2003 年 11

---

　　① 习近平.建设"平安浙江"　促进社会和谐稳定——在省委十一届六次全体(扩
大)会议上的报告[J].今日浙江,2004(09):8.

　　② 习近平.之江新语[M].杭州:浙江人民出版社,2007:157.

　　③ 习近平.干在实处　走在前列——推进浙江新发展的思考与实践[M].北京:中共
中央党校出版社,2006:390.

　　④ 枫桥镇:与时俱进发展"枫桥经验"　全面建设浙东"小康城镇"(内部材料),
2003 年 10 月.

月 25 日,中央综治委和浙江省委在诸暨市联合召开纪念毛泽东同志批示"枫桥经验"40 周年暨创新"枫桥经验"大会。中共中央政治局常委、中央政法委书记、综治委主任罗干等参会领导在浙江省委书记习近平等陪同下,参观了枫桥镇综治中心等地方,对平安枫桥建设和一站式综治中心等创新做法很是赞赏。12 月 25 日,浙江省委副书记夏宝龙到枫桥镇调研指导工作,实地考察了枫桥镇综治中心和枫桥派出所等,指出将逐步在全省推广平安创建和一站式综治中心的做法。

2004 年初,在省综治办等上级部门指导下,杭州市余杭区乔司镇(现余杭区乔司街道)挂牌成立乡镇综治工作中心。这个中心大楼投资 100 余万元,将所有涉及社会治安问题的管理部门搬到一起组合办公。工作中心下设综治办、司法所、信访办、巡防大队和流动人口管理办、警务工作室、联合调解室等 7 个部门,实现老百姓"进一门、找一人"的愿望。① 6 月 11 日,全国社会治安综合治理现场会在杭州召开,与会人员参观了余杭乔司镇的基层综治组织规范化建设等四个考察点。2005 年 9 月 23 日,中共浙江省委办公厅、浙江省人民政府办公厅转发省综治委《关于加强乡镇(街道)社会治安综合治理工作中心建设的意见》,在全省推广建立乡镇街道综治工作中心,成为创新发展"枫桥经验"、推进平安浙江建设的重要抓手。

案例来源:本书作者根据相关资料编写.

案例简析 >>>

建立乡镇综治工作中心,能有效整合乡镇各类力量,将治理资源从各个部门统筹到综治中心,将问题解决从条块分割、"九龙治

---

① 杭州乔司镇:百姓有难事"中心"帮到底[EB/OL].(2004-6-14).http://zjnews.zjol.com.cn/system/2004/06/14/002916380.shtml.

水"转变为综治牵头、"统一行动",及时有效解决日益复杂的基层矛盾纠纷。这是创新社会管理格局的一种重要形式,也是加强平安浙江建设基层基础建设的重要体现。

二、疏导化解社会矛盾

浙江省市场经济发展比较充分,改革开放比较全面,由此导致社会矛盾面也比较广泛,涉及失地农民、下岗职工、外来民工、水库移民、民办教师、涉军群体、离退休干部、下乡知青等诸多群体。这些利益群体关注自身权益,不时信访上访,甚至出现组织群体性事件。习近平同志强调要"及时化解和妥善处理各类人民内部矛盾,减少各类群体性事件,力争不发生在全国造成重大影响的群体性事件"[①]。浙江以创新发展"枫桥经验"为抓手,有效预防和化解人民内部矛盾,努力实现矛盾不上交。其主要做法有以下几点。

一是健全矛盾预测预警机制。各级党委、政府和各部门建立健全重大情况报告、社会舆情分析、专用服务热线、领导联系点、调查研究、集中研判等制度机制,及时收集、分析和处理各方面的情况信息。如绍兴市枫桥镇健全联合预测机制,坚持每月召开一次政法部门联席会议,每两月召开一次综治联席会议。联席会议常年坚持并有效运作,从源头上预测预防了矛盾。另外,浙江从省到市、县(市、区)、乡镇(街道)、村居(社区)层层建立"综合治理、维护稳定"信息联络员队伍,形成了覆盖面广、反应灵敏的情报信息网络。

二是健全矛盾排查调处机制。浙江省市县三级普遍建立了党委、政府分管领导为组长、相关部门参加的矛盾纠纷排查、调解、处

---

① 习近平.建设"平安浙江"　促进社会和谐稳定——在省委十一届六次全体(扩大)会议上的报告[J].今日浙江,2004(09):7.

理领导小组,将工作网络不断向乡镇(街道)、村(社区)等基层延伸。制定完善《浙江省矛盾纠纷排查调处工作规程》,努力构建预防化解矛盾纠纷的长效机制。全省在乡镇(街道)全面推广枫桥镇、乔司镇率先设立的乡镇综治工作中心。全省还建立起健全的综治调解队伍,有效排查调处了大量矛盾。据统计,截至2004年,全省村居(社区)、乡镇(街道)和县以上各级机关共有综治信息员5万多人,建立各类调解委员会5.1万余个。2002—2004年,全省共排查调处各类矛盾纠纷65.8万余起,疏导化解63.3万余起,调处成功率达96.2%,没有发生震动全国、影响大局的重大事件,切实维护了社会和谐稳定。①

三是创新信访下访工作机制。习近平同志高度重视信访和下访问题,曾经在《之江新语》连续发表4篇有关信访的文章,指出"领导下访是一举多得的有益创举""领导下访必须注重实效""领导下访的方式方法要不断深化""基层干部要把好信访第一道岗"。2003年6月,浙江省委研究决定,层层建立领导干部下访接待群众制度,每次下访事先都通过当地新闻媒体向社会和群众公告。当年9月,习近平同志到浦江县下访,开创了省级领导干部下访接访的先河,随即全省各地兴起了领导干部下访活动。实行下访制度三年以来,浙江省各级领导干部在下访中,共接待群众5.4万批次,群众表示满意或基本满意的达93.4%。2005年,省市县三级受理群众来信来访总量出现了自1992年以来的首次下降。②

①　浙江省综治委.努力预防和化解各类矛盾纠纷[J].今日浙江,2004(12):6.

②　和谐社会说平安——构建平安浙江[EB/OL].(2006-3-9).http://www.cctv.com/news/society/20060309/102487.shtml.

四是建立群体性事件依法快速处置机制。2004 年 1 月 6 日，习近平同志在全省公安工作会议上讲话时强调："建立健全快速有效处置群体性事件和突发事件的工作机制，一旦发生群体性事件，所在地区、部门和单位的主要领导干部要亲临一线，靠前指挥，立足于争取大多数群众，立足于缓解矛盾，立足于防止发生连锁反应，立足于迅速控制事态，依法妥善做好问题定性、舆论引导和措施实施等工作，最大限度地减少对社会稳定的冲击。"①2004 年 11 月 26 日，习近平同志在全省预防和处置群体性事件工作电视电话会议上讲话指出："必须坚持依法办事和按政策办事，把解决矛盾纠纷纳入法制化的轨道。这是维护群众合法权益，促进社会和谐稳定，积极预防和妥善处置群体性事件的根本方针，也是我们的基本工作方法。"②2006 年 2 月，浙江在全国较早出台《浙江省预防处置群体性事件若干规定》，进一步明确各级党委、政府和有关部门在预防处置群体性事件中的工作责任，规范工作程序和操作规程，提升组织指挥、应急处置的能力和水平，为进一步做好全省维护社会稳定工作提供了依据。

◆◆ 案例 2-14

习近平同志到浦江下访接待群众

回望浙江的信访工作，2003 年是个很重要的时间点。

那一年，浙江全省推广领导下访接待群众制度，时任浙江省委

---

① 习近平. 干在实处 走在前列——推进浙江新发展的思考与实践[M]. 北京：中共中央党校出版社，2006：280.

② 习近平. 干在实处 走在前列——推进浙江新发展的思考与实践[M]. 北京：中共中央党校出版社，2006：280.

书记习近平将下访的第一站定在浦江。那时的浦江县以信访量大、越级上访多而"闻名"。2002年,浦江全县受理信访10307件次,是浙江省信访重点管理县。

2003年9月18日早上8点多,50岁的杭坪镇杭坪村村民蒋星剑走进浦江中学的一间教室,这间教室被临时改为接访室,里面坐着习近平等领导。蒋星剑要反映的是20省道浦江段的拓宽和改造问题,他说:"省道浦江段路况太差,不仅老出事,还制约了村子发展。我们多次上访盼修路,总没有下文。"听完蒋星剑的诉求并征求交通部门意见后,习近平同志当场拍板:省道改造工程要克服困难尽快开工建设。

那天,习近平同志带领省市县三级领导到浦江下访,当场解决91个问题,交办落实责任制的案件324件。习近平同志共接待了9批20余位来访群众,解决了一批久拖不决的难题。他告诉随行干部:我们要变群众上访为领导下访。干部多下访,群众少上访。只要群众反映合情合理合法的问题,都应千方百计予以解决。

2005年10月,全长19.8公里的20省道浦江段全线贯通,昔日的盘山公路变成致富大道。2016年新年伊始,省委书记习近平收到了一封盖有浦江西部山区97个村民委员会鲜红印章、代表20多万村民的感谢信。他们在信中表达了纯朴的感激之情,感谢习书记拍板为他们修建了致富路、幸福路和通向全面建设小康社会的康庄大道。

随着山区交通、拆迁等重点疑难信访案件的不断解决,浦江信访总量连年大幅下降,群访越来越少。敢于"啃硬骨头",敢于下基层,各级干部不仅不再怵上访群众,还喜欢上了下基层。以此为契机,浦江在全县全面推行领导下访接待群众制度,并逐步形成了解决问题和确定领导干部责任工作机制。

案例来源:央视网,2018-12-13.

案例简析 >>>

习近平同志来浙江工作时,正是经济社会快速转型期和各类矛盾多发期,人民群众的信访上访问题突出。习近平同志发扬党的优良传统和作风,变群众上访为领导主动下访,为群众解决问题、化解矛盾,维护了人民群众合法权益。这充分体现了习近平同志对人民群众的深厚感情,切实履行"权为民所用、情为民所系、利为民所谋"的庄严承诺,这正是他担任总书记之后提出"以人民为中心"思想的实践源泉之一。

三、着力维护社会治安

习近平同志来浙江工作后,大力创新发展"枫桥经验",其中一项重点工作是维护社会治安,确保人民财产和人身安全。2002年12月20日,浙江省人大常委会通过了《浙江省社会治安综合治理条例》,这是全国范围内较早的省级社会治安综合治理立法。2005年3月28日,他在全省建设平安浙江电视电话会议上讲话时,强调"要建立和完善社会治安防控体系,在主要街道、商业繁华区、重点要害部门、治安复杂地区广泛实行技术防范,提升技术防范水平"[①]。

浙江构建社会治安防控体系,按照"专群结合、动静结合、点线面结合、人防物防技防结合"的要求,大力推进"四张网"建设,形成

---

① 习近平.干在实处 走在前列——推进浙江新发展的思考与实践[M].北京:中共中央党校出版社,2006:267.

了全方位、全时空、多层次的防范控制体系。一是做大做强社区群防网。各地充分发挥基层党组织的战斗堡垒作用,深入实施社区警务战略,探索成立村居义务巡逻队、治安志愿者协会等新型群防群治组织形式,发展社区保安服务业,极大地壮大了社区治安力量。二是建立健全街面巡逻网。2005 年以来,各级公安机关按照"以巡为本,重在盘查,以动制动,以快取胜"的要求,不断健全以巡警等专业巡防队伍为主体,以治安辅助力量为补充,以徒步巡与车辆机动巡相衔接、着装巡与便衣巡相配合的巡逻勤务机制,将更多的警力用于对街面的动态防控。全面加强公安特警队伍建设。三是精心构筑重点部位监控网。各地通过重点布控、完善制度、落实责任、行业联防等多种措施,不断加强对要害单位、金融网点的管理,加大对犯罪分子容易涉足的中小旅馆、出租房屋、网吧公共娱乐场所和典当、机动车修理、二手商品交易、废旧物品收购等场所、行业的监控力度。四是科学布建卡点堵截网。浙江各地从整体控制的思路出发,合理调整、科学布建各级治安卡点、出租车出城登记服务站、治安岗亭和报警站,并依托现代技术手段,实行精确定位、监控,加强现场盘查和实时信息比对,完善协查通报制度和治安卡点跨地区协作机制,提高了主动发现查获犯罪的能力。①

浙江开展专项斗争和专项整治,政法部门尤其是公安部门坚持把打击作为主业来抓,先后组织开展了破案追逃、打黑除恶、治爆缉枪、命案侦破、打击"两抢(抢劫、抢夺)一盗"等一系列集中打击和专项整治行动。一是侦破命案为龙头,严厉打击严重刑事犯罪。二是露头就打,除恶务尽,坚决摧毁黑恶势力。三是加大对盗

---

① 夏阿国,蓝蔚青,等.平安浙江——全面构建和谐社会[M].杭州:浙江人民出版社,2006:144-145.

抢等多发性侵财犯罪的打击和整理力度；坚持人赃并重原则，依法打击各类经济犯罪活动。四是严厉打击毒品、赌博违法犯罪活动。据统计，2005 年 1 月至 11 月，全省共告破 15.62 万起刑事案件，平均每天破案 460 多起，有 1.13 万名网上逃犯落网。这一年来，全省各地公安机关还破获现行杀人案 677 起、现行伤害致死案件 332 起，破案率分别达到 87.9％和 94.3％，实绩居全国前列。[①]

经过几年努力，全省社会治安总体形势大为改善，各类刑事犯罪活动得到有效打击，命案破案率很高。2006 年度建设"平安浙江"群众安全感调查显示，全省有 94.77％的被调查者认为在当前社会环境下具有安全感。全省群众安全感系数已连续 3 年超过九成。[②] 全省还涌现了治安防控的"柯桥现象""鹿城做法""义乌模式"等一批先进经验。

案例 2-15

绍兴市柯桥轻纺城构建动态社会治安防控体系

2000 年 9 月，绍兴县城从绍兴市区迁址柯桥。随着经济社会的发展，柯桥地区外来人口中的犯罪问题、毒品问题、黑恶势力问题、市场秩序问题日益成为左右和影响绍兴全县社会治安的主要因素。2004 年以来，绍兴县公安局积极构建柯桥城区动态社会治安打防控体系，始终坚持和贯彻打防控一体化、立足社区、以动制动、科技强防、依靠群众的基本原则，以机制创新为切入点和突破

---

① 每天破案 460 多起 凶案破案率浙江省位居全国前列［EB/OL］.（2005-12-31）. http://zjnews.zjol.com.cn/system/2005/12/31/006425225.shtml.

② 罗斌. 2006 年度建设"平安浙江"人民群众安全感满意率调查报告［J］.浙江统计，2007（3）：9.

口,进行积极的探索和有益的尝试,其具体做法如下。

一是以防控和打击街面犯罪为重点,全面拓展侦防一体化巡逻机制。建立柯桥城区街面犯罪侦防大队、武警巡逻队、市场保安队伍、基层治安队伍和犬防队伍。二是以专项行动为抓手,探索建立经常性严打工作机制。从 2004 年 2 月中旬开始,部署开展为期3 个月,以打击街面犯、整治突出治安问题为重点的"利剑行动",作为遏制柯桥城区刑事案件多发的有效载体,集中时间、集中警力开展打击。三是以技术防控为新的增长点,加速推进科技强警机制。在柯桥城区主要道路、案件多发地段安装实时监控设施 22 套,在市场内安装实时监控设施 172 套,并与指挥中心联网,切实增强对城区主要道路、市场等人员集聚地、案件多发地等的控制能力,提高快速发现、处置能力。四是以专项整治为突破口,着力创新联托运市场等现场监管机制。开展柯桥联托运市场突出治安问题专项整治,落实长效管理各项措施,制订完善托运部的安全防范措施,加大联合执法力度,共同维护联托运市场秩序。五是以居住地管理为落脚点,努力完善流动人口管理服务机制。重点加强对流动人口居住地特别是出租房的管理,严格落实"谁出租、谁负责"的出租房房东责任,逐一与房东签订《出租房屋管理责任书》,同时,在城区积极推行"全员登记、联合整理、电脑建档、重点监管"的外来人口管理制度。六是大力强化禁毒工作机制。对涉毒犯罪始终保持严打态势,从源头上打击毒品犯,提高禁毒斗争水平。七是以情报信息引导打防控为理念,不断健全信息预警、快速反应、信息促控、信息导侦等工作机制。以柯桥城区社区警务建设为平台,建立完善情报信息网络,开发网上情报信息操作平台。

通过构建动态社会治安防控体系,集中整治和综合治理。

2004 年以来,柯桥城区没有发生一起有重大影响的政治事件和治安事件,刑事发案总体比较平稳。柯桥城区的社会治安有了较大改观。

案例来源:魏明.市场化县城打防控体系建设对策与实践——以绍兴县城柯桥为例[J].公安学刊(浙江公安高等专科学校学报),2004(6).

案例简析 >>>

绍兴市柯桥区是中国轻纺城,流动人口非常多,社会治安问题向来比较突出。为此,柯桥构建起动态社会治安防控体系,立足社区,以动制动、配强科技、依靠群众,加强流动人口管理服务机制、创新"网格化"巡逻机制,有效控制了柯桥的刑事犯罪和治安问题,被作为平安浙江建设的经典经验之一。

四、高度重视公共安全

浙江地理环境、气象灾害、产业结构等各种原因,导致各类公共安全和生产安全事件数量比较多,每年损失巨大。据统计,2004年全省共发生各类突发公共事件 8.1 万余起,造成 12165 人死亡,直接经济损失约 231 亿元。[①] 习近平同志高度重视公共安全问题,2004 年 5 月 10 日,在省委十一届六次全会上强调"维护社会公共安全,必须加快构建公共安全应急体系,切实提高全社会特别是各级政府应对公共突发事件的能力"[②]。2005 年 3 月 28 日,在全省建设平安浙江电视电话会议上强调"完善各类突发公共事件应急预案,建立健全公共安全应急机制和社会动员机制"[③]。2003 年 12

①　夏阿国,蓝蔚青,等.平安浙江——全面构建和谐社会[M].杭州:浙江人民出版社,2006:135.

②　习近平.干在实处 走在前列——推进浙江新发展的思考与实践[M].北京:中共中央党校出版社,2006:267.

③　习近平.干在实处 走在前列——推进浙江新发展的思考与实践[M].北京:中共中央党校出版社,2006:267.

月,浙江省委、浙江省人民政府印发了《浙江省处置经济社会紧急情况工作预案》。2005 年 2 月 6 日,浙江省人民政府颁发了《浙江省突发公共事件总体应急预案》,并出台《关于加强应急机制建设提高政府保障公共安全和处置突发公共事件能力的意见》,从制度上提高政府保障公共安全和处置突发公共事件的能力,促进"平安浙江"建设。2005 年 2 月 27 日,浙江省《政府工作报告》把加强应急预案体系建设作为十件实事之一。至 2005 年底,全省 11 个市和 90 个县(市、区)的总体预案已全部制订完毕。浙江重点在以下几方面维护公共安全。

一是高度重视环境安全。浙江是全国气象灾害种类最多、发生最频繁、影响最严重的省份之一。2005 年,浙江遭受台风、洪水、泥石流等各种自然灾害事故的受灾人数达到 2778 万人,死亡 89人。① 习近平同志要求把确保人民生命安全放在第一位,切实做好人员转移避险工作,最大限度地减少人员伤亡和灾害损失。2005年 8 月,他在省委常委扩大会议上强调"防台抗台所有工作都必须围绕'不死人、少伤人'这个目标来进行。在这个问题上,不要怕'兴师动众',不要怕劳民伤财,不要怕十防九空,宁可十防九空,也不可万一失防,这都是以人为本的核心理念所在,也是血的教训换来的经验所得"②。2005 年 9 月 19 日,习近平同志在《之江新语》中发表《完善社会动员机制》一文,指出"要不断完善社会动员机制,切实提高保障公共安全和处置突发事件的能力"。③ 浙江各级政府

---

① 夏阿国,蓝蔚青,等.平安浙江——全面构建和谐社会[M].杭州:浙江人民出版社,2006:138.

② 习近平.干在实处　走在前列——推进浙江新发展的思考与实践[M].北京:中共中央党校出版社,2006:269.

③ 习近平.之江新语[M].杭州:浙江人民出版社,2007:156.

和有关部门加强对自然灾害的预测预报,立足预防,落实措施,千方百计转移群众,做艰苦细致的工作,将 2004 年"云娜"台风和 2005 年"海棠""麦莎"台风造成的人员伤亡和财产损失降到了最低限度。

二是高度重视生产安全。习近平同志将"确保安全生产状况稳定好转"作为平安浙江建设目标之一。2004 年 5 月,他在省委十一届六次全会上的报告,很长篇幅是有关安全生产的内容,多处强调"维护社会公共安全,必须增强安全生产工作的针对性和实效性,努力扭转各类事故高发多发的状况"①。2004 年 8 月,浙江省人民政府出台了《关于切实加强安全生产工作的决定》。2006 年 11 月 1 日,浙江省首部全面规范安全生产的综合性地方法规《浙江省安全生产条例》正式实施。由此,浙江的生产安全情况大有改观,2005 年 1 月至 11 月,浙江省各类事故的起数、死亡人数和直接经济损失,分别比上年同期下降 17.1%、10.3%、30.9%。②

三是高度重视公共卫生安全。抗非典斗争引发了从中央到地方的公共卫生体系改革。早在 2001 年,浙江省政府颁布实施《浙江省卫生现代化建设纲要(2001—2020)》,将社区服务卫生体系、综合医院和专科医院体系、卫生监督执法体系和疾病预防控制体系作为公共卫生的四大支柱。2003 年 11 月,浙江省根据非典时期的新情况,出台了《浙江省突发公共卫生事件预防与应急办法》,浙江各级卫生部门加强疫情监测,对疫情依法实施网络直报,严防重特大传染病的发生。2003 年 12 月 19 日,习近平同志到省卫生厅

---

① 习近平.干在实处 走在前列——推进浙江新发展的思考与实践[M].北京:中共中央党校出版社,2006:268.

② 朱海兵."平安浙江"写新篇[N].浙江日报,2006-1-5(1).

和小营巷调研基层卫生工作时指出"我们一定要充分认识加强公共卫生建设在推进浙江全面、协调、可持续发展中的重要性,认真总结我省卫生工作的好做法、好经验,深刻吸取非典灾难带来的教训,着眼于建设卫生强省的工作目标,推进公共卫生建设的各项工作"。他强调,"进一步把疾病防控工作向下延伸,作为基层卫生工作一项重要内容,坚定地走相信和依靠群众、与群众相结合的道路,不断完善基层疾病预防控制的工作机制,建立健全群众性的基层疾病预防控制网络,形成社区为防、村庄为防、人自为防的局面"[①]。另外,习近平同志十分注重食品安全问题,在 2005 年 3 月全省建设"平安浙江"电视电话会议上强调"全面推进食品安全'三网'建设,强化对食品药品、餐饮卫生等的监督,确保人民群众饮食、用药安全"[②]。到 2007 年底,浙江农村食品安全"三网"建设基本覆盖,食品安全信用信息体系建设快速推进,食品安全保障体系全面构建,使全省食品安全综合监督走在全国前列。据 2007 年暑期大学生志愿者调查,94.9%的农村消费者认为"放心店"改善了农村食品安全消费软硬环境。[③]

◆◆ 案例 2-16

杭州市抗击"非典"战役

2003 年 4 月 19 日晚,三例"非典"病人的确诊使杭州处于一场猝不及防的危机中。杭州市委、市政府紧急启动《杭州市传染性非

---

① 习近平.干在实处　走在前列——推进浙江新发展的思考与实践[M].北京:中共中央党校出版社,2006:347-348.

② 习近平.干在实处　走在前列——推进浙江新发展的思考与实践[M].北京:中共中央党校出版社,2006:267-268.

③ 我省食品安全综合监督走在全国前列[N].浙江日报,2007-12-28(19).

典型肺炎疫情控制预案》,带领全市人民打响了一场没有硝烟而又惊心动魄的"抗击'非典'战役"。同年 10 月,抗击"非典"战役取得全面胜利。

1. "非典"袭击前的未雨绸缪。杭州并不是"非典"原发地,当"非典"在广东、北京肆虐时,杭州并没有任何可能被传染的征兆。并且当时的官方消息称,"非典"已经被控制。但杭州市政府显示出了较强的政治敏锐性和高度的责任感,未雨绸缪,在 2 月就为抗击"非典"做了大量务实而有效的工作,制定了"非典型肺炎预防控制预案",从"预防、治疗和物资供应"着手研究对策;下发了《关于加强春季传染病防治　维护社会稳定的通知》。随后,陆续召开了一系列关于防治"非典"的会议。

2. "非典"袭击时的应急管理。2003 年 4 月 19 日,杭州发现第一例输入性"非典"病例。此后 24 小时内,市委、市政府采取了一系列应对措施:从 19 日 22 时到 20 日凌晨 1 点,市委书记王国平、市长茅临生等召集四套班子召开紧急会议。会议提出建立"非典"防治工作领导机制等七条意见,并决定立即隔离有关人员。20 日市委、市政府成立杭州市非典型肺炎防治工作领导小组,下午 5 时宣布 10 条紧急措施。在全国最早做出的"早隔离"被专家称为最有效的切断"非典"传播的方法。

3. 抗击"非典"中的舆论控制。杭州市委、市政府既利用报纸、电视等传统媒体,又利用互联网、手机短信等现代媒体,及时、全面、客观地发布相关信息,公开疫情相关情况。这些宣传报道工作形成了强大而积极的舆论氛围,既宣传了党和政府抗击"非典"的决心、毅力和行动,给市民以鼓励和安全,压制了各种谣言,又普及了抗击"非典"知识,形成了社会合力,奠定了抗击"非典"的群众基础。

4.抗击"非典"中的社会资源动员。在开放社会的条件下,应对突发性事件在很大程度上取决于社会力量的动员和参与,有许多事情政府做不了也做不好。发现第一例输入性"非典"病例后,杭州社会动员机制开始启动。一是利用丰富的政治优势和组织优势,以社区、街道、企业为基本单位,迅速调动全民参与"非典"防治工作。二是发动各种协会、行会、社团等民间组织捐款、捐物。三是号召企业、个人为抗击"非典"贡献一份爱心,制定了对"非典"防治捐款实行所得税优惠的政策。截至5月22日,全市接受社会各界"非典"防治捐助资金,现金544万元,1万美元;接受捐赠"非典"防治物资折合人民币约818万元。

案例来源:夏阿国,蓝蔚青,等.平安浙江——全面构建和谐社会[M].杭州:浙江人民出版社,2006:152-153,略有删节.

案例简析 >>>

"非典"疫情暴发是一场社会管理能力的大考,考验了杭州市各级党委政府的社会管理和社会动员能力,锻炼了基层政府、城乡社区、市民群众的应急意识和合作精神。杭州市在面对突发性重大疫情时,能综合运用预警预防、应急管理、舆论控制、社会动员等手段,体现了很强的公共安全应对能力。自"非典"结束后,杭州市又总结、反思、补强重大疫情防控能力,并把其作为平安杭州建设的重要内容。十多年来,杭州市积累了一整套应急联动、防范风险、应对疫情的经验,这在2020年新冠肺炎疫情中充分体现出来。

◆ 本章小结

2002—2007年,习近平同志开启了平安浙江建设的实践与探索,谋划部署涉及政治、经济、文化、社会、生态建设各个领域的大平安建设,并在民主服务、民主建设、法治保障和社会管理方面涌现了许多前瞻性的创新做法。经过持续努力,"大平安"建设战略成效明显,呈现了省富民安、平安和谐的生动局面。平安浙江的生动实践,率先开启了省域内大平安建设的探索,为习近平总书记提出"五位一体"总体布局和"四个全面"战略布局打下了重要基础。

◆◆ 思考题

1.为什么说平安浙江建设是大平安建设,而不是小平安建设?

2.习近平同志在浙江工作期间开创了涉及政治、经济、文化、社会、生态建设各个领域的大平安建设,这跟他后来担任中共中央总书记后提出"五位一体"总体布局,在理念与实践上是如何一脉相承的?

3.平安浙江建设在以人为本、民主建设、法治保障和社会管理方面涌现了许多亮点做法,习近平同志对这些方面也作了大量重要论述,这些论述在当下依然可以给我们带来哪些启示?

◆◆ 拓展阅读

1.习近平.之江新语[M].杭州:浙江人民出版社,2007:50.

2.夏阿国,蓝蔚青,等.平安浙江——全面构建和谐社会[M].杭州:浙江人民出版社,2006.

3.郑志耿,等.法治浙江——发展社会主义民主政治[M].杭州:浙江人民出版社,2006.

4.潘家玮,徐志宏,等.活力浙江——增强发展新动力[M].杭州:浙江人民出版社,2006.

5.汪俊昌,陈立旭.人文浙江:加快建设文化大省[M].杭州:浙江人民出版社,2006.

6.沈满洪.绿色浙江——生态省建设创新之路[M].杭州:浙

江人民出版社,2006.

7.王骏.执政之魂——浙江党建新探索[M].杭州:浙江人民出版社,2006.

8.陆剑锋,陈柳裕.学者视野中的法治浙江[M].杭州:浙江大学出版社,2006.

要针对维护社会稳定、构建和谐社会中的新情况新特点,多措并举、多管齐下,创新发展新时期"枫桥经验",进一步加强社会治安综合治理,广泛深入推进平安建设。

——习近平同志在全省领导干部会议上的讲话,2006 年 6 月 6 日

第三章　平安浙江建设的深化与发展

◆◆ **本章要点**

1. 习近平同志调离浙江后,历届浙江省委、省政府按照"广泛深入推进平安建设"的思路,一任接着一任干,一张蓝图绘到底,始终干在实处,走在前列。

2. 平安浙江建设不断深化发展,尤其自党的十八大以来,把平安建设与社会治理创新有机结合,加强源头治理、多元治理、综合治理和智慧治理,着力打造平安中国建设示范区。

党的十七大提出要深入贯彻落实科学发展观,强调加快推进以改善民生为重点的社会建设,把"完善社会管理,维护社会安定团结"作为六大基本民生改善之一。此时的浙江经济快速增长,GDP 在 2007 年已达到 18754 亿元,跟 1978 年相比,名义 GDP 增长了 151 倍(同期全国名义 GDP 增长为 73 倍)。2008 年浙江GDP 跃上 2 万亿元新台阶,人均 GDP 超过 6000 美元。[①] 但是经济

---

① 浙江省统计局、国家统计局浙江调查总队.浙江统计年鉴 2013[M].北京:中国统计出版社,2013:14.

先发也导致矛盾早发、多发。基层社会矛盾开始升级，从传统的"家庭琐事""邻里纠纷"等小事演变为当前的"征地拆迁矛盾""劳资冲突""环境污染"等大事，群体性事件频繁发生，浙江干部应对危机能力倍受考验。同时，国际、国内经济环境继续发生深刻变化，特别是国际金融危机蔓延，对浙江经济的冲击明显加深，社会发展面临的矛盾和问题明显增多，不稳定、不确定因素明显增加。针对上述新问题和新挑战，浙江干部和群众不断创新发展"枫桥经验"，加强社会管理，深化平安建设，创新网格化管理，开展大调解，完善信访制度，最大限度激发社会活力、最大限度增加和谐因素、最大限度减少不和谐因素。此阶段，"枫桥经验"成为全国社会管理创新的典型经验。

　　党的十八大提出要坚定不移沿着中国特色社会主义道路前进，为全面建成小康社会而奋斗。但是，我国经济社会发展中不平衡、不协调、不可持续问题依然突出，地区之间、城乡之间发展差距以及社会成员之间收入分配差距依然较大。随着工业化、信息化、城镇化、市场化、国际化快速发展和各项改革向深层次推进，社会结构、社会组织形式、利益格局和人们思想观念将继续发生深刻变化，影响社会平安的深层次问题将进一步显现，复杂性显著增强，新型犯罪问题日益突出，食品药品安全、环境污染等问题成为影响群众安全感的重要因素，一些社会成员诚信缺失、道德失范、心理失衡，极端案件时有发生，这些都对建设平安中国提出了新的更高要求[①]。上述新形势、新要求、新期待，要求我们从更高起点、更高层次上全面深化平安中国建设，努力实现全面建成小康社会的宏

---

　　① 陈冀平.平安中国让更多人共享人生出彩机会[EB/OL].新华网.（2013-05-29）.http://news.cntv.cn/2013/05/29/ARTI1369827019107853.shtml.

伟目标和中华民族伟大复兴的"中国梦"。

党的十九大指出我国社会主要矛盾已经转化为人民日益增长的美好生活需要和不平衡不充分的发展之间的矛盾。其中在政法领域,人民日益增长的美好生活需要体现在"四个转变"上:一是从实现基本物质文化需要向同步追求高品位物质文化生活转变,不仅希望吃饱、穿暖、住好,而且期待食品更安全、生态更美好、服务更均等、社会更和谐,盼望过上更加幸福的生活。二是从实现外在物质文化需要向同步追求精神心理满足转变,不仅希望人身权、财产权不受侵犯,而且期待个人尊严、情感得到更多尊重,隐私、名誉、荣誉等人格权得到有效保护。三是从注重现实安全向同步追求长远安宁转变,更加关注改革发展大局、民主法治建设,期待权利有保障、权力受制约、公正可预期的良法善治,对严格执法、公正司法有更高要求,希望对自身发展有更长远的预期和更持久的信心。四是从单纯的个体受益向同步追求参与社会事务转变,更加关注共商共建共治共享,更加重视知情权、参与权、表达权、监督权,对社会事务参与意愿强烈,希望在促进社会发展进步中更好地实现人生价值。① 这些矛盾的新变化,对政法工作和平安建设提出了更新的挑战和更高的要求。这要求我们拉高标杆、砥砺奋进,以平安浙江建设的新成效来满足人民群众对美好生活的向往。

针对上述新问题、新挑战,浙江省坚持以"八八战略"为总纲,统筹推进"六个浙江"建设,突出"四个强省"导向,全面推进"最多

---

① 政法领域"新时代新矛盾" 四个转变带来人民新需要[EB/OL]. 中国长安网. (2018-01-23). http://www. chinapeace. gov. cn/chinapeace/c54222/2018-01-23/content_11595023. shtml.

跑一次""最多跑一地"改革,从深层次上、整体上、源头上为保障高质量和更高水平发展提供良好环境。平安浙江建设也开始加快脚步,坚持发展新时代"枫桥经验",注重源头治理、多元治理、综合治理和智慧治理,不断深化平安浙江创建活动。新时代平安浙江建设已站上新的起点、开启新的征程,朝着建设平安中国示范区,不断提升人民群众安全感、幸福感的目标出发。

第一节 源头治理夯实平安浙江

党的十八大以来,习近平总书记对源头治理进行了一系列论述,成为改进社会治理方式、加强平安建设的行动指南。2013 年 5 月,他在深化平安中国建设会议(苏州)召开前作出重要指示,强调要"把平安中国建设置于中国特色社会主义事业发展全局中来谋划,紧紧围绕'两个一百年'奋斗目标,把人民群众对平安中国建设的要求作为努力方向,坚持源头治理、系统治理、综合治理、依法治理,努力解决深层次问题,着力建设平安中国,确保人民安居乐业、社会安定有序、国家长治久安"。2013 年 11 月,在党的十八届三中全会报告中又强调要"创新社会治理,提高社会治理水平,全面推进平安中国建设",并把系统治理、依法治理,综合治理和源头治理作为改进社会治理方式的重要形式。2014 年 10 月,在党的十八届四中全会报告中他再次强调,"推进多层次多领域依法治理,坚持系统治理、依法治理、综合治理、源头治理",提高社会治理法治化水平,把源头治理作为提高法治建设的重要方式。2016 年 10 月,在全国社会治安综合治理创新工作会议召开前习近平总书记作出重要指示,"要坚持问题导向,把专项治理和系统治理、综合治理、依法治理、源头治理结合起来"。2019 年 10 月,在党的十九届四中全会报告中他又强调,"构建系统完备、科学规范、运行有效的制度体系,加强系统治理、依法治理、综合治理、源头治理,把我国制度优势更好转化为国家治理效能",进一步上升到国家治理制度层面来强调源头治理的重要性。可见,习近平总书记把源头治理作为社会治理的科学方法,强调从源头上解决影响社会和谐稳定的各种深层次问题,从而不断提高平安建设的水平。这跟他在浙江工作期间强调从源头上加强平安建设的思想一脉相承。

2021 年 1 月 9 日,中央政法工作会议在北京召开。中共中央总书记、国家主席、中央军委主席习近平近日就政法工作作出重要指示强调,2020 年,政法战线坚决贯彻党中央决策部署,为统筹推进疫情防控和经济社会发展工作创造了安全稳定的社会环境。2021 年是"十四五"开局之年,各级政法机关要认真贯彻党的十九届五中全会和中央全面依法治国工作会议精神,更加注重系统观念、法治思维、强基导向,切实推动政法工作高质量发展。

浙江始终把源头治理作为平安浙江的治本之策,注重"抓早抓小、防患未然"。党的十八大以来,浙江按照习近平总书记源头治理理念,推动平安浙江建设。2014 年 12 月 4 日,浙江省委十三届六次全会通过《中共浙江省委关于全面深化法治浙江建设的决定》,规定"坚持系统治理、依法治理、综合治理、源头治理,提高社会治理法治化水平"。2017 年 11 月 30 日,浙江省第十二届人大常务委员会第四十五次会议修订《浙江省社会治安综合治理条例》,指出,"坚持依法治理、源头治理、系统治理、专项治理,注重联动融合、社会共治,实行谁主管谁负责和属地管理的原则"。2018 年 3

月,浙江省委主要领导省委书记车俊在全省建设平安浙江工作会议上强调,要在更深层次、更广领域、更高水平上推进平安浙江建设,尤其"注重源头治理,从群众最盼最急最忧最怨的突出问题抓起,力求矛盾不上交、平安不出事"①。中共浙江省委第十四届六次全会通过的《关于认真学习贯彻党的十九届四中全会精神高水平推进省域治理现代化的决定》强调"推进系统治理、依法治理、综合治理、源头治理,推动实现更高质量的发展、更高水平的平安"。近年来,浙江实施多项举措,从源头上加大推进平安浙江建设的力度。

一、健全为民办实事长效机制

当前民生诉求出现"三个转变",即由"数量"向"质量"转变,由"传统"向"新型"转变,由"物质"向"精神"转变。人民群众对更好的公共服务、教育医疗、人居环境等有更高的要求,这对政府民生服务精准供给提出了新的挑战。

党的十八大以来,习近平总书记多次发表重要论述,阐述"民生观",指出保障和改善民生的重要意义,提出当前和今后一段时期民生工作的着力点。② 他在十八届三中全会报告中强调"紧紧围绕更好保障和改善民生、促进社会公平正义深化社会体制改革,改革收入分配制度,促进共同富裕,推进社会领域制度创新,推进基本公共服务均等化,加快形成科学有效的社会治理体制,确保社会既充满活力又和谐有序"。他在十九大报告中指出"提高保障和改善民生水平,加强和创新社会治理"。他在十九届四中全会报告中

---

① 王国锋,余勤. 车俊在全省建设平安浙江工作会议上强调 更深层次更广领域更高水平建设平安浙江[N/OL].(2018-03-30). http://zjrb. zjol. com. cn/html/2018-03/30/content_3125902. htm? div=-1.

② 王敬. 习近平的"民生观":保障和改善民生没有终点站[EB/OL].(2014-8-14). http://legal. people. com. cn/n/2014/0814/c188502-25466510. html.

强调"坚持和完善统筹城乡的民生保障制度,满足人民日益增长的美好生活需要"。2020年10月,他在十九届五中全会作报告时提出要把"民生福祉达到新水平"作为"十四五"规划的主要时代之一。这些重要论述跟习近平同志在浙江工作期间提出的健全为民办实事长效机制一脉相承,又与时俱进。

浙江省一直坚持为民办实事,每年推进各项民生实事工程。2012年提出就业、养老、医疗、保障性住房、扶贫等十大民生实事。2013年提出办好"治堵"、改善城乡环境("三改一拆")、食品安全等十大民生实事;2014年把治水和治霾首度列入十大民生实事榜单。2015年提出加快电商服务网络建设等十大民生实事,并且把选择权交给群众,邀请全省人民建言民生实事。2016年提出"互联网+政务服务"等十大民生实事。2017年提出全面启动适龄妇女免费"两癌"检查等十大民生实事,正式启动"最多跑一次"改革。2018年提出全面推进城乡生活垃圾分类处理和"厕所革命"等十大民生实事。2019年提出"新增清洁能源公交车、出租车"等十大民生实事,并启动"三服务"(服务企业、服务群众、服务基层)活动。2020年提出"建成城际铁路及城市轨道交通、构建15分钟健身圈"等十大民生实事。可见,浙江每年拓展民生实事内容,从传统民生领域延伸到新型民生领域。

多年来,浙江不断健全工作机制,建立了民情反映、民主决策、责任落实、投入保障和督察考评等五大方面的长效机制,形成了"群众提、代表定、政府办、人大评"的工作格局,推动为民办实事工作驶入规范化、制度化、经常化的轨道。这项工作取得了明显成效,人民群众获得感、幸福感不断提升。2019年浙江城镇居民人均可支配收入60182元,农村居民人均可支配收入29876元,分别连续 19 年和 35 年荣膺全国各省区第一。城乡居民收入比为2.01:1，比上年缩小 0.03,连续 7 年呈缩小态势。[①]

◆◆ 案例 3-1

浙江步入民生实事项目票决制时代

宁波市宁海县是"民生实事项目人大代表票决制"的发源地。2009 年 1 月,在宁海县力洋镇人代会上,人大代表用手中的选票投出了十大民生实事项目——这在当时全国乡镇人代会上还是首次。随后,宁海县逐渐完善票决政府实事工程的 6 个票决环节,这些环节被形象地称为"议菜、配菜、点菜、炒菜、验菜、用菜"。"议菜",即项目征集;"配菜",即初定工程项目;"点菜",即代表票决;"炒菜",即政府组织实施;"验菜",即代表督查评估;"用菜",即群众共享。2009 年,该制度在全县乡镇全面推行;2012 年开始,票决制工作提档升级至县级层面,如今在宁海县,"民生实事项目人大代表票决制"成了群众心中的"金字招牌"。

2018 年,浙江省"民生实事项目人大代表票决制"已经实现市、县、乡三级全覆盖。如杭州市"住宅加装电梯"民生项目就是人大代表票决产生的。位于杭州市的浙江大学华家池校区 34 幢,建于 1995 年,6 层 12 户大多住着大学教授。20 多年过去了,教授们大多已经步入耄耋之年,年龄最大的已经 95 岁。这幢楼从 1 楼到 6 楼一共有 83 级台阶。这对于年轻人来说或许微不足道,但对于年迈的老人们而言,却是不小的难题。加装电梯,成了老人们最迫切

---

① 夏丹.2019 浙江城乡居民收入平稳增长 分别连续 19 年和 35 年居全国各省区第一［N/OL］.（2020-01-19）. http://zjrb. zjol. com. cn/html/2020-01-19/content _3302242. htm? div＝-1.

的需求。从 2010 年开始,老人们多次联名发起加装电梯的申请,但因为缺乏相关政策依据、牵涉部门多、经费难落实等原因,一直未能解决。然而,2018 年老人们如愿以偿了,随着浙江步入民生实事项目票决制时代,杭州市通过人大票决十大民生实事项目,其中就有"积极推进市区既有住宅电梯加装,做到'愿改尽改'"。

案例来源:作者根据陈波《浙江步入民生实事项目票决制时代》和人民日报《浙江全面推行"民生实事项目人大代表票决制"》编写而成.

案例简析 >>>

　　浙江民生实事工程不断打造升级版,实现了从"为民做主"到"由民做主"、从"政府配菜"到"群众点菜"、从"举手制"到"票决制"的转变。发端于宁海县的"民生实事项目人大代表票决制",一方面扩大了民主,提高了决策的民主性和科学性;另一方面促进了民生实事顺利开展,群众对自己票决出来的民生实事能积极支持。2018 年浙江全面推广宁海的民生实事项目票决制,进一步健全了为民办实事长效机制。

二、重大决策社会风险评估机制

　　当前体制改革进入攻坚克难期,民主法治建设进入提升期,公共安全进入突发期,各种可以预见或难以预见的矛盾风险不断出现,对平安建设带来了新的挑战。因此,在制定一些重大决策时,如果缺乏社会风险评估,容易产生涉及经济、生态、公共安全等各个领域的隐患,有可能激化社会矛盾,甚至影响社会的和谐稳定。

　　党的十八大以来,习近平总书记对社会风险评估作出一系列重要论述,深刻阐述了关于风险治理的方向性、原则性、根本性、战略性问题,提出了一系列新思想、新观点、新论断、新措施、新办法、新要求,极大深化和丰富了我们党对风险治理的规律性认识。[①]
2013 年 11 月,他在十八届三中全会报告中提出"健全重大决策社
会稳定风险评估机制"。2015 年 5 月他在全国社会治安防控体系
建设会议(大连),以及 2016 年 10 月在全国社会治安综合治理创
新工作会议(南昌)召开前均作出重要指示,强调"要增强风险意
识,提高预测预警预防各类风险能力"。2017 年 10 月,他在党的十
九大报告中将防范化解重大风险与精准脱贫、污染防治并列为三
大攻坚战,且放在三大攻坚战的首位。2019 年 2 月,他在省部级主
要领导干部"坚持底线思维着力防范化解重大风险"专题研讨班上
发表重要讲话时,指出"防范化解重大风险,是各级党委、政府和领
导干部的政治职责,大家要坚持守土有责、守土尽责,把防范化解
重大风险工作做实做细做好。要强化风险意识,常观大势、常思大
局,科学预见形势发展走势和隐藏其中的风险挑战,做到未雨绸
缪"。"要推进社会治理现代化,坚持和发展'枫桥经验',健全平安
建设社会协同机制,从源头上提升维护社会稳定能力和水平"。
2019 年 10 月,他在党的十九届四中全会报告中强调要"健全决策
机制,加强重大决策的调查研究、科学论证、风险评估,强化决策执
行、评估、监督"。习近平总书记关于风险治理的重要论述,高瞻远
瞩,思想深刻,具有重要理论和实践指导意义,为我们做好新时代
风险治理工作指明了方向路径,提供了根本遵循。

　　浙江省高度重视应急管理与风险防范工作。党的十八大以来,
相继出台了《浙江省重大行政决策程序规定》(2015),《浙江省人民政

---

　　① 孔祥涛,胡志高. 习近平总书记关于风险治理的重要论述及其重要意义[DB/
OL].(2019-10-29).http://www. china. com. cn/opinion/theory/2019-10-29/content_
75351879.

府重大行政决策执行情况第三方评估实施办法(试行)》(2018),修订《浙江省重大决策社会风险评估实施办法》(2019 年)。2019 年 12 月,浙江省成立社会风险评估促进会,进一步完善第三方机构的资质认证机制和准入标准,出台行业管理规范,建立机构评级制度,完善招标制度等,引导行业有序竞争、良性发展。截至 2019 年 12 月,浙江省已备案的风险评估机构超过 260 家。目前,全省所有地市、县(市、区)甚至部分乡镇街道都出台了重大决策社会风险评估的相关文件,省高院、省检察院、省发改委、省国土厅、省国资委、省交通厅、省教育厅等部门也启动了风险评估工作,下发了本系统的实施意见。

浙江省与时俱进地创新、发展与完善稳评机制,更加有效地从源头上规避、预防、降低、控制和应对可能产生的社会稳定风险,及时预警可能影响社会稳定的情况,落实防范、化解和处置措施,有效地防范化解了矛盾风险。据统计,2010—2018 年,全省共评估重大决策 35966 件,其中,准予实施 35826 件,占比为 98.2%;取消和暂缓 640 件,占比 1.8%,一大批不稳定问题隐患在源头得到消除。[①] 经过认真评估的决策事项,没有一件引发群体性事件。重大决策社会风险评估是深化发展平安浙江建设的重大创新,从源头上有效预防化解了矛盾风险。

◆◆ 案例 3-2

宁波市第三方机构参与重大决策社会稳定风险评估

宁波市坚持"试点引领、有序引入、积极培育、有效管理、发挥作用"的工作思路,加强了对第三方评估机构参与稳评的培育管

---

① 王春.浙江政法:勇立潮头立新功[N].法制日报,2017-10-13(1).

理。实践中,注重把握"三个关口",做到"三个不变",确保"三个到位"。

注意把握好"三个关口"。一是评估资质审核关。凡是具有相应的安评、能评、环评等行政许可资质证书的单位或机构(包括律师事务所、研究所、院校),在向县级以上维稳部门申报备案的基础上,由市委维稳办组织相应部门统一负责对第三方评估机构进行资格审核。二是评估师队伍培训考核关。由市委维稳办统一组织对第三方评估队伍进行集中培训和考核。三是评估机构准入关。对符合第三方评估机构条件的,由市委维稳办统一发文确定并向全市推介,可在全市范围内开展稳评业务。

注重做到"三个不变"。一是评估责任主体不变。第三方评估机构必须经评估主体的委托或授权后,才能开展项目风险评估,但不发生责任主体的转移,仍由项目委托方或授权方负责,并有义务、有责任对第三方实施监督管理。二是评估机构的中立性不变。第三方评估机构不受任何一方的左右,必须做到对政府负责、对单位(企业)负责和对公众负责,始终保持中立性,为党委、政府和决策机关或单位(企业)提供客观、准确的科学依据。三是评估标准不变。第三方评估机构必须依据国家和省市有关重大决策社会稳定风险评估的规定,根据特定项目,遵循适用原则,依照规定程序,选择合理价位,提供优质服务,运用科学、客观、公正的方法开展风险评估,并对评估质量承担责任。

注重确保"三个到位"。一是评估程序到位。第三方评估机构必须围绕合法性、合理性、可行性和可控性等内容,开展客观公正、规范有序的评估,提出风险等级及防范化解风险的对策或建议。二是评估质效到位。对第三方形成的评估报告,采取由项目的责任主体组织相关专家、学者、专业人士和项目所涉的地区和单位，对第三方评估机构提出的风险评估报告及服务绩效进行综合评估、联合评审。第三方评估机构再根据综合评审意见对评估报告进行完善，对风险防范化解措施进行细化，最大化地确保评估报告客观、科学、公正。三是监督管理到位。第三方评估机构侧重于自我管理，自觉接受政府的监督和管理。政府职能部门侧重于加强引导培育和管理监督，提供必要的服务保障和技术支撑，落实两年"一报一审一评一考制度"，实行优胜劣汰，确保评估市场有序竞争、健康运行。

案例来源：马以，谢小云.平安中国的浙江实践［M］.杭州：浙江人民出版社，2017：60-61.

案例简析 >>>

　　宁波市第三方机构参与重大决策社会稳定风险评估的创新做法在于，引入体制外的专业力量，建立第三方参与的风险评估模式，确保重大决策社会风险评估不是"走过场"，避免出现政府相关部门"既当运动员，又当裁判员"的情况。引入第三方机构参与稳评具有重要的改革意义，打破了传统党政部门体制内开展风险评估的局限，提高了评估的公正性、决策的科学性和过程的透明性，有利于从源头上防范重大风险产生。宁波第三方机构参与稳评是平安浙江建设的一个重要创新。

三、推进基层协商民主建设

　　新时代的基层社会矛盾呈现一个明显的特征，即涉及民生、民意与民情的矛盾与冲突频繁发生。导致这些矛盾与冲突的主要原因是官民之间、民民之间缺乏利益协调与有效沟通。协商民主有着多元性、包容性、理性、程序性、公共性、共识性的特点，对预防和化解矛盾纠纷有着积极作用。因此可以把基层协商民主与预防社会矛盾、开展平安建设有机对接起来,走出一条协商化解矛盾的新路径。

党的十八大以来,习近平总书记高度重视社会主义协商民主,要求分类多层推进协商民主,其中基层协商是社会主义协商的重要形式之一。2013 年 11 月,他在十八届三中全会报告中强调"开展形式多样的基层民主协商,推进基层协商制度化"。2014 年 10 月,他在十八届四中全会报告中强调"加强社会主义协商民主制度建设,推进协商民主广泛多层制度化发展,构建程序合理、环节完整的协商民主体系"。2015 年 1 月,中共中央下发《关于加强社会主义协商民主建设的意见》(以下简称《意见》),明确提出 7 种协商渠道,即:政党协商、政府协商、政协协商,积极开展人大协商、人民团体协商、基层协商,逐步探索社会组织协商。《意见》还鲜明指出"要稳步推进基层协商。涉及人民群众利益的大量决策和工作,主要发生在基层。要按照协商于民、协商为民的要求,建立健全基层协商民主建设协调联动机制,稳步开展基层协商,更好解决人民群众的实际困难和问题,及时化解矛盾纠纷,促进社会和谐稳定"。[①]2015 年 7 月,中办、国办印发《关于加强城乡社区协商的意见》,将"城乡社区协商作为基层协商民主的重要形式"。2017 年 10 月,习近平总书记在党的十九大报告中强调"发挥社会主义协商民主重要作用。有事好商量,众人的事情由众人商量,是人民民主的真谛"。2019 年 10 月,他在党的十九大四中全会报告中再次强调"坚持社会主义协商民主的独特优势,统筹推进政党协商、人大协商、

---

① 中共中央印发《关于加强社会主义协商民主建设的意见》[N].人民日报,2015-2-10(1).

政府协商、政协协商、人民团体协商、基层协商以及社会组织协商，构建程序合理、环节完整的协商民主体系，完善协商于决策之前和决策实施之中的落实机制，丰富有事好商量、众人的事情由众人商量的制度化实践"。2020 年 10 月，他在党的十九届五中全会报告中强调"发挥社会主义协商民主独特优势，提高建言资政和凝聚共识水平""完善基层民主协商制度，实现政府治理同社会调节、居民自治良性互动"。可见，习近平总书记高度重视协商民主，特别强调基层协商民主对化解矛盾冲突、促进社会和谐稳定的重要作用，并上升到国家治理的高度不断推动，使其日益走向制度化。

进入新时代，浙江大力推动协商民主建设，先后出台了《中共浙江省委关于加强社会主义协商民主建设的实施意见》《关于加强人民政协协商民主建设的实施意见》《关于加强政党协商的实施意见》《关于加强城乡社区协商的实施意见》等文件。尤其是《关于加强城乡社区协商的实施意见》的出台，有力地推动了浙江基层协商民主发展。《关于加强城乡社区协商的实施意见》规定以健全基层党组织领导的充满活力的基层群众自治机制为目标，进一步拓宽协商范围和渠道，丰富协商内容和形式，建立环节完整、衔接有序的协商流程，推进城乡社区协商制度化、规范化和程序化。

浙江各地基层民主协商实践十分丰富、鲜活、生动，形成了各具特点的形式，如基层民主决策中的协商民主，包括各类议事协商会、民主协商会、民间智囊团、恳谈会、听证会、"民情气象站"等；如基层民主管理中的协商民主，包括"民情合议庭"、和事佬、调解队、动迁圆桌会议、新居民联谊会、"三上三下"民主决策机制等；如基层民主监督中的协商民主，包括市民观察室、村务监督委员会、宗教场所财务代理制度；如基层民主自治中的协商民主，包括杭州市上城区的邻里值班室、慈溪村务协商民主、温州市鹿城区的社区协商议事会、杭州市西湖区德加社区的"网络协商民主"等。① 这些基层协商民主对化解基层社会矛盾有着利益协调、平等协商、协同化解、自我消融功能，从源头上有效预防化解基层矛盾和风险。

◆◆ 案例 3-3

宁波庄市街道"全过程、网格化"协商 助力老街马路菜场整治工程

　　庄市街道是"宁波帮"的重要发源地，这里走出了包玉刚、邵逸夫等一大批"宁波帮"标杆性人物。庄市老街沿河而建，全长约780米，宽约16米，历史上曾经商贾云集，十分繁盛。但近年来逐步变成了马路菜场，摊贩最多时达400余家，其中中长期设摊的100余家，"脏乱差堵"现象十分突出。当地政府多次想整治老街马路菜场，但开始政府拟定的整治方案均不能让各方满意，整治迟迟未能启动。后来政府采用民主协商的方式，召开了10多次协商座谈会议，邀请居民代表和摊主代表平等协商、畅所欲言，最终确定了让各方都比较满意的方案，由此顺利整治了老街马路菜场。

　　案例来源：浙江省统一战线理论研究会[M].基层协商民主案例.杭州：杭州出版社，**2015：58.**

案例简析 〉〉〉

　　宁波市镇海区庄市街道通过"全过程、网格化"协商，有效解决了老街马路菜场整治的"老大难"问题。这充分彰显出协商民主在矛盾纠纷化解过程中的平等协商功能，让各方都有平等的话语权，

---

　　① 这些案例主要来源于：浙江省统一战线理论研究会.基层协商民主案例[M].杭州：杭州出版社，2015.

最终达到"群众满意、商户满意、政府满意"的多赢局面。这有利于加强和创新基层社会治理，通过多方主体的协商解决，改善治理方式，从源头上确保平安镇海建设。

四、探索社会心理服务体系建设

随着人们生活节奏不断加快、价值取向多元化，心理激发因素频繁化，人民群众的焦虑症、抑郁症以及其他心理问题逐年增加，由此导致心理疾病、负面情绪、报复社会、抑郁自杀等行为时有发生，给社会稳定和公共安全带来隐患。这就需要高度重视社会心理服务体系建设，把其作为维护社会稳定、开展平安建设的"心防"工程。2020年初，新冠肺炎疫情突然暴发，对社会心理产生了严重冲击，引发了各界对社会心理疏导和干预的高度关注。

党的十八大明确提出"加强和改进思想政治工作，注重人文关怀和心理疏导，培育自尊自信、理性平和、积极向上的社会心态"。2013年10月，习近平总书记在十八届三中全会报告中要求"建立畅通有序的诉求表达、心理干预、矛盾调处、权益保障机制，使群众问题能反映、矛盾能化解、权益有保障"。2015年10月，党的十八届五中全会报告提出"加强和创新社会治理，健全社会心理服务体系和疏导机制、危机干预机制；推进健康中国建设，倡导健康生活方式，加强心理健康服务"，首次提出了健全社会心理服务体系的要求。2016年，"十三五规划"提出，"健全社会心理服务体系和疏导机制、危机干预机制"。2016年10月，中共中央、国务院印发实施《"健康中国2030"规划纲要》，专门安排了一节内容部署"促进心理健康"，要求加强心理健康服务体系建设和规范化管理，提高突发事件心理危机的干预能力和水平。2016年12月30日，国家卫生健康委等22个部门出台了《关于加强心理健康服务的指导意

见》,这是我国首个加强心理健康服务的宏观指导性意见。2017 年
10 月,十九大报告再次强调"加强社会心理服务体系建设,培育自
尊自信、理性平和、积极向上的社会心态"。2019 年 1 月,习近平总
书记在中央政法工作会议讲话中指出"要健全社会心理服务体系
和疏导机制、危机干预机制,塑造自尊自信、理性平和、亲善友爱的
社会心态"。2019 年 10 月,习近平总书记在十九届五中全会报告
中强调"健全社会心理服务体系和危机干预机制"。可见,习近平
总书记高度重视社会心理干预与心理健康,不断谋划部署,逐步上
升到国家治理现代化体系中统一部署社会心理服务体系建设。

　　近年来,浙江省积极探索建立健全心理服务体系建设。2016
年 7 月,杭州拱墅区入选全国最早确定的社会心理服务体系建设
示范点。2016 年 12 月,浙江省委、省政府印发《健康浙江 2030 行
动纲要》,其中强调加强心理健康,出台一系列配套措施。2018 年
2 月,浙江省委综治委明确把社会心理服务体系建设作为提升推广
新时代"枫桥经验"的六大创新成果之一。2019 年 6 月,浙江的杭
州、宁波、绍兴、嘉兴入选全国社会心理体系建设 64 个试点城市名
单。2019 年 9 月,浙江省第十三届人民代表大会常务委员会第十
四次会议通过《浙江省精神卫生条例》,在全国率先将心理健康体
检纳入体检常规项目。2019 年 12 月,浙江省卫生健康委等 20 个
部门出台了《浙江省关于加强心理健康服务的指导意见》,提出力
争到 2020 年底,县乡社会心理服务平台普遍建立,心理健康服务
纳入城乡基本公共服务体系,全民心理健康意识明显提高,到 2030
年底,全民心理健康素养普遍提升。

　　目前,浙江省正在构建一个纵向到底、横向到边、组织完善、平
台健全、人员齐备的社会心理服务工作网络,建立健全以预防为

主、防治结合、调节疏导、重点干预、广泛覆盖、依法管理的社会心理调节疏导、心理危机干预的工作机制。截至2019年底,全省县(市、区)心理服务中心、乡镇(街道)心理服务站建成率达到100%。社会心理服务体系建设被称为"心防"工程,能从心源上防范和降低社会风险,是坚持和发展新时代"枫桥经验"的重要内容,也是建设更高水平的平安浙江建设的新方法、新路径。走在前列的浙江社会心理服务体系建设对于全国有一定示范和借鉴意义。

◆◆ **案例 3-4**

心理专家"上阵" 让疫情防控"心不慌"

"为什么要隔离?""观察期是多久,没有准备好怎么办?""我有点咳嗽,会不会是感染了疫情?"……一场突如其来的疫情,让居民免不了了产生担心、焦虑,甚至愤怒、自诉崩溃边缘的负面情绪。

在杭州拱墅区、西湖区,为了让大家更加正视疫情,及时跟进心理疏导和人文关怀,两区开通了防疫心理疏导电话热线,请心理干预专家团队来帮忙,并通过街道心理工作室专业咨询师参与、"线上"疏导与"线下"及时科普宣传等方式,切实筑强抗击疫情的心理防线。

卢镁芳是湖墅街道"杨帆心理工作室"的签约心理医生,在新冠疫情中,接到社区的"求助"后,她立即拨通了一位情绪焦虑居民的电话:"要好好配合社区工作,以后左邻右舍还是要相处的嘛,情绪好身体才会好,你父母亲都需要你,也不希望看到你这么难过……"据了解,拱墅区80%的社工都进行过专业的心理培训。在此次疫情中,他们通过微信聊天、电话沟通、视频等方式,对社区居民、社区基层工作人员进行心理疏导。2月2日,拱墅区针对疫情专设的心理热线正式开通上线。热线由持证且具备专业心理咨询知识的 40 名志愿者组成。

西湖区组织了 60 人的心理志愿者队伍,为有需要的居民提供一对一的心理疏导服务。国家二级心理健康咨询师沙显辉值守在古荡街道的热线电话前,对打入电话的居民进行疏导、安抚情绪,并教给他们一些转移注意力及放松情绪的小技巧。同时沙老师建议广大居民要有节制地获取信息,不要过多关注这方面的新闻。"一件事情当我们过度关注,会产生焦虑和压力。"据了解,西湖区已开通 24 小时心理热线电话。

案例来源:杭州日报,2020-2-7.

案例简析 >>>

杭州市是全国最早开展社会心理服务建设的城市之一,一直把"心防工程"作为推进平安杭州的重要工作。新冠肺炎疫情暴发,更凸显出心理危机干预和疏导工作的重要性。杭州市积极做好人文关怀,数十家心理咨询机构紧急上线开展心理危机干预服务,为有需要的居民提供心理疏导和情绪支持。这有效减少了人民群众的焦虑和恐慌情绪,充分发挥了"心防工程"的积极作用。

五、推进诉源治理源头化解矛盾纠纷

当前,正处于社会转型的历史时期,基层社会治理面临巨大挑战,各类矛盾纠纷日益增多,再加上人民群众法治意识的提升,越来越多的案件涌入法院裁决,出现了"诉讼爆炸"现象。法院审理难度不断加大,诉讼中耗费的时间、金钱和精力越来越多,影响了人民群众获得感、幸福感、安全感。

党的十八大以来,以习近平同志为核心的党中央高度重视源头化解矛盾纠纷,持续出台多元解纠、源头施策的政策文件。2015年12月,中办、国办出台《关于完善矛盾纠纷多元化解机制的意

见》，要求构建起党委领导、政府主导、综治协调、各部门充分发挥职能作用的矛盾纠纷多元化解工作格局，建立健全有机衔接、协调联动、高效便捷的矛盾纠纷多元化解机制。2016 年 6 月，最高人民法院出台《关于人民法院进一步深化多元化纠纷解决机制改革的意见》，要求深入推进多元化纠纷解决机制改革，完善诉讼与非诉讼相衔接的纠纷解决机制。2019 年 1 月 15 日，习近平总书记在中央政法委工作会议上明确提出："把非诉讼纠纷解决机制挺在前面，从源头上减少诉讼增量。"

多年来，浙江坚持发展"枫桥经验"，一直注重从源头预防化解矛盾，采用诉讼与非诉讼相衔接的矛盾纠纷解决机制。2012 年 9 月，浙江诸暨人民法院、余杭人民法院被最高人民法院列为全国 42 家诉讼与非诉讼相衔接的矛盾纠纷解决机制改革试点法院。2014 年，浙江余杭区人民法院、西湖区人民法院被最高人民法院确定为"多元化纠纷解决机制改革示范法院"，成为全国 50 个"示范法院"之一。2015 年 6 月，余杭区人民法院和杭州中级人民法院被最高人民法院批准为全国唯一的道路交通事故纠纷"网上数据一体化处理"综合改革试点法院。经过试点，这些法院探索创新了一些做法并在全省推广，初步减少了进入法院诉讼的案件量。但是，"诉讼爆炸"现象依然比较突出，浙江省法院系统近年来人均办案数居全国第一。如何扭转"诉讼爆炸"现象，如何更好地在源头环节、基层场域把矛盾及时化解、就地化解，是摆在浙江面前的一个难题。

2019 年开始，浙江将诉源治理作为坚持和发展新时代"枫桥经验"、推动社会治理现代化、深化平安浙江建设的重要举措。在浙江省委的统领下，省法院、检察、公安、司法行政、信访等各条战线与其他党政机关协同共振，探索多元化纠纷解决机制，推进诉源治理深化细化,全力打造新时代的社会治理共同体。浙江省法院系统将调解工作融入党委主导的社会治理格局中,形成"社会调解优先,法院诉讼断后"的矛盾分层过滤体系,重点抓住打击职业放贷、虚假诉讼类案件,从源头上有效扭转了收案量连年增长的势头。2019年1月至11月,全省法院收案1578658件,同比下降4%。这是浙江法院近10年来首次出现收案负增长,也是全国唯一下降的省份。同时,全省法院主要质效指标继续保持在全国前列。^① 浙江省检察系统以创新发展新时代"枫桥经验"为抓手,努力推进诉源治理工作。协调推进"四大检察",与各级公安机关精诚合作,探索实行"司法+生态修复补偿"办案模式,降低审前羁押率,加大对轻微刑事犯罪案件不捕不诉力度,2019年1月至9月全省不捕率26.5%,不诉率17.4%。与此同时,省检察院与省高院会签《关于共同推进行政争议实质性化解工作的纪要(试行)》,着力推动诉前行政争议实质性解决,化解行政纠纷,缓和矛盾。^② 浙江省公安系统坚持关口前移、源头治理,切实把矛盾纠纷化解在基层,持续推进"枫桥式公安派出所"创建,在诉源治理方面不断探索创新,对各种源头矛盾纠纷实行"降维打击",将各类基层风险化解于无形。公安系统为最大限度地把矛盾纠纷"解决在拘所、消除在萌芽",创新完善警调衔接、警律联调、交调对接、拘调衔接等机制。全省79个拘留所与当地法院合作并联合挂牌,成立司法拘留社会矛盾化解工作室,引入司法部门进驻,健全完善相互协调、良性互动、程序衔接的矛盾纠纷多元化解机制。据统计,2018年以来,全省公安系

---

① 许梅,高媛萱.诉源治理显成效了 浙江法院收案数近10年首次负增长,全国唯一![N].浙江法制报,2019-12-30(1).

② 陈爽,钱菊香,叶欢.高质量推进诉源治理 助力现代社会治理迈向新境界[N].浙江日报,2019-11-20(14).

统组织开展大走访大排查大化解行动,有效化解各类矛盾 14.86 万余起。全省 82％以上的派出所建立驻所"警调衔接"工作室,调解纠纷 22.12 万余起,调解成功率超过 95％。[①] 全省司法系统深入推进人民调解"组织创新",实现县乡两级调解中心全覆盖,行业专业调解领域不断扩展。实施"枫桥经验"实现矛盾不上交三年行动,自 2018 年 5 月开展试点以后,截至 10 月底,全省共动员 3.2 万个人民调解组织,排查矛盾纠纷 17 万件,受理 16.9 万件,调解成功 16.7 万件,成功率 98.9％。其中,动员 9336 名调解员参与信访矛盾纠纷化解工作,累计调处信访纠纷 8143 件,调处成功 6442 件,工作成效明显。[②] 浙江高质量推进诉源治理实践,助力"枫桥经验"稳步迈向新境界,也为平安浙江建设和中国现代社会治理贡献着"浙江方案"。

◆◆ 案例 3-5

诉源治理的"龙山经验"

龙山人民法庭位于永康市龙山镇桥下三村,下辖龙山、西溪两个乡镇,81 个行政村、两个居委会,辖区面积 140.7 平方公里,总人口 10 万余人,其中外来流动人口 2.4 万余人。该法庭于 2013 年恢复设立,配有法官 2 名、书记员 1 名、法警 1 名。法庭辖区经济发展起步早,市场化程度较高,外来务工人口多,社会矛盾纠纷高发多发。为妥善化解矛盾纠纷,龙山法庭创新运用新时代"枫桥经

---

① 周万.多维度发展"枫桥经验"浙江公安强举措推进诉源治理[N].平安时报,2019-11-22(1).

② 浙江省司法厅召开坚持发展"枫桥经验"实现矛盾不上交工作总结部署电视电话会议,浙江普法公众号,2018-10-27.

验",不断强化诉源治理,形成了"党政统筹、发挥群众力量、法庭职能前移、纠纷分层递进过滤"的"龙山经验"。5年来,辖区案件量持续下降,2017年仅为2013年的49.75%;法庭诉前指导调解案件由2014年的239件下降到2017年的18件,案多人少矛盾得到有效缓解。同时,庭前调解率超过80%,多数商事案件实现庭审、宣判、法律文书制作同步完成,当庭宣判率达90.66%,自动履行率保持在高位,得到辖区老百姓的普遍认可。

一是依靠党委统筹协调,变法庭"单打独斗"为"综治综调"。龙山镇党委先后出台了《关于构建矛盾纠纷多元化解工作的实施意见》《完善基层治理体系,加强"四个平台"建设实施意见》等文件,明确将法庭调解纳入乡镇综治范畴,以镇综治中心为平台,联合公安、检察、司法、劳动等部门,设立矛盾纠纷调处中心,规定非诉纠纷由中心统一分流调处,由法庭指导调解;诉讼案件由法庭特邀中心人员调解或委托调解,变"纠纷直接成诉"为"调解先行、法院断后"。

二是坚持党建引领,充分发挥基层党组织的战斗堡垒作用。"龙山经验"突出发挥乡镇一级党委与村基层党组织的龙头核心作用,把基层党建和基层治理结合起来,将镇村基层党组织打造成为矛盾纠纷多元化解工作的坚强战斗堡垒。高标准落实农村基层党建"浙江二十条",积极打造"支部书记为网格长,村两委成员为网格小组长,全体党员与村民代表为网格员"的"党建＋网格"管理模式,推动基层党组织的服务管理触角延伸到基层的每个末梢。

三是强化法庭指导,提升基层干部化解矛盾纠纷的能力。龙山法庭充分发挥司法能动作用和调处矛盾纠纷的专业优势,为辖区综治平台制定"一站式社会矛盾纠纷化解流程图",担当全程调解业务指导的主体，为基层调解组织提供法律支撑。龙山镇党委出台《关于开展"今日我当值"的活动方案》，对辖区内的村基层组织进行排班，由村干部和乡贤到法庭当值，以"进法庭、听庭审"与"值法庭、解纠纷"为载体，通过法庭培训和指导，让调解员从"不敢调""不会调"转变为"乐于调""熟练调"，有效提升了基层干部的治调能力。

四是坚持重心前移，推动传统"无讼"文化和现代治理理念有机结合。龙山是南宋著名思想家、文学家陈亮故里，"龙山经验"把陈亮倡导的"义利并举"思想与传统的"和为贵"理念融合，通过调解来调和纠纷，达到"无讼"目标，促进百姓和顺、城乡和美、社会和谐"三和相融"。龙山镇出台《关于开展争创"无讼村"的指导意见》，制定"社会治理"示范村创建评定标准，把"无讼"理念植入基层社会治理，推动从源头上预防和化解矛盾纠纷。

五是注重长效机制，构建"分层过滤"递进调解体系和诉调裁一体化运作模式。"龙山经验"确立了多层递进式矛盾纠纷多元化解模式。第一层：网格调解。网格员第一时间发现并介入纠纷，调处不成的，逐级上报小组长、网格长调处。第二层：镇矛盾纠纷调处中心分流调解。根据纠纷的性质区分一般矛盾、行业矛盾和复杂矛盾，分流到行业部门、派出所、检察室、劳动保障监察所等部门先行调处；复杂疑难纠纷，启动联合调解程序。第三层：法庭调解。穷尽调解手段后，属于可诉事项的，引导诉讼，司法断后。纠纷逐层过滤，化解在基层、化解在萌芽，做到"隐患不出网、纠纷分级调、案件庭前解"，最终实现了"纠纷下降、信访下降、社会综合治理能力增强"的良性循环。同时，打造司法、调解、仲裁、信访等有效衔接、联动协调的工作机制，实现各方资源的优势互补和有效配置。

近两年来,法庭辖区内企业雇员人身伤害赔偿等常见纠纷仅有两起成讼,两个镇还成为"无欠薪区",综治实现"零信访"。

案例来源:浙江日报,2018-12-10(6).

案例简析 >>>

"龙山经验"秉承"社会调解优先,法院诉讼断后"的矛盾纠纷解决理念,建立递进式的矛盾纠纷分层过滤体系,使得矛盾化解重心前移,矛盾在进入法庭前被层层过滤,是从源头上化解案多人少突出矛盾的有效途径,实现了纠纷下降、信访下降、社会综合治理能力增强的良性循环。这是一种典型的"诉源治理",能将更多矛盾纠纷化解在基层、消除在萌芽状态。

第二节　多元治理丰富平安浙江

党的十八大以来,习近平总书记多次强调多元共治,提出共建共治共享治理新格局。2013年11月,他在十八届三中全会报告中明确要求,"鼓励和支持社会各方面参与,实现政府治理和社会自我调节、居民自治良性互动"。2015年10月,他在十八届五中全会首次提出共享发展新理念,要求"必须坚持发展为了人民、发展依靠人民、发展成果由人民共享,作出更有效的制度安排,使全体人民在共建共享发展中有更多获得感"。2017年10月,他在党的十九大报告中明确提出"打造共建共治共享的社会治理格局",要求完善"党委领导、政府负责、社会协同、公众参与、法治保障"的社会治理体制。2019年10月,他在党的十九届四中全会上进一步强调"坚持和完善共建共治共享的社会治理制度",提出"完善党委领导、政府负责、民主协商、社会协同、公众参与、法治保障、科技支撑"社会治理体系,建设人人有责、人人尽责、人人享有的社会治理共同体,建设更高水平的平安中国。2020年10月,他在党的十九届五中全会报告中再次强调了"建设人人有责、人人尽责、人人享有的社会治理共同体。"可见,习近平总书记的多元共治思想不断深化与发展,从强调"五位一体"社会治理体制,再到强调"七位一体"社会治理体系,为建设更高水平的平安浙江建设指明了创新方向。

进入新时代,浙江始终坚持深化发展"枫桥经验",不断完善以党组织为领导核心的多元共治格局:大量社会组织活跃在基层社会治理和化解矛盾一线,大量志愿者服务在民生、救灾、慈善、安保各个领域,大量流动人口以主人翁的姿态参与平安建设,大量企业和市场主体成为平安建设重要补充力量。这些主体成为维护社会稳定、助力平安建设、共创社会平安环境的重要力量,构建起人人参与平安建设、人人共享平安成果的良好局面。

一、城乡社区开展平安建设

城乡社区是平安建设的基本治理单元。当前大量基层矛盾都集中于城乡社区,因此需要创建平安社区(村),通过实现无数个城乡社区的"小平安",从而促进整个社会的"大平安"。平安社区建设在整个平安建设中有着基础性作用。

党的十八大以来,习近平总书记提出了一系列关于城乡社区治理工作的新观点、新论断,这为我们推动新时代城乡社区治理工作提供了思想指引和根本遵循。[①] 2014年3月5日,他在参加十二届全国人大二次会议上海代表团审议时强调:"加强和创新社会治

---

① 黄树贤.奋力开创新时代城乡社区治理新局面——学习贯彻习近平总书记关于城乡社区治理的重要论述[J].中国民政,2018(15):6.

理,关键在体制创新,核心是人,只有人与人和谐相处,社会才会安定有序。社会治理的重心必须落到城乡社区,社区服务和管理能力强了,社会治理的基础就实了。"他在党的十九大报告中指出"加强社区治理体系建设,推动社会治理重心向基层下移,发挥社会组织作用,实现政府治理和社会调节、居民自治良性互动"。他在2019年中央政法工作会议上讲话时明确指出,要"深入推进社区治理创新,构建富有活力和效率的新型基层社会治理体系"。他在十九届四中全会报告中强调,"健全基层党组织领导的基层群众自治机制,在城乡社区治理、基层公共事务和公益事业中广泛实行群众自我管理、自我服务、自我教育、自我监督"。2020年10月,他在党的十九届五中全会报告中强调"推动社会治理重心向基层下移,向基层放权赋能,加强城乡社区治理和服务体系建设,减轻基层特别是村级组织负担"。同时,习近平总书记到各地视察,经常会深入城乡社区调研。他曾经到福州市鼓楼区军门社区、西安市雁塔区二〇五所社区、唐山市祥富里社区、武汉市青山区工人村街青和居社区、青岛市李沧区上流佳苑社区、上海市虹口区市民驿站嘉兴路街道等考察调研,指出"社区是基层基础,只有基础坚固,国家大厦才能稳固",强调要"推动社会治理重心向基层下移,把更多资源、服务、管理放到社区,更好为社区居民提供精准化、精细化服务"。

浙江重视城乡社区平安创建活动。2018年3月1日,浙江省委、省政府出台了《关于加强和完善城乡社区治理的实施意见》,进一步完善城乡社区治理体制,推进社区规范化、标准化建设,努力把城乡社区建设成为和谐有序、绿色文明、创新包容、共建共享的幸福家园。2019年11月22日,浙江省委第十四届六次全会通过

《中共浙江省委关于认真学习贯彻党的十九届四中全会精神高水平推进省域治理现代化的决定》，强调"深化城乡社区、社会组织、社会工作'三社联动'，加强社区治理和服务创新实验区建设，提高社会组织、社会工作者参与基层治理能力。建立健全社区党组织领导下的社区居民委员会、小区业主委员会和物业服务企业议事协调机制，探索推进在无物业管理的居民小区依托社区居民委员会实行自治管理，探索构建新型社区治理共同体"。广大城乡社区工作者扎根社区基层，服务居民群众，化解矛盾纠纷，营造和谐氛围，成为实现人民安居乐业、维护社会和谐稳定、筑牢中国特色社会主义大厦根基的重要力量。截至 2019 年底，浙江省共有社区4338 个，村委会 20402 个，浙江省共有城乡社区工作者总人数144758 人，其中专职社区工作者约 8 万人。[①]

浙江以基层党建为统领，整合各方力量依法有序参与基层社会治理和平安创建，努力把基层党组织的政治优势、组织优势、机制优势转化为基层平安建设优势，走出了一条具有浙江特色的基层党建引领基层平安的新路径。在农村党建引领平安建设方面，浙江推行农村基层党建经验"二十条"[②]，在这二十条中，其中许多直接跟平安建设有关，如"每年按照 5％～10％的比例倒排一批软弱涣散村党组织开展集中整顿"，"建立农村基层小微权力清单，规范村干部用权行为"，从源头上避免了矛盾产生。在城市社区党建方面，全省各地涌现了社区党建"契约化"共建、"善城大爱"城市基

---

① 浙江省委省政府发文通报表扬城乡社区治理和服务突出集体和突出个人［EB/OL］.（2019-5-17）. http：//www. mca. gov. cn/article/xw/dfdt/201905/20190500017358. shtml.

② 浙江农村基层党建经验二十条［EB/OL］.（2017-8-9）. http：//www. nhdjzc. gov. cn/content. html？id＝108.

层党建、"俞复玲 365 社区服务工作法"等基层党建品牌,全省机关党员干部还到城市社区和出生地报到,这些党建工作夯实了城乡社区各方面工作基础,有力地促进了平安浙江建设。

浙江以网格化管理夯实平安建设。2011 年浙江省推广社会管理"网格化管理、组团式服务"。2014 年浙江构建全省"一张网"的网格体系。2016 年浙江省又全面推进全科网格建设,在原有工作基础上将分散的社会管理服务事项统一纳入一张网,统筹职能、力量、资源和经费,打破了部门壁垒,增强了综合治理能力。2018 年底,实现网格覆盖率、网格整合率、"一长两员"配备率、城市社区和社情复杂村的专职网格员配备率"四个 100%"。[①] 截至 2018 年,全省网格员已提供有效违法犯罪信息 27.8 万条,录入处置问题隐患 448 万条,提供服务群众事项 399 万件,将大量矛盾纠纷化解在最基层。2020 年在新冠肺炎疫情防控期间,浙江省 33 万网格员,奔走在全省 6.1 万个网格,守护群众的健康和平安。疫情防控一级响应期间,全省网格员平均每天走访排查 175 万余户、478 万余人,服务居家观察对象 9.3 万余户、23 万余人。网格员队伍成为平安浙江建设的一支重要力量,有力推动了平安浙江建设走在前列。

浙江重视平安村(社区)创建活动。2013 年 5 月,浙江省平安办、省综治办、浙江日报社联合举办浙江省首届"群众最满意的平安村(社区)"评选活动,表彰自 2003 年以来 10 年间在平安浙江建设中涌现出来的 100 个先进平安村(社区)。并在此基础上评选产生了"十佳群众最满意的平安村"和"十佳群众最满意的平安社区"。至今,浙江一直延续平安村(社区)创建活动,营造了村村创

---

① 浙江省委政法委.网格化管理的浙江路径[J].浙江日报,2018-12-10(48).

建平安、人人参与平安的良好氛围,为进一步深化平安建设,推进社会治理水平再上新台阶奠定了坚实基础。

◆◆ 案例 3-6

台州路桥区深耕城乡网格 守护一方平安

在台州市路桥区路桥街道田洋王村,几乎没有人不认识柯中东,大家私底下都喜欢叫他"闲事保长"。哪家马桶堵了,哪家灯泡坏了,哪家闹矛盾了,总会第一个想到让柯中东来帮忙解决。柯中东是田洋王村第一网格的专职网格员,0017是他的网格编号。在这片"小天地"里,居住着617个户籍人口、410个流动人口。平日里,他常做的工作就是走街串巷,挨家挨户做政策宣传、信息采集、社情民意联络、矛盾纠纷调解等。柯中东的口袋里,总是装着几张小卡片,上面有他的姓名和电话,方便村民联系。

路桥区人口密集,民营经济发达,但各种安全隐患、社会矛盾也较为集中。如何探索社会治理创新,提升群众对平安的获得感,成为迫在眉睫的难题。"上面千条线,下面一张网。"面对"成长的烦恼",路桥区以省级"全科网格"示范点建设为契机,按照"社区精细化、农村合理化"的理念,将全区划分为拥有624个网格的"一张网"。在此基础上,全面落实"每个网格至少配备一名专职网格员"的要求,梳理整合基层的流动人口协管员、市场安全监管员、社会治安巡防员、矛盾纠纷调解员等各类协辅人员,倾力打造了一支624人的专职网格员"铁军"。

在"全科网格"建设上,综合考虑网格员的工作负担、接受能力,分批分步推进职能部门与网格化管理的融合。目前,公安、消防、安监、环保、司法行政、民政、市场监管、质技监等九个部门已经

"入格",实现无缝对接。比如,公安机关实行"1+2+N"网格警务工作模式,即由一名社区民警带领两名协辅警和若干名网格员,形成警务工作为网格服务、网格管理为警务所用的工作格局。

"人在网上走,事在网格办",这是路桥区构建基层社会治理体系的一个缩影。如今,该区每个村庄都设有一块引人注目的村网格划分图,在这个图上可以清晰地看到村子被划分成了数个网格,相对应的每个网格里都标明了网格长、网格员和联系方式。

邻里之间和睦相处,林荫小道惬意漫步,路桥整合多种社会力量,将社会治理的触角伸至街道社区各个角落,这座城,始终有温度。

案例来源:台州日报,2018-3-23(10).

案例简析 >>>

"全科网格"是网格化管理的升级版,是城乡社区平安建设的重要载体,对维护社会治安、排查各类隐患、管控重点人员等重点难点问题有重要作用。路桥区做好"全、实、活"文章,做实网格、用好网络,着力打造"熟人社会",让网格员成为遍布城乡基层一线最为活跃的"平安细胞",平安建设水平得到全面提升。"小事不出村(居),大事不出镇(街),矛盾不上交"的"枫桥经验"在路桥区的城乡社区治理中得到了有效实践。

二、社会组织协同平安建设

当前仅仅依靠各级党政组织、村(居)民自治组织等已经难以包揽日益多样化、个性化的平安需求,因此需要大量社会组织加入平安创建之中。近年来,浙江社会组织蓬勃发展,已经成为创新社会治理的一支新生力量、打造新时代"枫桥经验"的一个增长点和开展平安建设的一支生力军。

党的十八大以来,习近平总书记一直强调要发挥社会组织的作用。他在十八届三中全会报告中提出要"激发社会组织的活力"。2016 年 8 月,中共中央办公厅、国务院办公厅印发《关于改革社会组织管理制度　促进社会组织健康有序发展的意见》,以专项法规形式对社会组织改革和规范发展作出了规定。习近平总书记在党的十九大报告中要求"要加强社区治理体系建设,推动社会治理重心向基层下移,发挥社会组织作用,实现政府治理和社会调节、居民自治良性互动"。他在十九届四中全会报告中强调要"发挥群团组织、社会组织作用,发挥行业协会商会自律功能"。他在党的十九届五中全会报告中强调"发挥群团组织和社会组织在社会治理中的作用"。可见,在构建基层社会治理新格局中,社会组织被赋予了越来越重要的使命,被视为推动社会治理重心向基层下移的重要力量。

浙江不断深化社会组织体制机制改革,采取一系列措施培育引导社会组织发展。据统计,前后出台了有关社会组织登记管理制度、向社会组织购买政府服务、推进社会组织等级评估、加快社会组织信用体系建设、提升社会组织参与社会治理规范性等方面的文件有近 20 个。正是由于党委政府有力的培育、规范与发展政策,促进了各类社会组织在浙江大地上的蓬勃发展。2018 年在纪念毛泽东批示学习推广"枫桥经验"55 周年暨习近平总书记指示坚持发展"枫桥经验"15 周年之际,浙江省把"社会组织参与社会治理规范提升工程"作为提升推广新时代"枫桥经验"的六大工程之一在全省全面推广,由此各地进一步加大了培育社会组织的力度。

近年来,浙江社会组织得到了蓬勃发展。截至 2020 年底,浙江省拥有经各级民政部门依法登记的社会组织已经达到 7.11 万个,平均每万人拥有社会组织数约 12 个,纳入备案管理的社区社会组织达 23 万个。① 全省市、县两级建立社会组织服务平台 189家,其中实体化运作 174 家,实现市、县(市、区)全覆盖,基本包含了社会组织服务中心、公益孵化园、社会组织联合会、社会组织发展基金会等各种类型的服务平台。大部分地区还将服务平台延伸到街道、社区一级,有街道、社区层面服务平台近 3300 家,覆盖了三分之二的街道和城乡社区。各地服务平台通过公益创投、购买服务、职能转移等方式,入驻和孵化社会组织,真正发挥了"枢纽"和"桥梁"作用,在培育和引导社会组织有序参与公益服务和社会治理中发挥了大协同作用。② 这些社会组织在提供公共服务、开展民主协商、化解社会矛盾、加强行业自律、开展慈善救助方面发挥了重要作用,成为平安浙江建设的重要补充力量。

◆◆ 案例 3-7

浙江 3.4 万家社会组织参与新冠肺炎疫情防控

2020 年春节,新冠肺炎疫情肆虐中国,成为中华人民共和国成立以来最大的公共卫生突发事件。自疫情发生以来,浙江省约有3.4 万家社会组织参与疫情应对,带动 280 余万名志愿者共同参与疫情防控工作。

浙江省各类社会组织积极发挥行业优势,用实际行动参与到疫情防控工作当中。省环保产业协会引导会员企业积极投入抗击

---

① 数据来源于浙江省民政厅。
② 翟倩.浙江省社会组织服务平台建设发展纪实[N/OL].(2019-02-12).http://www.mca.gov.cn/article/xw/mtbd/201902/20190200014745.shtml.

新冠肺炎疫情战斗,承接武汉火神山、雷神山医院污水处理项目;省公羊会公益救援促进会成立突击队前往湖北,对黄冈市红十字会、物资接收点、医疗队入住酒店等多处设施进行消杀作业;嘉兴市孝慈社会创新发展中心联合社工机构共同组建由持证心理咨询师、社会工作师共21人组成的专业团队,为患者家属及隔离点居民提供心理疏导、心理支持、危机干预等方面的线上咨询服务;各行业协会商会在严格落实疫情防控措施的前提下,积极配合有关部门保供应稳市场,指导会员企业有序开展复工复产。

在各地党委、政府及有关部门的统一指挥和统筹协调下,社会组织、志愿者积极行动,依托社区网格化机制,发挥社区、社会组织、社会工作"三社"联动作用,组成"防疫共同体"。疫情发生以来,各地纷纷劝停红白喜事及各类宴请,关停老年活动室、棋牌室等人员密集场所,劝导村民不聚集、不串门。广大社会组织还积极通过各级慈善总会、红十字会等机构踊跃捐献医疗防护用品和提供资金支持。截至2月16日,省慈善联合总会、省红十字会等累计募集捐赠资金17.54亿元,累计募集各类医用口罩1829.77万个,防护服及一次性手术衣91.99万件,护目镜13.82万副,鞋套35.31万双,其他物资折合金额2.92亿元。

案例来源:黄珍珍.浙江3.4万家社会组织带动280余万名志愿者参与抗疫.浙江新闻,2020-2-17.

案例简析 〉〉〉

浙江社会组织协同配合当地党委政府,共同抗击新冠病毒疫情,改变了原来主要以机关事业干部、村居干部和党员为主要力量的抗疫抗灾模式。这些社会组织发挥自身优势,协同政府共同抗疫,在捐款捐物、专业救援、心理疏导、精神力量、复工引导方面发挥了积极作用。这说明社会组织的参与是基层社会治理主体结构得以扩展和优化的重要途径。

三、志愿者助推平安建设

志愿者是指义务贡献个人的时间及精力,在不为任何物质报酬的情况下,为改善社会服务,促进社会进步而提供服务的人。当前志愿者这一群体逐渐被国人所熟知,并且有越来越多的人加入志愿活动,已经从最初的青年学生发展到党员、退休人员、机关干部、流动人口等各个人群,参与志愿服务逐渐成为一种新兴的生活方式。

党的十八大以来,习近平总书记一直非常关心志愿服务事业,就志愿服务组织发展和志愿者队伍建设作出了一系列重要指示。他多次点赞志愿者,对志愿工作提出殷切希望。2013 年 12 月 5 日习近平总书记给华中农业大学"本禹志愿服务队"回信,2014 年 3 月 4 日给"郭明义爱心团队"回信,2014 年 7 月给"南京青奥会志愿者"回信。在一年间,习近平总书记三次给志愿者团队回信,点赞他们奉献、友爱的志愿精神。① 2019 年 1 月,习近平总书记在天津走访我国第一个社区志愿服务组织时强调"志愿者事业要同'两个一百年'奋斗目标、同建设社会主义现代化国家同行"。2019 年 7 月,习近平总书记致中国志愿服务联合会第二届会员代表大会的贺信,指出志愿服务是社会文明进步的重要标志。2017 年 10 月,党的十九大要求推进诚信建设和志愿服务制度化,强化社会责任意识、规则意识、奉献意识。2019 年 10 月,党的十九届四中全会强调"健全志愿服务体系",要上升到体系化的高度来健全志愿服务工作。2020 年 10 月,党的十九届五中全会强调"畅通和规范志愿

---

① 央视新闻客户端. 三封回信和多次点赞,习近平这样勉励志愿者[EB/OL].
(2020-3-8). http://www.wenming.cn/zyfw/rd/201907/t20190725_5198694.shtml.

者参与社会治理的途径"。

在推进平安浙江建设过程中,浙江较早看到志愿服务的时代发展趋势,加大力度发展志愿者队伍。先后出台《浙江省注册志愿者管理办法》(2014)、《关于加快推进慈善事业发展的实施意见》(2015)、《浙江省志愿服务条例》(2018)、《浙江省青年志愿者服务社区专项行动实施细则(2019—2025年)》(2019)、《浙江省志愿服务信用记录与管理办法(试行)》(2019)。目前,浙江志愿者在社会治理、扶贫帮困、大型活动、公共服务、环境保护等方面发挥了积极作用,其中青年志愿者为 G20 杭州峰会、世界互联网大会、大学生运动会、残运会等大型活动顺利举办做出了重要贡献。

根据"志愿汇"平台数据统计,2018 年,全省共有注册志愿者 1448 万人,累计志愿服务时长近 4000 万小时。[①] 近年来,浙江志愿服务日趋活跃,涌现了许多有亮点的做法,如志愿者参与 2016年 G20 峰会安保,杭州大量市民纷纷以志愿者的身份参与到志愿者行列,出现了"武林大妈"等品牌志愿者。当年全省共出动群防群治力量 974.6 万余人,其中,仅 230 余万名平安志愿者提供各类线索 1 万余条,协助公安机关破获案件 700 多起,为峰会安保工作做出了重要贡献。[②] 2020 年初,新冠肺炎疫情突然暴发,浙江省委政法委动员与组织全省超过 33 万网格员、3.8 万余名青年志愿者投入一线防控。[③] 全省各地组织机关党员到高速公路收费

---

① 浙江省文明办.关于新修订的《浙江省志愿服务条例》有关情况及对我省志愿服务事业发展的思考[EB/OL].(2019-07-18)[2020-3-8].http://www.zjwmw.com/ch123/system/2019/04/18/031597620.shtml

② 马以,谢小云.平安中国的浙江实践[M].杭州:浙江人民出版社,2017:230.

③ 何玲玲,商意盈,马剑.浙江:众志成城战疫魔[EB/OL].(2019-07-18).https://finance.sina.com.cn/roll/2020-02-15/doc-iimxyqvz3167816.shtml.

站防控卡点开展志愿服务,赴乡镇、街道、社区、村、农贸市场及有关企业等开展疫情防控工作。共青团浙江省委建立省、市、县三级组织动员机制,成立新冠肺炎疫情防控青年志愿服务队。据统计,截至 2020 年 1 月 30 日,浙江团组织已招募疫情防控青年志愿者 3.8 万名,设置志愿服务岗位 8200 余个,开展志愿服务 18600 多场次,累计志愿服务时长 30.4 万小时,筹集、发放物资 8227 万元。①

◆◆ 案例 3-8

武林大妈为 G20 保驾护航　50 万红袖章走街头巷尾

2016 年 3 月 16 日,杭州市下城区武林街道以开展"平安护航 G20 大会战"为契机,正式成立名为"武林大妈"的平安志愿者队伍,被媒体称为杭州的"朝阳群众"。短短 4 个月间,这支队伍从武林街道最初的 18 人扩大到下城区的 4.2 万余人,成为建设平安杭州的一支重要力量。

"武林大妈"主要是街道退休人员,有的是律师,有的是医生,也有合唱团负责人,还有楼道支部书记等。她们胸怀敏而好学的雅量、心存乐善好施的善良、肩扛"好管闲事"的担当,通过走一走、认一认、看一看、说一说、做一做、帮一帮"六个一",积极参与辖区巡防值守、基础排查、隐患报送、化解纠纷、防范宣传、文明劝导等工作,认真做好平安宣传员、情报信息员、隐患排查员、矛盾调解员、治安安全员、文明劝导员"六大员"。"武林大妈"有自己的团长和秘书长,根据职能分为纠纷调解、平安宣传、安全巡防、民情收

---

① 董碧水.浙江 3.8 万余青年志愿者奋战防疫抗疫一线[N].中国青年报,2020-2-1(1).

集、文明劝导、邻里互助等 6 个小队。团队制定了《平安巡防管理制度》《日常志愿服务行为规范》等工作规范,通过"武林大妈"志愿者服务团选拔仪式、骨干成员培训班、组建微信群、成立实体化"武林大妈"工作站、评选星级"武林大妈"活动等增强团队的服务能力和凝聚力。下城区各街道为"武林大妈"们购买了人身伤害保险,对参与入户排查的给予补贴,对发现并报送重大矛盾隐患的给予奖励,提高群众参与自治的积极性、主动性。

据了解,杭州除了下城区的"武林好大妈",上城区有"巡防小喇叭"、西湖区有"人人筑就平安防线"、拱墅区架构"四级防控网络"、桐庐县设"专职巡防队"……杭州 13 个区、县(市)纷纷组织"红袖章队伍",走上街头护航 G20。目前,这支队伍人数已逾50 万。

案例来源:马以,谢小云.平安中国的浙江实践[M].杭州:浙江人民出版社,2017:231-232.

案例简析 >>>

"武林大妈"志愿者们是杭州群防群治工作的"金字招牌",是平安杭州建设的重要社会力量,尤其对 G20 大会的安保维稳起到了非常大的作用。实践证明,只有坚持专群结合、群防群治,既充分发挥专门力量的突击队、主力军作用,又充分发挥人民群众的铜墙铁壁作用,社会稳定的防线才牢固,平安建设的根基才扎实。

四、流动人口参与平安建设

据统计,2019 年全国流动人口数量为 2.36 亿人。浙江更是人口流动大省,截至 2019 年 11 月,登记在册的流动人口总数超过2820 万名,居全国第 2 位,其中 13 个县市区、140 个乡镇街道的流动人口已超过本地户籍人口。① 当前流动人口服务管理已经成为社会治理的重点难点问题,也是深化平安建设迫切需要解决的突出问题。

党的十八大以来,习近平总书记提出加强流动人口市民化服务,努力实现基本公共服务均等化。他在十八届三中全会上要求"推进农业转移人口市民化,逐步把符合条件的农业转移人口转为城镇居民"。2013 年 12 月,他在中央城镇化工作会议上讲话时强调"推进农业转移人口市民化,努力提高农民工融入城镇的素质和能力"。2014 年 3 月 5 日,他在参加十二届全国人大二次会议上海代表团审议时强调,"要加强流动人口服务管理,更多运用市场化、法治化手段,促进人口有序流动"。2014 年,中共中央、国务院先后印发《国家新型城镇化规划(2014—2020 年)》《关于进一步推进户籍制度改革的意见》《关于进一步做好为农民工服务工作的意见》,解决流动人口问题的政策制度不断跟进,推动流动人口市民化的力度不断加强。他在党的十九大报告中进一步强调破除阻碍人口流动的壁垒,促进市民化的发展,特别要求"破除妨碍劳动力、人才社会性流动的体制机制弊端,使人人都有通过辛勤劳动实现自身发展的机会"。可见,习近平总书记有关流动人口管理服务的思路,已经从浙江主政期间的"公平对待、一视同仁"向"促进市民化的发展、无差别化对待"提升。

浙江一直把流动人口作为建设平安浙江的重要主体,2014 年出台了《关于完善和创新流动人口管理服务的指导意见》,切实提高全省流动人口管理服务工作水平,更好地服务平安浙江建设。2015

---

① 谢佳,韩深明.浙江:"智治"破解流动人口登记管理难题[EB/OL].(2019-11-03).http://news.cpd.com.cn/n3559/201911/t20191103_863171.html.

年出台了《关于进一步做好为农民工服务工作的实施意见》,实施"四个进一步",即进一步促进农民工就业创业,进一步维护农民工劳动保障权益,进一步推动农民工平等享受城镇基本公共服务和在城镇落户,进一步促进农民工社会融合。同年,浙江又在绍兴市上虞区率先推出 IC 卡式新型居住证,次年在省内全面启动。2016 年,省人大常委会审议通过新修订的《浙江省流动人口居住登记条例》,使流动人口正式告别暂住证时代,走入居住证时代,改纸质证件为 IC 卡式。全省流动人口居住登记率达到 98%,户籍制度改革全面推开,新型居住证制度全面建立,实现城镇基本公共服务常住人口全覆盖。

近年来,浙江涌现出许多流动人口积极参与平安建设的创新做法。诸暨市店口镇将"老乡管老乡"模式创新为"本地农民市民化,外来人员本地化"的战略,逐步实现由"外警协管外口"向社团自主管理转变。2015 年,成立了"新店口人先锋队",以"新店口人"党支部为核心,为外来人口提供流动人口登记、信息排查、纠纷调解、法律咨询、公益活动等服务。2015 年,台州市玉环县首先试行出租房屋"旅馆式"管理,有效破解了流动人口出租房屋管理的一系列难题。绍兴市上虞区盖北镇试点建立村级平安服务中心,创新推出居住出租房屋"旅馆式"管理模式。同时坚持"以外管外、内外共治",聘请新居民为村平安服务中心联络员,推行"乡情自治"模式。桐乡市制定《关于加强新居民集聚地党建工作的实施意见》,建立健全新居民党员"五联五同"教育管理机制。同时与新居民流出地签订党员"两地共管"协议书,建立健全"流入地属地管理、流出地延伸管理、流入地和流出地双向联系与共同管理"的两地共管机制。① 总体来看,浙江对流动人口采取融入式、亲情式管

---

① 张卓君.进一步深化新居民集聚地党建工作[N].今日桐乡,2019-8-16(1).

理模式,提升了流动人口对浙江的归属感。流动人口也成为平安浙江建设的一支重要力量。

◆◆ **案例 3-9**

浙江慈溪近 10 万名外来人口成公安基层工作强力外援

日前,慈溪对外发布的一组数据引来关注:2019 年全市流动人口数量同比增长 5 万余人,达到 107 万人,本地户籍人口数量维持在 105 万人。外来人口是慈溪这座移民城市治理所绕不开的话题,持续增加的外来务工人员考验了基础设施、公共服务等各方面的供给能力,以及本地人口与外地人口如何消除隔阂,建立新老居民之间互信、互惠、互助关系。慈溪市创新设立村级"和谐促进会",以"和谐促进会"为支点,建起一张"虹吸"网,将这些庞大的外来人口转化为基层社会治理的新力量。

2006 年 4 月,慈溪市在掌起镇陈家村、坎墩街道五塘新村成立了慈溪最早的"和谐促进会"。会长由村党支部(总支)书记兼任,副会长则由一名优秀外来务工人员担任,同时根据人口居住分布情况划分片区,推选会员中的积极分子担任组长,分管矛盾纠纷调解、社会治安排查等工作。老乡服务老乡,老乡管理老乡,知底细,易沟通,也更能引起情感认同,外来人员遇到困难有人帮忙,碰到分歧有人调和,不少矛盾纠纷都在萌芽阶段得到化解。从两个村庄起步,慈溪全市 347 个村(社区)已全部组建"和谐促进会",参与企业 200 余家,参与外来人口 10 万余人,累计化解各类矛盾 3 万余起,2018 年的纠纷事件相比 2007 年下降 70%以上。

"和谐促进会"运行近 10 年,社会矛盾纠纷发生率逐步下降,但"和谐促进会"的会员们工作更忙碌了。从 2015 年开始,慈溪陆续在全市建立 504 个需求服务站,进一步推动村级"和谐促进会"向社会服务组织转型,开展教育培训、劳动就业、子女入学、信息沟通、组织活动等项目。

案例来源:浙江日报,2019-11-21(15),有删节.

案例简析 >>>

社会治理最有效的方式是在服务中实施管理、在管理中体现服务。让外来人口有效融入整体的社会生活环境,从被管理者成为社会管理的主体,成为社会治理的良性力量,这是平安浙江建设中的一个特点。"和谐促进会"集民间性、共建性、互助性、服务性于一体,作为一种基层社会治理的创新模式,在很大程度上破解了城市发展过程中促进新老市民融合共享、维护社会和谐稳定的难题,值得借鉴。

五、市场力量共建平安建设

社会治理离不开国家、市场、社会间的相互配合。尤其在市场经济社会,市场力量的导入是平安建设主体的重要力量。通过市场机制发现机会需求,优化资源配置,激发社会潜能,既是经济发展的基本经验,也是平安建设的重要法宝。

党的十八大以来,习近平总书记不断厘清国家、市场、社会的角色关系,重视市场力量在平安建设中的重要作用。他在十八届三中全会报告中有 81 处强调市场,指出要"处理好政府和市场的关系,必须积极稳妥从广度和深度上推进市场化改革,大幅度减少政府对资源的直接配置,推动资源配置依据市场规则、市场价格、市场竞争实现效益最大化和效率最优化"。在市场导向引领下,中央政策层面加大引导市场力量介入平安建设领域。2015 年 4 月,中共中央办公厅、国务院办公厅印发《关于加强社会治安防控体系建设的意见》，提出"坚持党委和政府领导下的多方参与、共同治理，发挥市场、社会等多方主体在社会治安防控体系建设中的协同协作、互动互补、相辅相成作用"。2019 年 10 月，党的十九届四中全会强调"建立以企业为主体、市场为导向、产学研深度融合的技术创新体系，支持大中小企业和各类主体融通创新，创新促进科技成果转化机制，积极发展新动能，强化标准引领，提升产业基础能力和产业链现代化水平。"2020 年 10 月，党的十九届五中全会强调"畅通和规范市场主体参与社会治理的途径"。可见，习近平总书记提倡发挥市场力量作用。全国政法综治领域也开始改变原来主要由政府投入平安建设资源的做法，开始借助市场力量开展平安建设。

浙江作为市场经济的先发省份，市场力量在平安浙江建设过程中一直起到了协调资源配置的作用，善于充分发挥各类企业的资源优势，积极运用市场思维、市场机制推进社会治理。2014 年 6 月，浙江省人民政府办公厅出台《关于政府向社会力量购买服务的实施意见》，明确承接政府购买服务的主体包括依法在民政部门登记成立或经国务院批准免予登记的社会组织，以及依法在工商行政管理或行业主管部门登记成立的企业、其他经济组织、机构等社会力量。2015 年成立了浙江省企业社会责任促进会，阿里巴巴、吉利、天能集团等 7 家知名浙企当选为副会长单位，引领全省企业加大社会责任感。2017 年 11 月，《浙江省社会治安综合治理条例》明确规定"鼓励、支持社会力量参与社会治安综合治理工作，形成共建共治共享的社会治理格局"。

浙江省通过政府购买服务、引导市场力量共建平安建设的实践走在全国前列。如运用市场机制共建"雪亮工程",除了由政府财政投资视频监控系统,还运用市场机制,广泛吸收、利用社会各种资源,支持网络运营企业开展视频监控系统公共平台建设宣传,引导群众特别是小型经营户树立"花钱买平安"的理念,积极安装视频监控设备并广泛应用安全技术防范设施,提高自身防范能力。① 创新市场化安保服务模式,大力发展保安服务公司和物业社区治安防范产业化,引导保安服务公司和物业管理部门以经济契约形式向企事业单位和社区提供有偿服务。创新安全生产社会化服务,积极培育发展安全生产社会化服务产业,借助社会力量参与支持安全生产工作,逐步改变政府对安全生产工作大包大揽的模式,弥补政府监管力量、技术上的不足,着力解决企业安全生产"不会管、管不好"的问题。② 再如保险机构加盟平安建设,积极开发食品安全责任险、医疗责任险、火灾公共责任险和涉罪未成年人监管考察期间意外伤害责任险等险种,充分发挥责任保险的社会服务和经济补偿功能,为妥善化解矛盾纠纷提供了新的途径。如作为国家保险创新综合试验区的宁波,已经走出了一条通过"保险＋"增强政府部门灾害管理的"宁波经验"。③

---

① 岳德亮.浙江大力推进社会治安动态视频监控系统建设[EB/OL].(2008-09-10).http://zjnews.zjol.com.cn/05zjnews/system/2008/09/10/009927104.shtml.

② 杨晓青,江晓方.创新安全监管模式——浙江安全生产社会化服务体系建设实践[J].劳动保护,2014(09).

③ 孙佳丽.宁波150多个保险创新项目助力灾害风险管理和社会矛盾化解[EB/OL].(2018-3-8).http://zjnews.zjol.com.cn/zjnews/nbnews/201803/t20180308_67495-11.shtml.

◆◆ **案例 3-10**

大华安保服务新模式

浙江大华安防联网运营服务有限公司成立于 2010 年 1 月,以安保服务技术创新为先导,构建了"技防＋人防＋物防＋保险理赔"为一体的安保服务新模式,突破和解决了联网报警的关键技术和服务短板,为平安建设做出了积极贡献。

近年来,公司在省综治办和行业主管部门指导下,积极把"联网报警视频复合"技术应用到公交停车场技改项目、不可移动文物、西湖景区、商铺、社区住宅等场所并紧密与"线下"巡查、派驻、值守等勤务工作相结合,积极开展点线面结合、网上网下结合、人防物防技防结合的实践和探索。据统计,几年来,公司报警中心共处置报警事件 27.1 万起,其中,巡查测试 12.6 万起,客户求助对讲 2.69 万余起,其他处置类事件 5.85 万余起;发现并报警破坏银行 ATM 机具等违法犯罪行为 95 起;发现送交客户现金 150 余万元、遗留物 2657 件;成功阻止各类侵财行为 113 起。

公司已为浙江省 29 个高铁站点、杭州地铁 2 号线和 4 号线、杭州市公交系统以及多个公安派出所、交警部门、银行系统、电力部门、高等院校、医院、大型广场、商场、居民小区等提供高端的安保服务和安检业务。为 G20 杭州峰会、世界互联网大会等专项安保服务及省、市两级重大活动(如省运会、西博会、文博会、国际马拉松赛事)提供特勤服务,为多场文艺演唱会、多位影视明星提供安保服务,安全率达 100％,受到用户好评。

几年来,大华安保协助公安部门共抓获犯罪嫌疑人员及涉毒人员 1868 人,其中,抓获网上逃犯 137 人,缴获毒品 26.5 克;现场抓获偷盗人员 113 人,协助追赃 128 万余元;制止现场犯罪 17 起,制止安全事故 6 起,挽回经济损失 1300 多万元,受到了客户的赞扬和公安部门的嘉奖。公司先后获得"浙江省优秀保安服务公司""2015 年第二届中国报警运营服务优秀企业""中国最佳口碑区域联网报警中心管理平台软件""第三届中国报警服务业十强""第四届全国先进保安服务公司"等荣誉。

案例来源:马以,谢小云.平安中国的浙江实践[M].杭州:浙江人民出版社,2017:211-212.

案例简析 〉〉〉

大华安保服务就是市场力量与政府行政力量密切配合,为社会提供公共服务,共同推进平安建设的典型案例。在平安浙江建设中,市场是重要的主体,要充分发挥各类企业和其他社会力量的资源优势,运用市场思维、市场机制推进社会治理,实现共治共享。

第三节 "三治融合"创新平安浙江

习近平同志在浙江工作期间,多次在有关创新发展"枫桥经验"的讲话中强调,要坚持群众路线(自治),要与法治浙江建设结合起来(法治),要与以德治省结合起来(德治)。2013 年 10 月,习近平总书记对坚持发展"枫桥经验"作出重要指示,要"创新群众工作方法,善于运用法治思维和法治方式解决涉及群众切身利益的矛盾和问题",即明确强调自治与法治两种方法。2017 年 11 月,习近平总书记在党的十九大报告中强调"加强农村基层基础工作,健全自治、法治、德治相结合的乡村治理体系"。2019 年 1 月,习近平总书记在中央政法工作会议上强调要"打造共建共治共享的社会治理格局"。习近平总书记关于自治、法治、德治"三治融合"的重要论述,为新时代基层社会治理创新发展指明了前进方向,有利于集聚力量、凝聚人心,营造共建共治共享局面,最大限度激发基层发展活力。

在习近平总书记"三治融合"重要论述引领下,浙江省率先开展"三治融合"实践。早在 2013 年,桐乡市创造性运用"枫桥经验"的基本精神,坚持问题导向,牢牢把握"提升自治能力、注重依法办事、打造崇善社会"三个环节,探索自治、法治、德治相结合的基层社会治理模式。2018 年,浙江省委、省政府将"三治融合"作为坚持发展新时代"枫桥经验"的重要举措,加以总结推广。"三治融合"有利于从源头上防范化解基层社会矛盾纠纷,是新时代深化平安浙江建设的生动实践。

一、"三治融合"的高桥缘起

桐乡市高桥镇(2017 年撤镇高桥街道)是沪杭高铁、沪杭高速的"双出口",交通便利,区位优势明显。2013 年,随着高速公路、高速铁路开通,高桥进入了新的发展阶段,新人流、新物流、新思潮的涌入,导致传统的社会结构和管理模式发生深刻的变化,高桥面临着前所未有的机遇和挑战。一方面,自高铁开通后,高桥迎来大开发、大建设、大发展的机遇;另一方面,房屋拆迁、土地征用补偿等引发的各类矛盾纠纷也随之而来。

现实问题倒逼改变。2013 年 5 月,高桥镇探索组建三支根植于民间的团队——百姓参政团、道德评判团、百事服务团,逐步构建群众参与决策、参与治理的常态机制。一是组建百姓参政团,群众参与凝聚合力,变"知民"为"民知"。在镇一级成立百姓参政团,充分讨论镇级层面重大活动,成员由固定与非固定两部分组成,双方各为 10～12 人。固定成员要求有一定的代表性和权威性,如"两代表一委员"、企业家代表等。非固定成员由利益相关者组成,给予充分利益表达权。二是组建道德评判团,激活舆论抑恶扬善,变"治民"为"民治"。在村级层面成立道德评判团,致力解决社会生活中一些法律法规管不到、村规民约管不好的不良现象。如对破坏绿化带种植瓜果蔬菜的农户,通过道德评判团反复劝导说理,最终让农户自觉加以纠正。三是组建百事服务团,发动群众服务群众,变"管民"为"便民"。百事服务团由村民志愿者组成,在村一级建成一个事关群众生活的服务联系网,把治安安全、法律咨询、水电安装、家电维修、邮递货运、婚庆摄影、殡葬用车等近 30 种服务项目的联系方式印在卡片上分发到高桥镇家家户户,在村委会设立工作室,开通 24 小时服务热线。高桥百事服务团的思路是从源头上看矛盾,发动群众服务群众,以发乎于心的道德力量让人们修身养性,以服务传递温暖,以温暖孕育和谐。

高桥镇通过自治、法治、德治"三治"的方法,短短几个月便在协调经济社会发展、化解社会矛盾、维护社会稳定中显露成效。群众加深了对党委政府决策的理解与支持,以更加积极主动的姿态参与"三改一拆"、"五水共治"、小城镇环境综合整治、垃圾分类等中心工作,推动各项决策部署落到神经末梢、落地见效。2013—2018 年,最初萌发地高桥镇越丰村信访事件与行政诉讼案件零发生,矛盾纠纷零上交。2019 年度高桥街道矛盾纠纷调解总量下降 29.2%。①

---

① 数据由嘉兴市委政法委提供。本节内容部分源自翁勤雄,张建章."三治融合"——新时代"枫桥经验"的精髓[M].嘉兴:吴越电子音像出版社,2018:16.应丽斋,杨秀娟,杨薇."三治合一":桐乡的治道变革[N].嘉兴日报,2013-11-18.华挺,严红枫,张绪江,张潘.桐乡"三治"走出社会治理新路[N].光明日报,2015-2-17.

◆◆ **案例 3-11**

"三治融合"让越丰村成为乡村治理模范

高桥镇越丰村境内有高铁、高速,沿线周围环境整治面临三大任务:一是新村点附近两高速沿线木柴乱堆放整治;二是沿线四位一体保洁措施实施;三是两高速沿线旧房外立面改造。如何完成以上三大任务,群众意见不一,若处置不当将影响整个环境整治进程。

越丰村发挥百姓议事会的作用,引导群众自己解决自己的事,在咨询律师、反复实地踏勘和调查的基础上,明确整治重点,确定整治方案,推进综合整治工作,提出如下解决方案:一是村内农户家房前屋后的乱堆放木柴由道德评判团成员上门协调,农户自行处理,道德评判团不定期检查;二是加强沿线"四位一体"保洁工作,由村委会制定保洁员奖惩制度,负责落实,道德评判团成员加强监督并增加巡查次数;三是经排摸调查,两高速沿线涉及旧房外立面改造的主要有陈家木桥、扶国桥、安桥头等三个小组,约 70 家,按照市级、街道两级外立面改造的施工要求,费用由街道政府承担,村两委负责施工和协调,方案制订公布后,大部分农户都同意改造。

案例来源:嘉兴日报,2015-6-5,有删节.

案例简析 〉〉〉

越丰村这次整治行动正是"三治融合"运用于乡村治理的缩影,其中自我管理、自我服务,是自治的方式;咨询律师,是法治的表现;以评立德,是德治的手段。从实践来看,在土地征迁、项目落地、民生工程等实施过程中,得到群众的理解与支持至关重要。小农经济、恋土情结、大环境变化使得部分群众期待改变现状又害怕改变。在这一新形势下,以"三治融合"为抓手探索社会治理创新,形成"大事一起干、好坏大家判、事事有人管"的高桥模式,成效十分显著。

二、"三治融合"的桐乡样本

伴随着成为世界互联网大会永久举办地及全国首个旅游综合改革试点县,桐乡的县域治理迎来机遇期,同时也步入"阵痛期"。三大背景要素加速桐乡"三治融合"县域探索。一是形势所迫,须最大限度确保稳定。新时代各种新情况、新问题频发,县级党委政府时常掌握不了主动权,疲于应对。必须建立一种由社会主义道德观引领,既解决短期现实问题,又兼顾长效公平的综合治理模式,让经济发展造福百姓、促进社会和谐。二是使命所在,须最大限度强化保障。桐乡要从县级层面做到统筹发展、重点突破,必须运用法治思维,严格以法制权,畅通与规范群众诉求表达、利益协调、权益保障渠道,使办事依法、遇事找法、解决问题用法、化解矛盾靠法成为一种基本取向,增强全社会学法遵法、守法用法意识。三是群众所盼,须最大限度激发活力。充满活力又和谐有序的社会需要管控,更需要坚持以人为本,有效激发社会潜能。在转变政府职能的同时,须厘清村、社区自治组织的权、责、利,强化基层民主自治;须构建多元主体参与的社会治理结构,培育壮大社会组织,拓宽服务职能;须从增强体制机制入手,加快社会的自我发育、自我管理。

由此,在高桥镇创新做法取得成效后,桐乡市委、市政府敏锐捕捉到这一新生事物,从县域科学治理的高度加以总结和研究,并于2013年9月30日下发《中共桐乡市委、桐乡市人民政府关于推进社会管理"德治、法治、自治"建设的实施意见》,启动以"自治为目标、法治为保障、德治为基础的基层治理创新实践"[①]。

桐乡市"三治融合"的主要实践是:一是德治为基,修身齐家明理,提升社会和谐正气。德治着眼于个人、家庭和社会三个层面,分别开展争做"有爱心、有正义、有礼节、有知识、有诚信"的"五有市民"活动,建设"孝顺好、恩爱好、家教好、勤俭好"的"四好家庭"评选,打造"学习型、健康型、创业型、友好型"的"四型社会"。二是法治为要,良政善治循法,促进社会公平正义。首创"依法行政指数"(简称 LAI)评估,将 12 个镇(街道)、33 个行政执法部门的依法行政行为分为 45 个计分指标,在政府门户网站上公布排名。建立100 个市、镇、村三级法律服务团,整合法学专家、律师、政法干警、相关部门法律工作人员,帮助基层组织规范有序推进工作,为群众提供法律服务。建立市级社会矛盾纠纷联调中心,成立交通事故纠纷、医患纠纷、劳动争议纠纷三大专业调委会。通过市、镇、村三级法律援助服务站点,对符合法律援助申请标准的当事人指派援助律师协助参与诉讼。三是自治为本,多元主体参与,保障社会活力有序。厘清自治组织职责,公布 36 项基层群众自治组织依法履行职责事项和 40 项协助政府工作事项,出台《桐乡市城乡社区工作事项准入实施意见》,按照"费随事转、权随责走"的原则,减轻村(社区)负担,提升服务效能。构筑民主议政平台,抓好重大决策社会稳定风险评估,完善决策机制和程序,建立百姓参政团、村民议事会等平台,按照"提事、问事、议事、定事、亮事"五步走,广泛听取群众对政府重大项目、民生工程、村级事务的意见建议。

---

① 资料来源:中共桐乡市委、桐乡市人民政府.桐乡市"德治、法治、自治"三治合一建设探寻基层社会治理改革之路[R].2018.

◆◆ **案例 3-12**

"乌镇管家"成为桐乡"三治融合"的重要力量

在桐乡市乌镇南宫社区,曾有一条和景区相通的老街,沿街开设许多旅游商品店或民宿,但坑坑洼洼的路面、蜘蛛网般的强弱电线、雨污分流不彻底等问题影响着老街的形象和居民生活质量。2018年6月,老街改造虽困难重重,但没有一起上访事件,甚至没有一个投诉电话。乌镇南宫社区书记丁华君说:"靠的就是'乌镇管家',充分利用地熟、人熟、情况熟等优势,充当起信息员、劝导员、解释员,帮助我们顺利完成老街的改造。"

桐乡市乌镇成为世界互联网大会永久举办地之后,经济快速发展繁荣起来,但随之而来的各种社会治安、秩序维持等问题也突显出来。第二届世界互联网大会前,乌镇探索成立了"乌镇管家",按照"十户一员、十员一组"的办法,通过"党员带头+组织推荐+群众自荐"等方式加入,社区干部、"三小组长"、党员、新居民、行业商家都参与了进来。

在乌镇,除了有"乌镇管家",还组建有乌镇商会、乌镇人家民宿行业协会、乌镇夕阳志愿者协会等各类社会组织,这些社会组织参与自治自管、依法解纠、德治春风化雨,已经成为乌镇"三治融合"新模式的重要参与力量。

案例来源:浙江新闻网,2018-6-10.

案例简析 〉〉〉

乌镇探索建立"乌镇管家"队伍充分发挥了当地人熟悉环境的优势和对自己家园充满感情的特点,把他们组织起来,通过自治、法治和德治的方式解决乌镇营运过程中出现的各类问题。这既激发了群众的参与活力，又增强了对乌镇的认同感，还降低了政府的管理成本，是一种有效的善治模式。

三、"三治融合"的嘉兴标准

市域社会治理中有三大难题需要突破：一是法制观念淡薄。基层受制于刚性维稳压力，为平息事态有过很多教训，像"摆平就是水平""人民内部问题用人民币解决"，导致给上访户发困难补助、组成"陪访团"等问题层出不穷。基层矛盾开始不断外溢、上交，给地级市带来了很大信访考核压力。二是社会道德滑坡。社会上出现不敬不孝、不讲诚信、不守规矩等现象，这是缺乏必要的自我约束和道德榜样引领造成的。这些问题必须从道德自律层面加以解决。三是基层自治缺少空间。尤其是政府大包大揽之下的社会管理，与社会和群众缺乏互动，存在脱节。基层村（社区）行政化倾向严重，把大量事务汇集于基层政府的同时，也让大量矛盾聚集到基层政府。

嘉兴市或多或少也存在这些问题，不少上访群众养成"大闹大解决""信访不信法""信上不信下"的习惯。仅 2013 年，嘉兴市进京访 57 批 122 人次，批次、人次分别上升 46.9％和 57.8％，进京非访批次、人次分别上升 188.6％和 167.4％。[①] 针对市域社会治理中面临的各种复杂难题，倒逼嘉兴市攻坚克难，寻求一条新的社会治理之路，嘉兴市全面推广"三治融合"。党的十八届三中全会提出"推进国家治理体系和治理能力现代化，强调创新社会治理体制，改进社会治理方式"，这为嘉兴市探索"三治"建设提供了有力的政策依据与创新方向。2013 年 11 月，嘉兴市委、市政府召开纪念毛泽东同志批示"枫桥经验"50 周年暨"三治"推进会，随后"三治

---

① 勤雄，张建章."三治融合"——新时代"枫桥经验"的精髓[M].嘉兴：吴越电子音像出版社，2018：42.

融合"基层社会治理机制在嘉兴全市全面推开。

嘉兴"三治融合"的主要做法:一是抓好顶层设计,明确组织机构。2013 年 12 月起,嘉兴市由综治委制定出台《关于创新基层社会治理方式 推进基层"德治、法治、自治"建设的指导意见(试行)》和《关于创新基层社会治理方式 推进基层"德治、法治、自治"建设的工作方案》。建立由市委副书记、政法委书记担任组长,市政府分管领导任副组长,相关部门负责人为成员的领导小组,领导小组下设办公室和三个建设工作小组。领导小组办公室设在市委政法委(市综治办),德治、法治、自治三个建设工作小组分别由市委宣传部(市文明办)、市委政法委(市综治办)、市民政局(市委社工办)担任组长单位,各个工作小组实行组长负责制,并牵头制订相应的实施方案,相关单位为成员单位。二是坚持试点先行,健全考核机制。嘉兴市在桐乡市及其他县(市、区)13 个镇(街道)、26 个村(社区)率先试点,以点带面,全面突破。2014 年底,在总结试点经验、形成典型示范效应的基础上,嘉兴市行政村(社区)全面铺开"三治融合"建设。到 2015 年底,"三治融合"逐步向基层各行业、领域和社会组织拓展,广大群众对"三治融合"建设的认同感、参与感明显增强。为确保"三治融合"真正落到实处,嘉兴市委、市政府将"三治融合"纳入目标责任制考核和平安综合治理考核,将"三治融合"列入重点工作督查范畴,推动有效落实。三是巩固提升做法,首创标准规范。2018 年 5 月 28 日,嘉兴市发布《关于巩固提升自治、法治、德治"三治融合"基层社会治理体系建设的实施意见》,进一步明确"三治融合"的指导思想、目标任务、基本原则等。2018 年 8 月 30 日,嘉兴市正式印发《自治、法治、德治"三治融合"建设规范》,推动"三治融合"规范化、标准化建设,这一地方标准在全国属于首创。由此,"三治融合"的"嘉兴标准"初步形成。

嘉兴"三治融合"取得了明显治理成效,自治活力有效释放、法治思维深入人心、道德风尚不断提升,最终使党群关系更趋紧密。善治格局的形成,使得嘉兴的信访、上访形势也得以明显扭转,进京访 2014 年 11 批 15 人次;2015 年 0 批 0 人次;2016 年 0 批 0 人次;2017 年 3 批 7 人次;2018 年 7 批 16 人次;2019 年 10 批 11 人次。

◆ **案例 3-13**

嘉兴秀洲区打造"三治融合"本土特色

2018 年 5 月,首批嘉兴市"三治融合"示范村(社区)名单出炉,共 100 个村(社区)上榜,其中秀洲区 11 个村(社区)位列其中。

秀洲区创新"以社育社""以社带社"模式,孵化了"金扳手""向日葵"等 77 个社区自治类"百事服务团"。同时,通过"小网格"撬起"大平安",有效提升全区基层社会治理和"平安秀洲"建设水平。目前,全区共有专兼职网格管理员 2000 余名。秀洲区还发动广大群众,发展壮大志愿服务队伍,形成"红马甲巡防队""平安秀阿姨""店管家"等志愿者品牌。

秀洲区通过实施"一村一社区一法律顾问""驻镇律师全工作日值班"等制度,从源头上推动、引导群众通过法律途径解决问题,让优质法律服务下沉到基层,推动法律服务从有形覆盖向有效覆盖转变;自主开发"红马甲在行动"等手机 APP 平台,组建"秀律先锋法律服务联盟"、开展"秀律护苗""秀律护爱"等多个系列普法公益实践活动。近年来,秀洲区建立起村(社区)公共法律服务点(窗口),并实现全覆盖,打通服务群众"最后一公里";探索推行医患纠纷、交通事故、劳动争议等多元调解模式,将可以避免的社会矛盾防患于源头。

结合当地优良传统、乡风民俗、村情村史，秀洲区培育打造各具特色的"三治"示范点。主题特色鲜明，如新塍镇潘家浜村突出"三治红领"引领美丽乡村建设，成功创建省级3A级景区村庄；王江泾镇古塘村以"小微事马上办"为主题，打造七彩古塘；王店镇庆丰村结合当地状元文化、善学文化，深入挖掘本村"三治"故事和典型案例，建成"三治两美"展陈馆，成为向广大村民宣传三治融合的教育基地。

案例来源：潘叶萍，秀平.秀洲区全力打造"三治融合"实践示范地"样本".嘉兴日报，**2018-11-14，有删增.**

案例简析 >>>

秀洲区在"三治融合"进程中，以群众需求为导向，既有嘉兴市"一约两会三团"的标准动作，又有因地制宜结合本乡本土优良传统、乡风民俗的队伍和平台打造，将自治、法治、德治的理念和手段融合在一起，产生了"1＋1＋1＞3"的效果。尤其打造一大批富有秀洲特色的幸福品牌小村，在首批嘉兴市"三治融合"示范村（社区）名单中可圈可点。这说明"三治融合"有很强的复制性，在桐乡以外的地方推广也取得了明显的治理成效。

四、"三治融合"的浙江经验

浙江省在各项改革深入推进取得丰硕成果的同时，许多新情况、新问题、新矛盾也集中暴露出来。具体涉及基层社会治理，普遍性面临的也是"三治"问题。一是基层自治活力不足。浙江省近年来推动了大量基层创新项目，投入大量人力物力财力，但自上而下、政府包揽、事事过问的痕迹无法彻底抹去，缺乏人民群众的广泛积极参与。二是基层法治硬度不够。法治浙江建设已逐步延伸至基层，基层依法办事能力普遍提升，但选择性执法、程序性违法等问题及群众"大闹大解决""信访不信法"等现象在基层屡有发生。三是基层德治氛围不浓。优秀传统文化传承与道德观念培育在农村兴起,"红白事"大操大办、打架斗殴、聚众赌博及其他陈规陋习得到一定遏制,但不容否认乡风文明建设仍在路上。

如何找到基层治理突破口,将矛盾隐患更多解决于源头? 自2013 年以来,浙江省紧紧抓住"依靠人民群众、就地解决问题"这一"枫桥经验"的灵魂,集成创新自治、法治、德治模式。2013 年 10月,在纪念毛泽东同志批示"枫桥经验"50 周年大会之际,浙江省强调要探索"德治、法治与自治"相结合,让人民群众自己动员起来,形成共建共享平安和谐的浓厚氛围。2014 年 1 月,浙江省政法工作会议强调要进一步健全"法治、德治、自治"相结合的基层治理机制,号召全省要向桐乡学习"三治"经验。2018 年 2 月,浙江省把"自治、法治、德治'三治融合'基层社会治理体系建设推广工程"纳入全省总结提升推广新时代"枫桥经验"六大工程中,在全省全面推广。2018 年 12 月,浙江省乡村振兴领导小组办公室印发《浙江省善治示范村认定暂行办法》,决定五年内高水平建设 1 万个省级"三治融合"善治示范村。随后,全省 11 个地级市 90 个县(市、区)大力推动善治示范村创建工作,充分发挥自治基础作用、法治保障作用和德治引领作用,着力共建共治共享新格局。"三治融合"的主要做法是有以下几点。①

第一,自治有序,春风化雨。做好加、减、乘法,创新村(社区)党组织领导的充满活力的村(居)民自治机制,引导基层组织和群

---

① 部分内容来源:应培国.坚持发展新时代"枫桥经验" 源头防范化解社会风险——浙江构建"三治融合"基层社会治理体系,载贯彻落实习近平新时代中国特色社会主义思想、在改革发展稳定中攻坚克难案例·防范化解重大风险[M].北京:党建读物出版社,2019:345。

众有序参与社会事务。一是做加法,发展社会组织,增加自治协同力量。坚持把"市场能做的交给市场去做,社会能做的交给社会去做",通过政府购买服务、社会组织孵化基地等方式,鼓励和引导社会组织及专业社会机构,提供多层次、多样化、高质量社会服务,解决许多政府想管又管不了的问题。二是做减法,清理社区行政事务,增强自治服务功能。全省组织开展以"三清理四规范一提升"为主的村(社区)"机关化"整治集中行动,清理社区牌子、清理工作用房、清理上墙制度,规范创建评比、规范社区事项、规范工作台账、规范公款消费,提升社区服务能力。制定"减负清单",明确社区 37 项依法履责事项和 40 项协助政府事务,实现社区力量"归位赋权"。三是做乘法,发动广大群众,充分激发社会活力。浙江省积极创新行之有效的群众工作载体,指导各地立足实际,在基层乡村推进百姓议事会、乡贤参事会和百事服务团等建设,健全完善"民主恳谈""村民说事"等基层协商民主方式,预防问题积累、矛盾爆发。

　　第二,法治保障,定纷止争。树立依法治理理念,着眼于政府依法行政、公民依法行事、社会依法运行意识与能力的提升。一是坚持依法办事。强化法治思维,坚持"法无授权不可为、法定职责必须为",依法决策、依法行政,规范行政权力的配置和运行,扎紧制度的笼子,保证有权必有责、有责讲担当,确保履职尽责不越位、不错位、不缺位,真正做到在法治的轨道上开展工作。二是强化为民司法。坚持以人民为中心,全面实施"阳光司法""阳光执法",切实提升司法公信力,让人民群众感受到公平正义。增加基层法庭赴村(居)开展巡回审判次数。加大基层检察机关对基层民生领域工程项目等的法律监督力度。完善领导干部下访接访机制,组织政法干警进村入居担任"平安书记",推广民生热线、网上信访等有效方式,构建便捷高效的群众表达诉求渠道,积极回应人民美好生活的新期待。三是激励全民守法。大力开展"民主法治村(社区)"创建,培育一批以村(社区)干部为重点的"法治带头人",发挥居住在村(社区)的法官、检察官、警官、律师和具有法律知识背景的党员、村(居)民代表等"法律明白人"的作用,开展遵纪守法好公民评选活动,开展"以案释法"活动,开展定期典型案例发布和宣讲,利用群众身边的正反典型进行法律评析,积极推动崇法向善、循法而行成为全体人民群众的自觉行动。

第三,德治教化,润物无声。深入挖掘基层社区历久弥新的道德元素,引领社会风尚、规范社会行为、协调社会关系。一是注重以规促德,制订全省统一的规范性村规民约、社区公约样本,并因地制宜将家庭和谐、邻里和睦、美丽庭院、平安建设以及"三改一拆""五水共治"等党委政府中心工作纳入其中,提升城乡社区公德水准。二是注重以文养德,广泛开展社会主义核心价值观宣传教育,通过道德讲堂、文化礼堂、家风家训展馆等群众喜闻乐见的方式,引导群众崇德向善。三是注重以评立德,一方面广泛组织"最美"系列评选、道德模范评选等活动,挖掘群众身边可亲可敬可信可学的先进典型;另一方面推广道德评判团和不文明行为曝光台等"草根"评判方式,乱扔垃圾、参与赌博、不敬不孝等都将反映到道德评判团打分、星级文明家庭评定上,以道德评议和社会舆论的力量革除陋习,促进村风民风的好转。

浙江"三治融合"对源头预防社会矛盾和防范化解风险,助推建设更高水平的平安浙江有积极作用,是新时代"枫桥经验"的精髓,是新时代基层社会治理创新的发展方向。

◆◆ **案例 3-14**

衢江区"党建＋三治融合"打造基层治理新模式

近年来,衢州市衢江区坚持党建引领,推进民主法治村创建,建立健全自治机制,有效激发"三治融合"体系的内生动力,构建党建＋治理的工作格局。

以法治定规,衢江区持续推进民主法治村创建,依法制定和修订村规民约,完善村民自治章程以及村务监督等制度,推进村"五民主、三公开",积极发挥村民自治作用,支持村(社区)在重大事务的决策过程中,严格执行动议、审议、报审、民决和告知的"五步工作法",有力推进基层民主建设。

以德治润心,衢江区同时大力推进以法治、德治文化元素为主基调的广场、公园、长廊等阵地建设,讲好乡村历史名人"法治小故事",充分发挥乡贤文化和村居文化的德治感召作用。

以自治固本,在全科网格建设的基础上,衢江区要求全区所有网格员都要当调解员,在村级便民服务中心设立调解室,及时化解村民的内部矛盾,把不稳定因素消除在萌芽状态,确保矛盾不积压、纠纷不激化、处理有依据、权益有保障。

衢江区廿里镇、上方镇等十多个乡镇通过开展"法律点亮生活"等主题行动,以小品、唱快板、舞台剧等形式宣传法律法规,打造法治文化长廊、法治广场、法治之窗等特色展示区域,带动群众形成办事依法、遇事找法、解决问题用法、化解矛盾靠法的意识。

案例来源:浙江法制报,2018-7-18.

案例简析 >>>

　　衢州市衢江区创新"党建＋三治融合"模式的探索实践，走出一条党建引领，以法治为基础、德治为保障、自治为根本的"三治融合"基层治理新路子，逐步实现全区基层党组织"由弱到强"、全民法治意识"由淡到浓"、社会治理"由乱到治"、乡风民风"由差到好"的四个转变。乡村呈现出善治景象，群众感受到美好和谐，社会获得了平安稳定。

第四节　智慧治理支撑平安浙江

　　党的十八大以来，习近平总书记提出了一系列事关我国互联网发展与治理的新论述，涵盖了我国互联网发展与治理的各个方面、各个领域，形成了一个相对完整的科学理论体系。[1] 其中，社会治理领域的智慧化治理，是结合国家治理现代化战略与互联网强国思想所提出的重要新理念、新措施。2016 年 4 月，习近平总书记在网络安全和信息化工作座谈会上讲到："我们提出推进国家治理体系和治理能力现代化，信息是国家治理的重要依据，要发挥其在这个进程中的重要作用。"2016 年 10 月，他在全国社会治安综合治理创新工作会议（南昌）召开前作出重要指示，强调"要更加注重联动融合、开放共治，更加注重民主法治、科技创新，提高社会治理社会化、法治化、智能化、专业化水平"[2]，这是首次提出社会治理智能

---

　　① 孙强.论习近平总书记网络空间治理新思想［EB/OL］.（2016-11-15）.http://pinglun.youth.cn/ll/201611/t20161115_8848188.htm.

　　② 习近平.完善中国特色社会主义社会治理体系　努力建设更高水平的平安中国［EB/OL］.（2016-10-13）.http://cpc.people.com.cn/n1/2016/1013/c64094-28773969.html.

化的要求。2017 年 10 月,他在党的十九大报告中强调要"提高社会治理社会化、法治化、智能化、专业化水平"。2017 年 12 月,他在十九届中央政治局第二次集体学习时提到:"要运用大数据提升国家治理现代化水平。要建立健全大数据辅助科学决策和社会治理的机制,推进政府管理和社会治理模式创新,实现政府决策科学化、社会治理精准化、公共服务高效化。"2019 年 10 月 28 日,他在十九届四中全会上做报告时,再次强调要"提高社会治安立体化、法治化、专业化、智能化水平,形成问题联治、工作联动、平安联创的工作机制,提高预测预警预防各类风险能力,增强社会治安防控的整体性、协同性、精准性"。2020 年 3 月 31 日,他在杭州城市大脑运营指挥中心调研时指出:"推进国家治理体系和治理能力现代化,必须抓好城市治理体系和治理能力现代化。运用大数据、云计算、区块链、人工智能等前沿技术推动城市管理手段、管理模式、管理理念创新,从数字化到智能化再到智慧化,让城市更聪明一些、更智慧一些,是推动城市治理体系和治理能力现代化的必由之路,前景广阔。"①2020 年 10 月,他在党的十九届五中全会报告中强调"加强数字社会、数字政府建设,提升公共服务、社会治理等数字化智能化水平"。习近平总书记对社会治理智慧化的要求,为深化平安建设指明了方向,提供了遵循。

　　浙江是全国最早开展社会治理信息化建设试点的省份之一,在智慧化治理方面有很好的基础,2013 年就推进省平安建设信息系统与"网格化管理、组团式服务"两网融合。2016 年 1 月 14 日,

---

　　① 让城市更聪明更智慧——习近平总书记浙江考察为推进城市治理体系和治理能力现代化提供重要遵循[EB/OL].(2020-4-04).http://www.xinhuanet.com/2020-04/04/c_1125814356.htm

浙江省人民政府出台《浙江省"互联网＋"行动计划》，其中一项是"互联网＋社会治理"行动计划，把"互联网＋"延伸到社会治理领域。2016年浙江省委政法委把《构建"互联网＋社会治理"新模式　打造"枫桥经验"升级版》作为重点课题，并于10月份举办全省"互联网＋社会治理"专题研讨班，在全省11个地级市和89个县（市、区）全面推广。2016年，浙江省推动乡镇（街道）基层治理"四个平台"建设，同年启动"在线矛盾纠纷多元化解平台"试点工作，2017年全省推开公共服务"最多跑一次"，2018年全省推开社会治理"最多跑一地"。2018年10月，组建了浙江省委全面深化改革委员会办公室（省"最多跑一次"改革办公室）和浙江省大数据发展管理局。这一系列智慧治理措施，是浙江打造"网上枫桥经验"、建设更高水平的平安浙江的重要体现。

一、搭建基层治理"四个平台"

乡镇政府是我国最基层的政权机关，是实现基层治理体系和治理能力现代化的最重要组织者，是坚持发展新时代"枫桥经验"的重要实践者，是推动平安乡镇建设的最主要执行者。但是，税费改革后，乡镇治理出现"看得见的管不着、管得着的看不见"的现象。究其根源，主要表现在两个方面：一是事在镇（街）与权在区（县）的矛盾，镇（街）"单薄"的管理职权与"繁重"的工作任务不匹配。二是镇（街）统筹协调与部门派驻机构的矛盾，条块分割，难以形成工作合力。①

习近平总书记高度重视基层社会治理，指出国家治理重点在基层，难点也在基层。党的十八届三中全会强调："健全基层综合

---

① 邱昊.基层治理体系"四个平台"建设中存在的问题和对策探讨——基于浙北杨汛桥镇试点的调研分析[J].山东科技大学学报（社会科学版），2018(5)：50.

服务管理平台,及时反映和协调人民群众各方面各层次利益诉求。"2016年以来,中央先后出台了《关于深入推进经济发达镇行政管理体制改革的指导意见》《关于加强乡镇政府服务能力建设的意见》,对提升乡镇治理和服务能力提出了新的要求。

浙江在乡镇基层治理方面一直走在全国前列,早在2003年首创乡镇综治工作中心,2005年在全省推广乡镇综治工作中心,2009年在全省推广"网格化管理、组团式服务",初步把乡镇(街道)与部门派驻机构的力量进行整合。但是原来主要靠线下网格和人工指挥来整合,没有充分利用互联网平台的功能。2015年3月,浙江省行政体制和机构编制工作会议召开,"四个平台"概念首次提出。6月,省委十三届七次全会明确提出要提升乡镇(街道)统筹协调能力,探索建设乡镇(街道)综治工作、市场监管、综合执法、便民服务四个功能性工作平台。2016年,浙江省出台了《关于加强乡镇(街道)"四个平台"建设完善基层治理体系的实施意见》等相关文件,在部分示范乡镇(街道)开展试点。2017年在全省所有乡镇(街道)全面完成"四个平台"建设。这项改革围绕推进基层治理体系和治理能力现代化,认真落实简政放权、放管结合、优化服务(以下简称"放管服")改革的要求,统筹县乡条块力量,优化行政资源配置,着力构建权责清晰、功能集成、扁平一体、运行高效、执行有力的乡镇(街道)管理体制和机制,全面提升基层社会管理和服务群众水平。

所谓基层治理"四平台",是指综治工作平台、市场监管平台、综合执法平台、便民服务平台。这四个平台分别承担相应的职能:第一,综治工作平台承担社会治安综合治理、维护稳定、平安建设等功能。综治工作平台主要发挥乡镇(街道)社会服务管理中心的综合协调作用,依托乡镇(街道)综合治理办公室,统筹派出所、检察室、法庭、司法所、人武部和信访等工作力量,切实加强社会治安、矛盾化解、社区矫正、安置帮教、禁毒戒毒、反邪教和流动人口服务管理等工作。综治工作平台一般由乡镇(街道)分管负责人牵头,由乡镇(街道)综合治理办公室负责日常管理协调工作。第二,市场监管平台承担面向企业和市场经营主体的行政监管和执法功能。市场监管平台依托乡镇(街道)食品安全委员会办公室、市场监管所,通过加强与农业、卫生等部门的协作联动,维护市场秩序,改善营商环境,保障经济主体正常开展活动。市场监管平台由乡镇(街道)分管负责人牵头,食品安全委员会办公室负责日常管理协调工作。第三,综合执法平台承担一线日常执法巡查和现场监管功能。综合执法平台以乡镇(街道)综合行政执法中队(执法办公室)为主体,统筹其他相关条线的行政执法力量。综合执法平台由乡镇(街道)分管负责人牵头,执法中队(执法办公室)负责日常管理协调工作。建立行政执法指挥协调机制,对于需要多个执法队伍或县乡联动处置的事项,进行统一指挥协调,组织开展联合执法。第四,便民服务平台承担基层各类公共服务和便民服务功能。便民服务平台以群众需求为导向,梳理公开行政权力清单、公共服务事项目录,按应进俱进要求,把直接面向基层的各类事项纳入乡镇(街道)便民服务中心,并延伸至村(社区);通过加强与医疗卫生、文化广电、法律服务、农经农技、人力社保等基层站所及家政、养老、志愿者等社会服务组织的协作联动,畅通信息渠道,提供服务和便利。依托浙江政务服务网,完善乡镇(街道)网上服务站,设立村(社区)网上服务点。便民服务平台由乡镇(街道)分管负责人牵头,便民服务中心管理机构负责日常管理协调工作。"四个平台"利用体制创新和智慧治理,有效破解了镇(街)单薄的管理职权与繁重的工作任务不匹配的矛盾,解决了镇(街)与部门派驻机构之间条块分割、难以形成工作合力的问题,是基层平安建设的一个重大创新。

◆◆ 案例 3-15

宁波海曙:"四个平台"围着服务百姓转

盛夏的晚上,海曙区石碶街道阳光丽园三期网格长王艳像往常一样,在自己网格巡查走访,突然发现小区一个店面房上有人在烧烤,王艳上去一看,上面立着五六个伞篷,摆着七八张桌子,是楼下网吧业主刚开张的夜宵摊。王艳立即联系物业,一起劝说网吧业主拆除摊位。劝说无效后,王艳把拍摄的现场照片发到石碶街道"四个平台"建设微信群,向街道城管中队求助,同时又通过"E宁波"APP上报事件,没过10分钟,城管队员就赶到了现场,迅速取缔该处烧烤摊。

在石碶街道,像王艳这样的网格长有157人、网格员有312人,平时走街串巷,活跃在157个网格,将发现的社会治安、环境卫生、百姓诉求等民生大事小情及时反馈到街道"四个平台"综合信息指挥室。这"四个平台"包括综治工作、市场监管、综合执法、便民服务四个功能性工作平台。

从2017年初开始,石碶街道运用矩阵化管理理念,把街道和部门派驻机构承担的职能相近、职责交叉和协作密切的日常管理服务事务进行归类,形成了"综合指挥室+四个平台+全科网格"的基层治理模式,将辖区的村、社区、企业划成了157个网格,主动对接百姓民生诉求。

走进石碶街道的"四个平台"综合信息指挥室,15块液晶显示屏组成的大屏幕就像一个高速运转的处理器,不断滚动着各类民生信息,日均受理案件达150件。在这个信息平台上,有事件处理流程、事件转移、绩效考核等内容。点开事件处理栏,可以看到事件标题、事件简述、处理记录等,每一项都很详细。多数问题可以在网格长、网格员一级得到解决,有时也会碰到硬茬,需要多部门联合才能解决。

石碶街道制定了"四个平台"信息流转、协调处置实施办法,明确派出部门和属地街道"双重管理、属地为主"的管理体制,在遇到需要联合处理的问题时,由"四个平台"综合信息指挥室统筹整合调动。11个职能部门和单位融入"四个平台",街道统筹协调能力大幅提升,有效破解了基层管理中的种种难题。

石碶街道"四个平台"建设投用以来,网格长、网格员累计走访巡查家庭372万户、企业11万家,累计走访重点人员3.8万户、企业7000多家,共处理网格上报事件3.8万件,上半年区级流转街道信访事件总量比上年同期下降50%。

案例来源:人民日报,2018-8-29.

案例简析 >>>

基层治理"四个平台"有效整合了乡镇(街道)各类资源,消除了基层治理"信息孤岛",为群众带来更为适意的"服务体验",给基层政府带来了更为高效的"治理体验",实现了"枫桥经验"在现代化建设时期的创新发展,提高了平安浙江建设的智慧化、社会化治理水平。

二、创新政务服务"最多跑一次"

经过持续的行政审批改革和机关效能建设,我国的政务服务质量有了极大的提升,彻底改变了以往"脸难看,门难进"的现象,但"事难办"的问题依然存在。"权限下放不够、窗口不能办理""信息孤岛,政府数据不共享""多窗受理,让群众来回跑""流程复杂,企业审批时间长"等问题依然比较突出,使得人民群众和企业在办理审批事项过程中依然抱有怨言。因此,需要进一步加大审批改革力度和智慧治理力度,破解这些难题。

党的十八大报告提出"建设职能科学、结构优化、廉洁高效、人民满意的服务型政府"。2013 年 2 月 28 日,习近平总书记在十八届二中全会上讲话指出,"我们必须下更大决心、以更大力度推进政府职能转变,以更好适应深化改革开放、加快转变经济发展方式、转变工作作风、维护社会和谐稳定的迫切要求"。2017 年 12 月 8 日,习近平总书记在中共中央政治局集体学习时强调指出,"要运用大数据提升国家治理现代化水平,建立健全大数据辅助科学决策和社会治理的机制,推进政府管理和社会治理模式创新,实现政府决策科学化、社会治理精准化、公共服务高效化"。2018 年和 2019 年两会期间,"最多跑一次"连续两次写入国务院政府工作报告。2019 年 10 月 24 日,习近平总书记在主持中央政治局第十八次集体学习时,提出区块链技术的创新运用,"要探索利用区块链数据共享模式,实现政务数据跨部门、跨区域共同维护和利用,促进业务协同办理,深化'最多跑一次'改革,为人民群众带来更好的政务服务体验。"2019 年 10 月 31 日,习近平总书记在十九届四中全会报告中提出"创新行政管理和服务方式,加快推进全国一体化政务服务平台建设,健全强有力的行政执行系统,提高政府执行力和公信力。深入推进简政放权、放管结合、优化服务,深化行政审批制度改革,改善营商环境,激发各类市场主体活力。完善公共服务体系,推进基本公共服务均等化、可及性"。可见,习近平总书记结合全面深化改革,要求大力创新公共服务模式,实现公共服务高效化。

　　浙江省于 2013 年启动第四轮行政审批制度改革,推出了"四张清单""一张网"①等改革举措,不断推动行政审批制度革新。2016 年 12 月,浙江省在全国率先提出并实施"最多跑一次"改革,这次改革建立在智慧治理的基础上,让数据多"跑路",让群众少跑腿甚至不跑腿。这是新时代浙江深化"互联网＋政务服务",提升省域治理现代化、平安浙江建设智能化水平的重要标志。"最多跑一次"改革在提出之初,主要是针对行政审批制度改革,按照"群众和企业到政府办事最多跑一次"的理念和目标,从与企业和人民群众生产生活关系最紧密的领域和事项做起,逐步实现全覆盖。当时重点是全面推进简政放权,倒逼各级各部门减权、放权、治权,加快形成覆盖行政许可、行政处罚、行政征收、行政裁决、行政服务等领域的"一次办结"机制。从 2019 年开始,"最多跑一次"改革继续深化,不再是简单地方便群众和企业到政府办事,而是已经向党政机关、人大政协、群团组织、社会组织等主体全面延伸,向公共服务、经济管理、社会治理、环境保护、民主法治等领域纵深发展,成为一场对政府职能、服务方式、机关效能的整体性变革。② 2020 年始,浙江"最多跑一次"改革在"重要窗口"建设上"当先锋、打头阵",坚定不移深化改革、主动作为、化危为机,推动改革再上新台阶、迈向新征程。

　　浙江"最多跑一次"改革主要做法:一是变革理念,突出以人民

---

　　① "四张清单"是指政府权力清单、企业投资负面清单、政府责任清单、省级部门专项资金管理清单。"一张网"是指浙江政务服务网。

　　② "浙"就是"最多跑一次".浙江在线,2019-12-26.

为中心。"最多跑一次"改革是一场以民众为中心的公共管理创新，它较为有效地解决了长期以来全球公共管理理论与实践"以政府为中心"的难题。这场改革的起点，是以方便群众和企业办事为逻辑起点，突破了部门视角的传统改革模式。在实施"最多跑一次"改革后，浙江开始梳理个人和企业全生命周期的政务事项目录，重点在民生、营商两块领域，共梳理出"一件事"41件。其中，群众全生命周期"一件事"达24件，具体包括出生、上学、就业、婚育、置业、救助、就医、退休养老、殡葬9个重要阶段；企业全生命周期"一件事"达17件，具体包括商事登记、获得场地、员工招聘、生产经营、权益保护、清算注销6个重要阶段。把这些事项梳理好后，通过流程再造，便于形成标准化、规范化的办事事项和办事指南体系，可以一次性办理，简化办事流程，真正体现以人民为中心的执政理念、改革理念。二是打破信息孤岛，实现数据共享。通过省级顶层设计，有效打通"最多跑一次"改革中的堵点，消除了信息孤岛，真正做到"让数据多跑路，让群众少跑腿"。截至2019年12月20日，浙江省市县三级适宜网上办理的办事事项100%开通网上办理；"浙里办"APP应用超市汇聚468项便民服务应用，掌上办事开通率达80.50%；由浙江省政府与阿里巴巴集团合作开发的在线政务协同平台"浙政钉"，建立政务群18万个，覆盖123万名公职人员。三是建好平台，打造高效便民的行政服务中心。加强行政服务中心标准化建设，调整优化窗口设置，配强配优人员力量，提升一站式服务功能，打造布局科学、智慧高效、服务周全、环境舒适之地。推动更多的办事事项向基层延伸，提升乡镇（街道）服务中心、村（社区）代办点的设施配套功能和事项承接能力，推行"代办点＋自助服务终端＋网格员服务"的便民服务新模式，让"数据跑"、"干部跑"代替"群众跑"和"企业跑",加快实现同城通办、就近能办。① "最多跑一次"改革是新时代浙江深化"互联网＋政务服务",提升省域治理现代化、平安浙江建设智能化水平的重要标志。

◆◆ 案例 3-16

诸暨市"一证通办一生事"

"一证通办一生事"是指市民凭一张身份证,就能办理从出生至死亡的绝大部分涉民事项,无须提供其他证明材料。通过改革,全市办理事项精减各类证明材料 70％以上,本市居民凭身份证就可办理 397 个事项。目前,"一证通办"系统累计调用共享数据 120 余万次,并向镇、村延伸,实现就地受理、远程办结。

因事制宜、分类制策,全面梳理高频率涉民涉企事项,明确办理事项所需信息数据,分类集成事项数据串。加强横向部门信息共享,全面建成涵盖户籍、社保、不动产等涉民涉企 25 个主要数据仓。以"身份证"为索引,把部门数据仓整合建成公共数据平台,制作涉及个人户籍、医疗、民政、社保、不动产和市场主体信息等相关电子证明、证照模板 64 份。开创信息数据应用新领域,如小学、初中预报名等事项实现群众"零跑腿",资料"零提供";人民法院立案时间从 1 天缩短到 5 分钟,当事人原先需跑 7 个部门调取相关信息,现在系统自动生成相关电子文书。强化监管,确保应用信息数据安全,经办人员须通过 CA(证书颁发机构)身份认证才可操作,且痕迹记录在案,防止个人信息被滥用、泄露。

案例来源:浙江省"最多跑一次"改革地方最佳实践案例.

---

① 最多跑一次,改革再发力——浙江建立健全为民办实事长效机制 15 周年特别报道之四[N].浙江日报,2019-10-29.

案例简析 >>>

　　诸暨市率先推出"一证通办一生事"改革,这是浙江"最多跑一次"改革在各地实践创新的一个缩影。作为"枫桥经验"的发源地,诸暨市把"最多跑一次"改革和坚持发展新时代"枫桥经验"有机结合,通过政府部门信息的互联互通、共享共用,在政务服务领域实现"小事不出村,大事不出镇",这不但创新了"互联网＋政务服务"新模式,还拓展了平安浙江建设的源头治理新模式。

三、社会治理领域"最多跑一地"

　　新时代社会矛盾纠纷呈现主体多元、类型多样、关系多维、反复多变等特点。基层政府在应对社会矛盾新变化,依法治国新要求,人民群众新期待,信息时代新速率,社会治理新挑战的形势下①,必须创新有效预防化解社会矛盾体制。传统单一线性、部门分割、条线相隔的矛盾化解体制,已经无法适应新变化趋势,需要创新协同化、智慧化、一站式、集成式的矛盾纠纷化解中心,并将治理单元从"一村""一镇"提升到"一县"统筹,真正实现"小事不出村,大事不出镇,信访不出县",推动新时代"枫桥经验"新发展。

　　以习近平同志为核心的党中央立足中国实际情况,对矛盾纠纷多元化、智慧化治理作出了战略部署。党的十八届三中全会强调"健全基层综合服务管理平台,及时反映和协调人民群众各方面各层次利益诉求"。2017 年 10 月,党的十九大报告强调"建立网络综合治理体系""加强预防和化解社会矛盾机制建设,正确处理人

---

　　① 司法部副部长刘振宇同志在第十三届中国法学青年论坛致辞.(2018-7-12).22:31.

民内部矛盾。"2018年4月21日,习近平总书记在全国网络安全和信息化工作会议上,强调"要运用信息化手段推进政务公开、党务公开,加快推进电子政务,构建全流程一体化在线服务平台,更好解决企业和群众反映强烈的办事难、办事慢、办事繁的问题"。2019年1月7日,习近平总书记在全国政法工作会议上,提出"要创新完善平安建设工作协调机制,统筹好政法系统和相关部门的资源力量,形成问题联治、工作联动、平安联创的良好局面"。"要持续开展'减证便民'行动,加快推进跨域立案诉讼服务改革,推动诉讼事项跨区域远程办理、跨层级联动办理,解决好异地诉讼难等问题。"2017年10月,党的十九大报告强调"建立网络综合治理体系""加强预防和化解社会矛盾机制建设,正确处理人民内部矛盾"。2020年3月30日,习近平总书记在安吉县社会矛盾纠纷调处化解中心调研时强调,基层是社会和谐稳定的基础。要完善社会矛盾纠纷多元预防调处化解综合机制,把党员、干部下访和群众上访结合起来,把群众矛盾纠纷调处化解工作规范起来,让老百姓遇到问题能有地方"找个说法",切实把矛盾解决在萌芽状态、化解在基层。2020年10月,在党的十九届五中全会报告中强调"完善各类调解联动工作体系,构建源头防控、排查梳理、纠纷化解、应急处置的社会矛盾综合治理机制"。

2019年以来,浙江省将"最多跑一次"改革的理念,从方便企业和群众办事的民生领域,创造性运用到矛盾纠纷化解的社会治理领域,努力使企业和群众有矛盾纠纷需要化解时"最多跑一地"。2019年7月,浙江省委政法委制定印发《关于探索建设县级社会治理综合服务中心(信访超市)的指导意见》,会同省信访局等部门推动各地整合力量资源、创新信访和纠纷化解机制,加强诉源治理工作,探索建设县级社会治理综合服务中心,着力提升基层就地化解矛盾、防范社会风险的能力水平。至 2019 年底,全省 90 个县(市、区)全部建成实体化运行的县级社会矛盾调处化解中心。"最多跑一地"改革通过智慧化治理手段,将矛盾纠纷一站式化解从镇域升级到县域,将为民办实事长效机制从传统民生领域拓展到社会治理领域,不断打造平安浙江建设升级版。

"最多跑一地"的主要做法:一是打造县级"信访超市",实现"多部门"向"一部门"转变。以"信访超市"为中心,统合县级综治中心、人民来访接待中心、矛盾纠纷化解中心、诉讼服务中心、公共法律服务中心、社会治理综合指挥中心、"智慧城管"中心、12345统一政务咨询投诉举报平台等多中心(多平台),根据民众的不同信访诉求,在统一平台分类办理,提高民众的办事效率。二是统一受理分类办公,实现"多窗口"向"一窗口"转变。在统一的办公区域设立无差别的受理窗口,综合解决群众提出的各类问题,包括纠纷化解、信访诉求、投诉举报、法律仲裁等事项,根据群众的描述准确区分事项类型,分类导入办事程序,集成办公。三是线上线下联动办理,实现"固态化"向"智能化"转变。改变传统治理模式,而代之以矛盾化解从以线下为主到线上线下双向发力的转变,将群众和办事员从纷繁的数据中解脱出来,化固态的、僵化的机制为科学的、弹性的体制,将数据资源整合应用,打造集"线上流转办事、动态管理、调度指挥、预测预警、精准决策"于一体的县域社会治理"智慧大脑"。同时,借助信息化资源,从技术上解决县级"信访超市"、乡镇(街道)"基层治理四平台"、村(社区)"三治融合"治理体系的衔接配合问题,上下联动就地化解矛盾纠纷,不断增强"小事不出村、大事不出镇、矛盾不上交"的能力。四是政府专员多元作战，实现从"政府办"向"多方办"的转变。主要是构建和完善诉调、警调、检调、专调、访调"五调联动"的矛盾纠纷多元化解机制，通过建立专业性、行业性调解组织，组建调解专家库，鼓励第三方力量，尤其是民间调解品牌进入调解团，对重大矛盾纠纷建立以法官、首席调解员、援助律师和部门人员参加的会商研判机制，共同制订解决方案，着力解决重大疑难案件和群体性案件。这种新模式创新了协同化、智慧化、一站式、集成式的矛盾纠纷化解中心，将治理单元从"一村""一镇"提升到"一县"统筹，真正实现"小事不出村，大事不出镇，信访不出县"，提升了县域平安建设水平。

◆◆ 案例 3-17

舟山市普陀区推进社会治理领域"最多跑一地"

2012 年，舟山市普陀区成立了浙江省首家县级矛盾纠纷调处中心，在化解跨区域、跨部门、跨行业重大矛盾纠纷当中发挥了主导作用，取得了明显成效。但是，这项新事物在运行过程中慢慢浮现出一些问题，如进驻部门覆盖不全、职能融合不深、信息指挥不灵、诉调不畅等问题，导致群众诉求多地跑、多头跑、反复跑的问题仍未根本解决。为此，2017 年普陀区将行政审批"最多跑一次"改革的理念方法运用到社会治理领域，坚持"跑一地"是底线，"跑一次"是常态，"不用跑"是目标，全面升级矛盾纠纷调处中心。最终率先打造了区级社会治理综合服务中心，集指挥、化解、投诉、指导、研判等功能于一体，形成了党委领导、部门协同、关口前移、一门受理的社会治理普陀模式。其主要做法有以下几点。

1. 转变工作理念,推动矛盾纠纷化解"跑一地"。针对群众普遍反映"诉求跑多地"的问题,创新打造区级一站式社会治理综合服务中心,推动矛盾纠纷一地化解。一是把部门合成,按照"全科门诊"的目标定位,成建制入驻了网格综治、诉讼服务、公共法律、信访和"12345政府投诉"等部门,特别是针对法院的民商事案件数量逐年递增的问题,将法院立案受理庭和简案组成建制地纳入了中心。注重加强制度化、标准化、规范化的建设,努力把中心打造成整治社会疑难杂症的"综合性医院",推动了矛盾纠纷一门受理、一站解决。二是闭环集成,鼓励和发动律师、公证、鉴定、评估、保险等社会力量进驻中心,协同推进调解、诉讼、仲裁工作,实现了矛盾纠纷内部闭环处置,形成集约化、系统化的优势,进一步凝聚了矛盾纠纷多元化解的合力。三是海陆联动,积极探索打造新时代海上"枫桥经验",完善了海陆一体,对发生在海上的海事渔事纠纷,由中心统一指挥:先由海上调解,调处不成的由中心海事渔事调解力量依法处置。四是基层联动,推动区级中心机制和网格向下延伸,强化镇街基层治理平台,村舍全格网格衔接联动,健全落实问题联治、工作联动、平安联创机制,构筑形成县域矛盾纠纷调处化解新体系,既实现了矛盾化解"最多跑一地",又发挥了基层调解的作用。

2. 优化业务流程,推动矛盾纠纷化解"跑一次"。针对群众"诉求反复跑"的问题,在流程上优化升级,推动矛盾化解高效化、便捷化。一是推行一窗受理,兜底化解。设立了无差别的综合窗口,一个窗口子受理群众矛盾诉求,再分流交办到相应的服务窗口,对责任不清的矛盾诉求,由综合窗口兜底化解,避免了推诿扯皮。2019年1月至10月,中心一共受理各类案件6.6万件,其中矛盾纠纷

5452 件,96.5％跑一次解决,群众满意率达到 98.6％,时效从 2018 年初的 4.5 个工作日,缩减到 2.5 个工作日。化解率从 2018 年初的 86.3％提升到了现在的 93.2％。二是推行调解前置,速裁保障。对符合调解条件的涉诉纠纷,组建简案快调速裁团队,将调解作为前置必备的条件,引导案件诉前分流,能调尽调,从源头上减少诉讼增量。2019 年 1 月至 11 月,全区法院的民商事案件同比下降了 34.3％。三是推行多方会商、联动化解。建立以法官首级调解员、援助律师和职能部门参加的"3＋X"会商研判机制。2018 年以来,妥善处置了 163 起重特大疑难复杂纠纷,调成率、协议履行率均达到 100％。

3. 整合信息平台,推动矛盾纠纷化解不用跑。坚持互联网加社会治理,打造统一指挥体系,实现矛盾诉求线上线下联动办理。一是"一号通"热线电话,整合城管、旅游、司法、法院等各热线号码统一为"12345"热线的投诉电话,全天候受理解答转办各类矛盾民生诉求,实行一号对外、内部流转。二是一张网整合全平台,将投诉举报、网格平安、网格问政、海上救助等系统平台整合,搭建统一的综合信息指挥平台,将群众来电、网格上报的矛盾诉求统一归集,经研判以后通过系统派定到相应的部门和镇街去调处,实现了案件一网收集、一网分流、一网办理、一网解决。三是一个库整合全数据,建立基本覆盖全社会的大数据库,整合了法院、教育、司法、民政、房管、海洋、渔业等 16 个部门的数据资源,开发大数据分析研判平台,为中心提供强大的信息支撑,逐步提升了其分析研判、预测预警、辅助决策的能力和水平。

案例来源:人民网,2019-2-25.

案例简析 >>>

　　舟山市普陀区是浙江省县级一站式化解矛盾纠纷的先行探索者,在多年的探索和优化中,升级成为社会治理"最多跑一地"新模式。这种模式在县域加大社会治理体制改革的力度,实现从工作理念到业务流程再造、从人员力量到数据资源再整合,建成了县级社会治理综合服务中心,有效破解了群众诉求多地跑、多头跑、反复跑的问题。2019年普陀区的经验做法已经在浙江省所有县(市、区)推广,并成功入选全国"创新社会治理典型案例"十大最佳案例。社会治理领域"最多跑一地"正成为平安浙江建设乃至平安中国建设的有效新载体。

四、在线矛盾纠纷多元化解平台

　　在新时代,经济社会的快速变革、人口流动的规模扩张以及互联网的快速普及,使得矛盾纠纷形式越来越纷繁多样。仅仅依靠传统线下解纷模式,不但易引发"诉讼爆炸",而且耗时费力、效果不佳。这就要求必须适应纠纷的多元属性,及时转变解纷观念,综合运用智慧化解纷方式,创新网上"枫桥经验",走上智慧平安建设之路。

　　党的十八大以来,党中央作出了许多推动矛盾纠纷多元化、智慧化治理的战略部署。党的十八届三中全会强调"健全基层综合服务管理平台,及时反映和协调人民群众各方面各层次利益诉求"。十八届四中全会提出要"完善调解、仲裁、行政裁决、行政复议、诉讼等有机衔接、相互协调的多元化纠纷解决机制"①。随即,

---

　　①　中共中央关于全面推进依法治国若干重大问题的决定[N].人民日报,2014-10-29(8).

中央出台相关文件配套落实,2015 年 12 月 6 日,中共中央办公厅、国务院办公厅出台《关于完善矛盾纠纷多元化解机制的意见》,2016 年 6 月 29 日,最高人民法院出台的《关于人民法院进一步深化多元化纠纷解决机制改革的意见》,都强调要根据"互联网＋"战略要求,创新在线纠纷解决方式,建立"一站式"纠纷解决平台。

2016 年 4 月,浙江省承担了中央综治委推动的"矛盾纠纷多元化解一体化网络平台"创新试点项目,创造性地构建了"在线矛盾纠纷多元化解平台"(online dispute resolution,ODR),打造网上"枫桥经验",建设更高水平的平安浙江。2017 年 3 月,在线矛盾纠纷多元化解平台首先在西湖区上线运行,6 月推广到杭州全市。2017 年 10 月,上升为由浙江省高级人民法院主导的开发平台,功能大幅提升。2018 年 1 月,平台应用推广到全省所有地区。经过 3 年多的发展完善,ODR 从需求挖掘、设计、开发、上线已经形成了一整套流程机制,不断优化提升平台在分析、研判、流转、处理等方面的功能。ODR 平台引入司法调解、人民调解、行业调解等多元化解纠纷资源,是一个集咨询、评估、调解、仲裁、诉讼五大服务功能于一体的社会化解纠纷服务共享平台,是"互联网＋"社会治理与依法治国两大理念的有机结合,为矛盾纠纷跨时空、跨地域解决提供了全新模式。

"在线矛盾纠纷多元化解平台"主要做法如下①:一是搭建"五位一体"平台。ODR 平台搭建了集"在线咨询、在线评估、在线调解、在线仲裁、在线诉讼"的"五位一体"、层层递进、科学系统的

---

① 浙江 ODR 做法的主要根据为中国社会科学出版社 2019 年 1 月出版的《社会治理:新时代"枫桥经验"的线上实践》第一章《在线矛盾纠纷多元化解平台的实际与展望——以浙江省矛盾纠纷多元化解平台为样本》。

"社会解纷新模型",提供"一站式"解纷流程,并开发出 PC 端、手机移动端和微信小程序端三种版本。二是整合多元解纷资源。ODR 平台已注册上线 4311 家调解机构、45196 名调解员和 1445 名咨询师,汇集行业调解、商事调解、人民调解、司法调解、公正调解、律师调解、仲裁调解、行政调解等各体系调解服务资源。三是健全多种对接机制。ODR 建立了统一的组织和管理体系,健全诉调对接机制、访调对接机制等,促使司法审判与社会专业调解优势互补、形成合力,实现矛盾调处"1+1>2"的目标。目前,ODR 已经实现了与人民法院网上立案系统、移动微法院系统的对接,并逐步拓展业务功能模块,相继上线金融一键仲裁、执行悬赏等功能,并积极推进与人民调解、互联网法院等平台对接,有望持续与相关机构实现互联互通,形成在线多元解纷网络。四是强化平台培训宣传。为达到优化平台的目标,ODR 配备专门客服电话,由 3 名专业人员负责答疑;并创建 2 个专用微信号,建立100 多个微信群以便实时沟通解惑。在宣传方面,通过在各法院滚动播放操作演示视频、到乡镇(社区)张贴并发放宣传页、召开ODR 应用推广发布会、吸引委派律师参与在线调解等方式,做到有效宣传推广。在培训方面,自 ODR 上线至 2018 年 11 月,共组织政法委、司法局、法院等机关单位及社会组织、调解员、志愿者等培训 200 余次,并通过制作操作手册、录制操作视频,详细讲解平台操作流程、系统功能、运用机制、资源库使用等内容,推动平台得到优质使用。ODR 适应了新时代纠纷的多元属性,及时转变解纷观念,综合运用智慧化解纷方式,创新"网上枫桥经验",走上智慧平安建设之路。

◆◆ 案例 3-18

西湖区"在线矛盾纠纷多元化解平台"建设

　　西湖区"在线矛盾纠纷多元化解平台"秉承习近平总书记在第三次互联网大会提出的"要集思广益、增进共识、加强合作,让互联网更好地造福人类"的理念,根据创新性、一站式、智能化、开放式、权威性等五大特点进行设计开发,是浙江省乃至全国在线矛盾纠纷化解平台的现行创设试点以及后续发展模板。2008 年,西湖区法院着手利用大数据、云计算、人工智能等现代科技探索网上调解工作;2016 年 4 月,西湖区承担中央综治委赋予浙江省进行"矛盾纠纷多元化解一体化网络平台"创新项目试点,区法院具体负责落实;2017 年 3 月 15 日,西湖区"在线矛盾纠纷多元化解平台"坚持"先试先行,边用边改"的原则,正式上线并开始推广应用;其后不断完善发展,并推广至全省乃至全国其他地区,现已取得了一定的理论、制度和实践成果。

　　西湖区在线矛盾纠纷多元化解平台具备在线咨询、在线评估、在线调解、在线仲裁、在线诉讼五项功能。一是在线咨询。此功能主要包括"随便问问"和"人工咨询"两种:用户点击"随便问问",输入自己的问题,即可以获得智能问答机器人推荐的相关法律,法条释义、相关案例和纠纷解决流程;也可以申请人工咨询,与咨询师在线对话。二是在线评估。这是"在线早期中立评估"的简称。用户在线申请评估、提交纠纷描述后,平台会在 24 小时内提供一份包含纠纷法律风险、诉讼费用、法律建议等内容的书面报告。平台运用大数据分析技术,会自动识别纠纷描述中的法律要素,从而智能分析各类纠纷法律要素对应的裁判规则,自动生成纠纷的裁判规则分析报告,提示当事人解决相关法律纠纷的法律风险、化解成本与对策建议。三是在线调解。其对接了"在线法院"调解平台,用户可以通过手机 APP 在线选择调解员、上传证据材料、参与电话、视频等形式的调解,查看并确认自动生成的调解协议,还可以在线申请法院进行司法确认。四是在线仲裁。对于达成仲裁协议或约定仲裁的纠纷,可申请在线仲裁服务。平台现已对接中国广州仲裁委员会、绍兴仲裁委员会和杭州仲裁委员会 3 家仲裁机构。用户可以在线选择仲裁员,实现在线受案、在线缴费、在线庭审、在线举证、在线合议、在线裁决、在线送达,全流程在线化。五是在线诉讼。其对接了浙江法院电子商务网上法庭,用户可以向杭州市中级人民法院、杭州市西湖区人民法院等 13 家法院在线提起诉讼,参与智慧庭审。

案例来源:人民法院报,2017-9-2(8).

案例简析 >>>

　　西湖区"在线矛盾纠纷多元化解平台"是浙江乃至全国首创,它的成功证明了我国矛盾调解从线下到线上的可能性。这一智慧化调解平台通过科学运用信息化手段促进在线矛盾调解,实现了纠纷解决人员的跨地域,满足了信息时代下人民群众对纠纷解决的多元、及时、便捷的新要求,实现了矛盾纠纷调解全过程的智能化。这是新时代坚持发展"枫桥经验"的体现,也是创新平安西湖建设的有效载体。

◆◆ **本章小结**

　　自习近平同志调离浙江后,浙江始终坚持平安建设,并根据时代变化、矛盾变化以及人民群众对美好生活的向往,不断深化发展,与时俱进,始终干在实处、走在前列。尤其自党的十八大以来,浙江根据习近平总书记全面推进平安中国建设的战略部署,坚持发展新时代"枫桥经验",不断提升社会治理体系和治理能力现代化水平,率先打造平安中国示范区。平安浙江建设的深化发展,重点围绕源头治理、多元治理、"三治融合"、智慧治理,从理念、主体、方法、手段和平台上,都对平安建设进行了创新与提升,打造了新时代平安中国建设的浙江样本,为平安中国建设提供了浙江智慧、浙江贡献。

◆◆ **思考题**

1. 新时代的平安建设与传统平安建设相比有了哪些新变化?

2. 平安浙江建设的实践创新对全国各地开展平安建设有什么借鉴意义?

3. 您觉得新时代的平安建设体系应该包括哪些内容? 重点可以在哪些方面进行突破与创新?

◆◆ **拓展阅读**

1. 马以,谢小云. 平安建设的浙江实践[M]. 杭州:浙江人民出版社,2017.

2. 浙江省委政法委编写组. 新时代"枫桥经验"的浙江实践[M]. 杭州:浙江人民出版社,2018.

3. 中国法学会"枫桥经验"理论总结和经验提升课题组. "枫桥经验"的理论构建[M]. 北京:法律出版社,2018.

4. 汪世荣,褚宸舸. "枫桥经验":基层社会治理体系和能力现代化实证研究[M]. 北京:法律出版社,2018.

5. 贾宇. 新时代"枫桥经验"检察实践案例精选[M]. 杭州:浙江人民出版社,2018.

6. 中共绍兴市委党校,"枫桥经验"研究中心. 新时代"枫桥经验"与基层治理现代化[M].杭州:浙江人民出版社,2018.

7.朱志华,周长康."枫桥经验"的时代之音[M].杭州:浙江工商大学出版社,2019.

8.中国社会科学院国家法治指数研究中心,中国社会科学院法学研究所法治指数创新工程项目组.社会治理:新时代"枫桥经验"的线上实践[M].北京:中国社会科学出版社,2019.

9.郭彦.诉源治理——新时代"枫桥经验"的成都实践[M].北京:人民法院出版社,2019.

10."枫桥经验"55周年时,中央电视台、浙江电视台拍摄的"枫桥经验"大型政论片。

要深入贯彻落实党的十八大精神,把平安中国建设置于中国特色社会主义事业发展全局中来谋划,紧紧围绕"两个一百年"奋斗目标,把人民群众对平安中国建设的要求作为努力方向,坚持源头治理、系统治理、综合治理、依法治理,努力解决深层次问题,着力建设平安中国,确保人民安居乐业、社会安定有序、国家长治久安。

——习近平总书记在深化平安中国建设会议(苏州)召开前作出的重要指示,2013 年 5 月 31 日

第四章　从平安浙江到平安中国

◆◆ **本章要点**

1. 党的十八大以来,习近平总书记全面推进平安中国建设,把平安浙江建设这一省域层面的先期探索上升为国家层面的战略部署。习近平总书记对平安中国建设作出了一系列重要论述和要求,为开展平安建设指明了方向,提供了遵循。

2. 平安中国建设遍地开花,涌现了一大批生动实践和典型范例。这些先行经验又扩散为全国性的效仿复制和自主创新,使得平安中国建设实现"滚雪球"式的发展,日益积垒起平安中国建设的大厦。

3. 平安中国建设硕果累累,形成了一系列制度性成果,成为习近平新时代中国特色社会思想尤其是社会主义治理思想的重要组成部分。

自党的十八大以来,习近平总书记高瞻远瞩,谋篇布局,作出

了全面推进平安中国建设的重大决定,将平安建设从地方实践提升为国家战略,推动我国朝着更高水平的平安中国迈进。从平安浙江到平安中国,体现出习近平总书记高超的政治智慧、厚植的人民立场和浓厚的大国情怀,一步一步把平安建设从一省之计上升为一国之策,为建设更高水平的平安中国找到了经典方案。从平安浙江到平安中国,反映了习近平总书记不变的初心、坚韧的精神和务实的作风,做到平安建设执政宗旨一脉相承、实践主题不断更新、理论体系持续深化。久久为功,终成大业,平安中国建设硕果累累,全国各地遍地开花,涌现了大量创新实践与制度成果。

第一节　全面推进平安中国建设

自党的十八大以来,习近平总书记延续在浙江工作期间开展"大平安"建设的理念,站在国家战略层面,从统筹推进"五位一体"总体布局和协调推进"四个全面"战略布局的高度,对推进平安中国建设进行部署,提出了许多新思想、新战略,为我们建设更高水平的平安中国指明了方向。

一、平安中国建设的提出与部署

习近平同志担任中共中央政治局常委、国家副主席后,依然对"枫桥经验"与平安建设非常重视,每年"两会"期间,他都要叮嘱浙江的干部坚持发展"枫桥经验",深入开展平安建设。2011 年 3 月8 日,他到十一届全国人大四次会议浙江代表团驻地看望代表时,指出"春江水暖鸭先知。浙江是全国经济发展较快的地区,社会建设和管理中的一些新情况新问题也往往比其他地方早发先发……

要创新管理理念、制度、手段、方法,坚持和发展'枫桥经验',着力提高社会管理科学化水平"①。2012 年 3 月 6 日,在听了十一届全国人大五次会议的浙江代表团汇报后,他指出"在新的一年,要坚持和发展'枫桥经验',深化'平安浙江'建设,深入推进基层平安创建,扎实开展领导干部下访接访活动,加强矛盾纠纷排查调处,尽心尽责解决群众信访问题,化解信访积案,着力解决社会安全稳定方面的突出问题,为党的十八大胜利召开营造和谐稳定的社会环境"②。可见,习近平同志到中央工作后,始终关注平安浙江建设的动态,鼓励浙江结合社会管理创新工作不断提高平安浙江建设水平。

党的十八大以来,习近平总书记站在更高的战略层面部署平安中国建设。2013 年 1 月 7 日,全国政法工作电视电话会议召开。习近平总书记作出重要指示,要求"全国政法机关要顺应人民群众对公共安全、司法公正、权益保障的新期待,全力推进平安中国、法治中国、过硬队伍建设"③。首次提出平安中国建设的概念,意味着习近平总书记对平安中国已经有了思考与酝酿。

2013 年 5 月 31 日至 6 月 1 日,深化平安中国建设工作会议在江苏苏州召开,习近平总书记作出重要指示,指出"平安是人民幸福安康的基本要求,是改革发展的基本前提。多年来,政法综治战线深入推进平安建设,为保障人民安居乐业、维护社会稳定、服务

---

①　金波,周咏南,余勤,等.习近平看望浙江省全国人大代表时寄望浙江:促转型发展　抓社会管理　强党建保证[N].浙江日报,2011-3-9(01).

②　金波,周咏南,叶海,等.习近平寄语浙江:转方式调结构　惠民生促和谐[N].浙江日报,2012-3-7(01).

③　习近平.努力让人民在每一个司法案件中都能感受到公平正义[EB/OL].(2013-1-8).http://cpc.people.com.cn/n/2013/0108/c64094-20125182.html.

经济社会发展作出了重要贡献"。他强调要深入贯彻落实党的十八大精神,把平安中国建设置于中国特色社会主义事业发展全局中来谋划,紧紧围绕"两个一百年"奋斗目标,把人民群众对平安中国建设的要求作为努力方向,坚持源头治理、系统治理、综合治理、依法治理,努力解决深层次问题,着力建设平安中国,确保人民安居乐业、社会安定有序、国家长治久安。^① 这是第一次召开深化发展平安中国建设会议,习近平总书记对平安中国建设有了更高的站位,要求置于中国特色社会主义事业发展全局中来谋划,紧紧围绕"两个一百年"奋斗目标来考虑,在更高起点上全面推进平安中国建设。并且首次明确提出通过"四个治理",即源头治理、系统治理、综合治理、依法治理,加强源头性、基础性工作来着力建设平安中国,标志着平安中国建设正式拉开了帷幕。

二、平安中国建设的深化与发展

党的十八届三中全会以来,平安中国建设的最大亮点是与创新社会治理有机结合起来,实现平安建设与社会治理能力齐头并进。习近平总书记反复强调要通过创新社会治理,从完善中国特色社会主义社会治理体系的高度,提出要建设更高水平的平安中国。这有力地推动了平安中国建设深化发展,使其朝着更高目标、更广泛领域迈进。2013 年 11 月 12 日,习近平总书记在党的十八届三中全会上做报告时指出"创新社会治理,必须着眼于维护最广大人民根本利益,最大限度增加和谐因素,增强社会发展活力,提高社会治理水平,全面推进平安中国建设,维护国家安全,确保人民安居乐业、社会安定有序"。这次会议站在推进国家

---

① 习近平就建设平安中国作出重要指示［EB/OL］.（2013-5-31）. http://cpc. people. com. cn/n/2013/0531/c64094-21695631. html? ol4f

治理现代化的高度,把平安中国建设与创新社会治理有机结合起来加以推动。

　　2014 年 1 月 7 日至 8 日,习近平总书记出席中央政法工作会议并发表重要讲话。这次会议首次把全国政法会议改成中央政法工作会议,中共中央总书记亲自出席会议,这意味着政法工作会议已经成为与中央经济工作会议、中央城镇化工作会议一样的高规格会议,是执政党加强政法工作的政治信号。^① 习近平总书记强调"要把维护社会大局稳定作为基本任务,把促进社会公平正义作为核心价值追求,把保障人民安居乐业作为根本目标,坚持严格执法公正司法,积极深化改革,加强和改进政法工作,维护人民群众切身利益,为实现'两个一百年'奋斗目标、实现中华民族伟大复兴的中国梦提供有力保障"^②。他对政法战线提出工作要求,必须要旗帜鲜明地坚持党的领导,"坚持党的领导,就是要支持人民当家做主,实施好依法治国这个党领导人民治理国家的基本方略。既要坚持党对政法工作的领导不动摇,又要加强和改善党对政法工作的领导,不断提高党领导政法工作能力和水平"。同时,他对各级领导干部也提出要求,"各级领导干部要带头依法办事,带头遵守法律,牢固确立法律红线不能触碰、法律底线不能逾越的观念,不要去行使依法不该由自己行使的权力,更不能以言代法、以权压法、徇私枉法。要建立健全违反法定程序干预司法的登记备案通报制度和责任追究制度"。这次会议在我国政法工作历史上具有里程碑意义,习近平总书记对政法战线如何坚持党的领导作出了

---

　　① 政法会议首次以中央名义召开　总书记罕见出席[EB/OL].（2014-1-9）. http://news. eastday. com/c/20140109/u1a7876435. html

　　② 习近平出席中央政法工作会议并发表重要讲话[EB/OL].（2014-1-8）. http://cpc. people. com. cn/n/2014/0108/c64094-24063167. html

明确的阐述,也对各级领导干部提出不能逾越法律底线的要求,避免在实际操作过程中出现"党领导政法工作"的走样、变味现象。

2014年11月3日,深化平安中国建设会议在武汉召开,习近平总书记作出重要指示,强调"法治是平安建设的重要保障。政法综治战线要认真学习贯彻党的十八届四中全会精神,把政法综治工作放在全面推进依法治国大局中来谋划,深入推进平安中国建设,发挥法治的引领和保障作用,坚持运用法治思维和法治方式解决矛盾和问题,加强基础建设,加快创新立体化社会治安防控体系,提高平安建设现代化水平,努力为建设中国特色社会主义法治体系、社会主义法治国家作出更大贡献"①。这是第二次专题召开深化平安中国建设会议,重点强调要把平安建设与法治建设结合起来,发挥法治在平安建设中的引领和保障作用。2014年10月党的十八届四中全会刚刚通过了《中共中央关于全面推进依法治国若干重大问题的决定》,时隔一个月就专题召开深化平安中国建设会议,可见习近平总书记高度重视平安建设的法治化,在全面推进依法治国的战略部署中统一推动平安建设。

2015年1月20日,中央政法工作会议第二次召开,也是继首次会议后政法系统全面深化改革的"一年"验收期满之际。习近平总书记对这次会议作出了重要指示,首先他肯定了一年来的工作成绩,认为"2014年,政法战线认真贯彻党中央决策部署,深入推进平安中国、法治中国、过硬队伍建设,各项工作特别是改革工作取得新成效"。他对下一步政法工作提出了更为明确的要求:"全国政法机关要继续深化司法体制改革,为严格执法、文明执法、公正

---

① 习近平就深入推进平安中国建设作出重要指示[EB/OL]. (2014-11-4). http://cpc. people. com. cn/n/2014/1104/c64094-25967644. html

司法和提高执法司法公信力提供有力制度保障。要坚持从严治警，严守党的政治纪律和组织纪律，坚决反对公器私用、司法腐败，着力维护社会大局稳定、促进社会公平正义、保障人民安居乐业。"另外，还对地方党委提出工作要求，"各级党委要切实担负起维护一方稳定的政治责任，把政法工作摆到经济社会发展全局中来谋划，积极研究解决影响政法工作的重大问题"。习近平总书记的重要讲话对地方的各级党委书记提出要求，要带头依法办事，要加强和改进对政法工作的领导，确保"刀把子"牢牢掌握在党和人民手中。

2015年9月23日，全国社会治安防控体系建设会议在大连召开，习近平总书记作出重要指示，强调"当前，公共安全事件易发多发，维护公共安全任务繁重。政法综治战线要主动适应新形势，增强风险意识，坚持多方参与、合作共享、风险共担，坚持科技引领、法治保障、文化支撑，创新理念思路、体制机制、方法手段，推进公共安全工作精细化、信息化、法治化，不断提高维护公共安全能力水平，有效防范、化解、管控各类风险，努力建设平安中国"①。在这次会议上，习近平总书记开始把平安中国建设与公共安全、防范化解风险有机结合，使平安建设超越了传统社会治安的范畴，拓展到公共安全等非传统安全领域。这充分体现了习近平总书记敏锐的察觉、开放的视野，不断推动平安中国建设向新时代突出的公共安全危机、重大风险防范领域拓展和施策。

2015年10月29日，习近平总书记在党的十八届五中全会上做报告时，强调"建设平安中国，完善党委领导、政府主导、社会协

---

①　习近平就公共安全工作作出重要指示［EB/OL］．（2015-9-23）．http://www.xinhuanet.com/politics/2015-09/23/c_1116656940.htm

同、公众参与、法治保障的社会治理体制,推进社会治理精细化,构建全民共建共享的社会治理格局"。在这次会议上,习近平总书记把平安中国建设与创新社会治理进一步关联,首次提出"五位一体"社会治理体制、社会治理精细化、共建共享社会治理格局等新理念、新要求,极大地丰富了平安建设的内容,为今后深化发展平安中国建设指明了方向。

2016 年 1 月 22 日,中央政法工作会议召开。习近平总书记对政法战线提出新要求,"要把防控风险、服务发展摆在更加突出位置,为经济社会发展提供有力保障。要下大气力破解难题、补齐短板,提高维护国家安全和社会稳定的能力水平,增强人民群众安全感。要全面深化司法体制改革,提高司法公信力。要加强政法队伍建设,营造风清气正、干事创业的良好生态"。同时,习近平总书记对各级党委也提出新要求,"深入分析社会稳定形势新变化新特点,担负起维护一方稳定的政治责任,加强和改善对政法工作的领导,选好配强政法机关领导班子。要支持政法机关依法履行职责,积极研究解决制约政法工作的体制性机制性问题,为全面做好政法工作创造条件"①。这次指示直指平安中国建设推进过程中的难题、短板问题,要求政法机关重点予以破解,要求地方党委对政法机关的工作予以支持,从而不断提高维护国家安全和社会稳定的能力水平。

2016 年 10 月 10 日,全国社会治安综合治理创新工作会议在南昌召开,习近平总书记作出重要指示:"要继续加强和创新社会治理,完善中国特色社会主义社会治理体系,努力建设更高水平的

---

① 习近平就政法工作作出重要指示[EB/OL].(2016-1-22). http://politics. people.com.cn/n1/2016/0122/c1024-28077831.html

平安中国,进一步增强人民群众安全感。要更加注重联动融合、开放共治,更加注重民主法治、科技创新,提高社会治理社会化、法治化、智能化、专业化水平,提高预测预警预防各类风险能力。"①在这次会议上,习近平总书记进一步提出要建设更高水平的平安中国,并明确指明了若干建设方向,其中非常有新意的是"四化"建设方向,首次提出社会治理社会化、法治化、智能化、专业化,此后这成为推进基层社会治理现代化、建设更高水平的平安中国的建设基本路径与方法。

2017 年 1 月 12 日,中央政法工作会议在京召开。习近平总书记作出重要指示,首先他对过去一年的政法工作继续予以肯定,认为"政法战线认真贯彻党中央决策部署,一手抓当前、一手谋长远,深入推进平安中国、法治中国、过硬队伍建设,为维护国家安全和社会稳定、服务经济社会发展作出了重要贡献"。同时他认为 2017年是我们党和国家历史上具有特殊重要意义的一年,因此对政法战线提出新要求,"要把维护国家政治安全特别是政权安全、制度安全放在第一位,提高对各种矛盾问题预测预警预防能力,为党的十九大召开营造安全稳定的社会环境。要锲而不舍推进司法体制改革,进一步提高司法质量、效率和公信力。要坚持不懈加强政法队伍建设,进一步营造风清气正、干事创业的良好生态"。同时,习近平总书记对各级党委也提出要求,"要切实抓好维护安全稳定工作,加强源头性、基础性工作,肩负起促一方发展、保一方平安的政治责任。要加强和改善对政法工作的领导,选好配强政法机关领

---

① 习近平强调:完善中国特色社会主义社会治理体系　努力建设更高水平的平安中国［EB/OL］.（2016-10-12）. http://www. gov. cn/xinwen/2016-10/12/content_5118047. htm

导班子,研究解决制约政法工作的体制性机制性问题,为做好新形势下政法工作提供有力保障"①。在这次会议上,习近平总书记提出了维护国家政治安全的新命题,要求提高对各种矛盾问题预测预警预防能力,全面提升防范应对各类风险挑战的水平。这对平安中国建设提出了立足于国家安全、政治安全的更高要求,也赋予了平安中国建设新的使命。

2017年9月19日,全国社会治安综合治理表彰大会在京召开,习近平总书记亲切会见与会代表并发表重要讲话。他提出三点要求:"一是要自觉坚持党的领导,增强政治意识、大局意识、核心意识、看齐意识,坚决维护党中央权威和集中统一领导,坚持从党和国家大局出发看问题、想问题,清醒看到存在的困难和面临的挑战,坚决打好防范和管控重大风险攻坚战。二是要深入分析和准确判断当前世情国情党情,从我国实际出发,遵循治理规律,把握时代特征,加强和创新社会治理,更好解决我国社会出现的各种问题,确保社会既充满活力又和谐有序。三是要着力推进社会治理系统化、科学化、智能化、法治化,深化对社会运行规律和治理规律的认识,善于运用先进的理念、科学的态度、专业的方法、精细的标准提升社会治理效能,增强社会治理整体性和协同性,提高预测预警预防各类风险能力,增强社会治理预见性、精准性、高效性,同时要树立法治思维、发挥德治作用,更好引领和规范社会生活,努力实现法安天下、德润人心。"最后,习近平总书记强调:"各级党委和政府要把加强和创新社会治理摆到更加突出的位置,健全落实责任制,及时研究解决体制机制性问题,关心爱护综治战线广大干

---

① 全面提升防范应对各类风险挑战的水平 确保国家长治久安人民安居乐业[EB/OL].(2017-1-13).http://politics.people.com.cn/n1/2017/0113/c1024-29019620.html

部职工,让他们组织上有归属感、工作上有荣誉感、生活上有幸福感,满怀信心创造无愧于党和人民的新业绩。"①这次表彰大会充分肯定了政法综治队伍在平安建设中的贡献与作用,并要求各级党委政府要厚爱这支队伍。这鼓舞了政法综治队伍的士气,加强了队伍的法治要求,提供了队伍的保障问题,为深化平安中国建设提供了有力的保障。

综上,自党的十八届三中全会以来,在习近平总书记的有力推动下,平安中国建设不断深化发展,跟社会治理、法治建设、公共安全、风险防范等新命题关联起来,突破了传统社会治安领域,朝着更为广阔的社会治理领域探索,不断走向新征程,不断走出新境界。

三、平安中国建设的协同与优化

自党的十九大以来,习近平总书记的平安建设与社会治理思想更为体系化、系统化,开始推动平安中国建设向着系统集成、协同高效的方向前进,为建设更高水平的平安中国建设提供了更为优化的顶层设计。

2017年10月18日,习近平总书记在党的十九大报告中强调要建设平安中国,指出"建设平安中国,加强和创新社会治理,维护社会和谐稳定,确保国家长治久安、人民安居乐业"。同时他在报告中提出"着力增强改革系统性、整体性、协同性""打造共建共治共享的社会治理格局"的新要求,这为平安中国建设指明了新的发展方向,要朝着打造平安共同体的目标前进。

2018年1月22日,中央政法工作会议在京召开。习近平总书

---

① 习近平会见全国社会治安综合治理表彰大会代表[EB/OL].(2017-1-13).http://www.gov.cn/xinwen/2017-09/19/content_5226189.htm

记对新时代政法工作提出明确要求:"希望全国政法战线深入学习贯彻党的十九大精神,强化'四个意识',坚持党对政法工作的绝对领导,坚持以人民为中心的发展思想,增强工作预见性、主动性,深化司法体制改革,推进平安中国、法治中国建设,加强过硬队伍建设,深化智能化建设,严格执法、公正司法,履行好维护国家政治安全、确保社会大局稳定、促进社会公平正义、保障人民安居乐业的主要任务,努力创造安全的政治环境、稳定的社会环境、公正的法治环境、优质的服务环境,增强人民群众获得感、幸福感、安全感。"同时,习近平总书记对各级党委继续提出要求:"各级党委要坚持抓发展、抓稳定两手都要硬,选好配强政法机关领导班子,支持政法各单位依法履行职责,积极研究解决制约政法工作的体制机制问题,为做好新时代政法工作提供有力保障。"①在这次指示中,习近平总书记首次提出"强化'四个意识',坚持党对政法工作的绝对领导",旗帜鲜明地把讲政治作为根本要求;明确提出把"维护国家政治安全"作为政法工作主要任务之一;首次提出创造"四个环境",即创造安全的政治环境、稳定的社会环境、公正的法治环境、优质的服务环境;明确各级党委责任,有力保障新时代政法工作。这些重要指示进一步为深化平安中国建设拔高了站位、明确了要求、提供了遵循。

2019年1月15日,中央政法工作会议在京召开。习近平总书记时隔5年再次出席会议并发表重要讲话,他强调:"要坚持以新时代中国特色社会主义思想为指导,坚持党对政法工作的绝对领导,坚持以人民为中心的发展思想,加快推进社会治理现代化,加

---

① 习近平对政法工作作出重要指示[EB/OL].(2018-1-22).http://www.xinhuanet.com/legal/2018-01/22/c_1122296147.htm

快推进政法领域全面深化改革,加快推进政法队伍革命化、正规化、专业化、职业化建设,忠诚履职尽责,勇于担当作为,锐意改革创新,履行好维护国家政治安全、确保社会大局稳定、促进社会公平正义、保障人民安居乐业的职责任务,不断谱写政法事业发展新篇章。"值得关注的是,习近平总书记专门指出"'枫桥经验'依靠群众就地化解矛盾,最重要的成果和最鲜明的特色就是实现自律和他律、刚性和柔性、治身和治心、人力和科技相统一,其生命力就在于基层治理创新"。同时,他要求:"创新完善平安建设工作协调机制,统筹好政法系统和相关部门的资源力量,形成问题联治、工作联动、平安联创的良好局面。""政法系统要在更高起点上,推动改革取得新的突破性进展,加快构建优化协同高效的政法机构职能体系。"①上述"四个统一""三联"的要求,表明习近平总书记明确指向要构建优化、协同、高效的体系,这为新时代政法工作如何提高平安建设水平提出了更高要求。

2019 年 1 月 21 日,习近平总书记在省部级主要领导干部坚持底线思维着力防范化解重大风险专题研讨班开班式上发表重要讲话,要求"深刻认识和准确把握外部环境的深刻变化和我国改革发展稳定面临的新情况新问题新挑战,坚持底线思维,增强忧患意识,提高防控能力,着力防范化解重大风险",他明确指出"要推进社会治理现代化,坚持和发展'枫桥经验',健全平安建设社会协同机制,从源头上提升维护社会稳定能力和水平"②。这次提出了"平安建设社会协同机制"的新概念、新思想,进一步指引着平安建设

---

① 习近平出席中央政法工作会议并发表重要讲话.[EB/OL].(2019-1-16). http://www.xinhuanet.com/politics/leaders/2019-01/16/c_1123999899.htm.

② 习近平在省部级主要领导干部坚持底线思维着力防范化解重大风险专题研讨班开班式上发表重要讲话[N].人民日报,2019-1-21(1).

朝着协同治理的方向前进。

2019年5月7日,全国公安工作会议在京召开。习近平总书记出席会议并作重要讲话,提出要坚持政治建警、改革强警、科技兴警、从严治警,并明确指出要"坚持打防结合、整体防控,专群结合、群防群治,把'枫桥经验'坚持好、发展好,把党的群众路线坚持好、贯彻好,充分发动群众、组织群众、依靠群众,推进基层社会治理创新,努力建设更高水平的平安中国"①。"整体防控"也是"平安建设社会协同机制"的重要体现。可见,习近平总书记反复强调要加强平安建设的整体性治理、协同性治理。

2019年9月10日,习近平总书记主持召开中央全面深化改革委员会第十次会议并发表重要讲话,他指出"前期重点是夯基垒台、立柱架梁,中期重点在全面推进、积厚成势,现在要把着力点放到加强系统集成、协同高效上来"。他提出了11个方面的具体要求,其中对推动平安中国建设提出的要求是"注重高起点规划、高水平建设、高智能应用、高共享发展,集聚各类创新资源,加强基础研究、关键技术研究、专用装备和应用示范研究,深化智能化建设"②。在这次会议上,习近平总书记结合全面深化改革的要求,首次完整提出"系统集成、协同高效"的思路,这为建设更高水平的平安中国指明了方向,提出了要求。

2019年10月31日,习近平总书记在党的十九届四中全会上指出,要"完善党委领导、政府负责、民主协商、社会协同、公众参与、法治保障、科技支撑的社会治理体系,建设人人有责、人人尽

---

① 习近平出席全国公安工作会议并发表重要讲话[EB/OL].(2019-05-08).http://www.gov.cn/xinwen/2019-05/08/content_5389743.htm.

② 中央深改委第十次会议,明确了改革任务现在的着力点[EB/OL].(2019-09-10).https://www.thepaper.cn/newsDetail_forward_4402146.

责、人人享有的社会治理共同体,确保人民安居乐业、社会安定有序,建设更高水平的平安中国"。"形成问题联治、工作联动、平安联创的工作机制,提高预测预警预防各类风险能力,增强社会治安防控的整体性、协同性、精准性。"从这次会议来看,习近平总书记把平安中国建设放在坚持和完善中国特色社会主义制度、推进国家治理体系和治理能力现代化的整体性部署中推进,还首次提出"七位一体"的社会治理体系,形成了更为系统化、协同化的平安建设思路。

2020 年 1 月 17 日,习近平总书记在中央政法工作会议召开前作出指示:"要把维护国家政治安全放在第一位,继续推进扫黑除恶专项斗争,着力推进市域社会治理现代化试点,努力建设更高水平的平安中国、法治中国。"市域治理是国家治理的中间层级,习近平总书记强调推进市域社会治理现代化试点,旨在加强市域统筹能力,更好发挥承上启下、以城带乡的辐射作用,夯实基层基础建设,为建设更高水平的平安中国提供扎实基础。

2020 年 4 月,党中央决定成立平安中国建设协调小组。2020 年 10 月,党的十九届五中全会通过的《中共中央关于制定国民经济和社会发展第十四个五年规划和二〇三五年远景目标的建议》对建设更高水平的平安中国作出重要部署,"要求统筹发展和安全,建设更高水平的平安中国。坚持总体国家安全观,实施国家安全战略,维护和塑造国家安全,统筹传统安全和非传统安全,把安全发展贯穿国家发展各领域和全过程,防范和化解影响我国现代化进程的各种风险,筑牢国家安全屏障。"

2020 年 11 月 10 日,平安中国建设工作会议在北京召开。习近平总书记对平安中国建设作出重要指示,强调"建设更高水平的平安中国意义重大。各地区各有关部门要认真贯彻党的十九届五中全会精神,落实总体国家安全观,坚持共建共治共享方向,聚焦影响国家安全、社会安定、人民安宁的突出问题,深入推进市域社会治理现代化,深化平安创建活动,加强基层组织、基础工作、基本能力建设,全面提升平安中国建设科学化、社会化、法治化、智能化水平,不断增强人民群众获得感、幸福感、安全感。各级党委和政府要加强对平安建设的组织领导,研究解决体制性、机制性、政策性问题,切实肩负起促一方发展、保一方平安的政治责任。"

4月21日,平安中国建设协调小组第一次会议在京召开,大会指出,成立平安中国建设协调小组,是顺应我国社会主要矛盾历史性变化的长远之策,是彰显"中国之治"政治优势和制度优势的战略之举。大会要求:"要着眼长远,围绕谋划目标任务、补齐短板弱项、整合资源力量、探索方法路径等开展重大课题研究,着力解决平安中国建设全局性、战略性、前瞻性问题。"①成立平安中国建设协调小组是一个重大的创举,意味着平安中国建设有了"总牵头人",负责整个平安建设的总体设计、统筹协调、整体推进、督促落实。这同时也表明了以习近平总书记为核心的党中央的坚定决心,表明将矢志不渝,把平安中国建设进行到底。

至此,习近平总书记平安中国建设思想在理念、方式、体系、组织等各个方面都日趋成熟,形成了高效协同、整体治理的中国特色平安建设方案,为全国各地开展平安建设提供了日臻完善的中央顶层设计。

---

① 平安中国建设协调小组第一次会议召开[EB/OL].(2020-04-21). https://www.sohu.com/a/389951801_260616.

第二节　平安中国建设遍地开花

全国各地积极推动平安中国建设,重点聚焦于创新社会治理、法治建设、社会治安、公共安全等重点难点领域,展开实践与探索。经过几年的努力,各地涌现了一大批实践优秀成果,这些先行地区又带动其他地区复制、效仿,使得平安建设不断从"盆景"变成"风景",从个案变成现象,从地方走向全国,取得遍地开花的结果。

一、创新社会治理推进平安中国建设

把平安中国建设与创新社会治理有机结合起来,实现平安建设与社会治理齐头并进,这是十八大以来平安中国建设的最大亮点。习近平总书记多次强调要加强系统治理、综合治理、依法治理、源头治理和专项治理,加快推进社会治理社会化、智能化、法治化、系统化,不断完善中国特色社会主义社会治理体系,不断提高平安中国建设的能力与水平。各级党委政府及相关部门不断创新社会治理理念,不断改进社会治理方式,不断丰富社会治理实践,提高社会治理能力和平安中国建设水平。

1.党建引领社会治理。党的基层组织是确保党的路线方针政策和决策部署贯彻落实的基础,创新社会治理必须充分发挥党建的引领作用。全国各地把党建工作与社会治理紧密结合起来,以党的政治优势、组织优势、制度优势提升社会治理效能,夯实平安建设基础。以上海市为例,着力于探索单位党建、区域党建、行业党建互联互动方式,构建党组织统一领导,各组织协同工作,群众广泛参与的社会治理新格局,不仅在城市发展、民生问题等方面取得显著成效,而且也获得了社会的广泛认同,全面构建既井然有序又充满活力的社会治理新格局。① 近年来,广东省加强党建引领的力度非常大,各地不懈探索,推进社会治理创新实践,把党建贯穿基层社会治理创新的各方面和全过程,初步构建起特色鲜明的党建引领基层社会治理体系。通过健全组织体系、构建区域化党建平台、实施"南粤党员先锋工程"、把基层治理的工作关口前移、建构网格化治理模式、让外来党员参与公共事务决策管理、实施"党建＋互联网"等一系列做法,使基层党组织统筹资源能力得到增强,基层党政组织的职能体系与治理能力得到持续加强。平安广东、法治广东建设取得重大进展。②

2."三治融合"促平安。自党的十九大提出"健全自治、法治、德治相结合的乡村治理体系"以来,全国各地积极探索"三治融合"新模式,涌现了各有特色的实践做法。如安徽省淮北市坚持党建引领基层治理,创新社会治理模式,积极推行"一组一会",形成了"村(社区)级党组织统一领导、自然村庄(住宅小区)党员发挥骨干作用,村(居)民理事会动员引导、村(居)民广泛参与"的工作机制,探索出一条党组织领导下自治、法治、德治融合的基层社会治理新路子。③ 又如,甘肃省酒泉市瓜州县南苑村探索"三治融合",实现"五个转变",有效构建基层治理新格局。④ 再如,陕西省旬阳县探索以党建引领,自治、法治、德治相结合的"1＋3"乡村治理模式,为

① 上海:党建引领持续提升基层社会治理水平[EB/OL].(2019-7-6).https://baijiahao.baidu.com/s?id=1638289922295618287&wfr=spider&for=pc.

② 丁晋清.党建引领基层社会治理的创新探索[N].光明日报,2019-8-8(05).

③ 淮北:"三治融合"探索基层治理新路径[EB/OL].(2019-12-3).http://www.ah.xinhuanet.com/2019-12/03/c_1125302760.htm.

④ 探索"三治融合"　实现"五个转变"[EB/OL].(2018-11-19).http://www.legaldaily.com.cn/locality/content/2018-11/19/content_7697144.htm

打赢脱贫攻坚战和实施乡村振兴战略提供有力保障。[①] 另外,广东省清远市推动基层党组织重心、村民自治和公共服务重心下移,在村民小组(自然村)一级建立党支部,规范自然村村民理事会建设,实现村民自我管理、自我教育、自我服务、自我约束,探索建立"党支部提事、村民理事会议事、村民会议决事、村委会执事"的民主决策机制,实现了党心与民意的有效连接,农村社会矛盾源头治理成效初显,乡村治理有效机制逐步建立。2014—2017 年,全市列账涉农矛盾分别为 148 宗、54 宗、28 宗、24 宗,涉农矛盾和上访量呈逐年下降态势。[②]

3."三社联动"创新社会治理。"三社"是指社区、社会组织和社会工作专业人才,而"三社联动"就是通过加强社区治理,推进现代化的社会组织和社会工作的体制建设,来形成政府和社会之间"互动、互补、互联"的治理格局,让社区真正成为自我管理、自我服务的一个有机整体。全国各地积极探索"三社联动"新模式,为平安建设凝聚强大的社会资源与动力。如上海政府为破解吸毒、刑满释放、社区矫正人员及失学失业失管青少年等特殊群体的服务管理难题,积极培育和发展专业社会组织。这里不仅有"自强总社""新航总社""阳光中心"等大型专业社会组织,还有 46 个社工站、600 多个社工点活跃在各区县、街道、社区,构建起预防和减少犯罪的社会工作体系。[③] 又如,江苏省各地积极探索社区社会组织参与社区管理服务、社工引领社区社会组织发展、社工融入社区岗位发挥专业化优势的新途径与新方式,形成相互促进、共同发展的

---

① 刘宗广.党建引领 "三治融合"[N].中国组织人事报,2018-8-29(1).

② 清远市推进"三个重心下移",构建乡村治理有效机制[EB/OL].(2018-5-11).http://news.southcn.com/gd/content/2018-05/11/content_181826914.htm

③ 王治国.完善治安防控体系深化平安中国建设[N].检察日报,2014-11-5(04).

良好态势。2013 年 7 月,省政府在太仓召开了"推行政社互动,推动社会治理创新"工作会,进一步加快了政府职能转变,有效激发社会主体创新活力,促进政府依法行政与社会协同治理有效衔接和良性互动。[①] 吉林省长春市宽城区紧紧抓住创建"全国社区治理和服务创新实验区"的契机,创建了以社区为平台、社会组织为载体、社会工作专业人才为支撑的"三社联动"新型社区治理服务机制。宽城区通过"三社联动",倒逼各政府机关部门单位树立大抓基层、夯实基层基础的鲜明导向,扭转过去揽着权力不放、抱着资源不让、坐在上面指挥调度、给基层只下任务不下资源的工作局面,尽可能把权力、资源、服务、管理放到基层,使基层有职有权有物,更好为群众提供精准有效的服务和管理,实现了基层难题有人管、群众服务有人办、突出矛盾有人解,提升了基层群众获得感,维护基层和谐稳定。[②]

◆◆ 案例 4-1

恩施:"三治融合"的山区样本

湖北恩施土家族苗族自治州,是我国最年轻的自治州,长期以来,信访问题多、社会矛盾"燃点低"、积案化解难,尤其是群体性事件频发,对全州经济社会发展造成制约和困扰。然而,记者近期在恩施州一些以乱闻名的村庄走访却发现,这些村庄因为多了解决基层问题的办法,实现了从"后进"到"先进"的"蝶变"。其中,促进自治、法治、德治在村级实现有机融合,是近年来恩施州有的放矢开展的一项重要探索。

---

① 江苏省民政厅.江苏"三社联动"的探索与思考[J].中国社会组织,2015(5):16-17.
② 陆续.长春市宽城区推行"三社联动"社区治理[N].新文化报,2017-12-20(A02)

　　一是以自治为本，全面提升村级组织治理能力和水平。在山区农村，村医村教影响力较大，说话分量足，恩施州为此推动村医村教进村支两委，以夯实村级组织。恩施州委组织部提供的数据显示，全州 2361 个村、138 个居委会，已优选 1383 名村医村教进村支两委，其中书记、主任 115 人，班子成员 1268 人。同时，聘请书记、主任助理 207 人，村务协理员 129 人。

　　二是以法治为基，推动现代规则在乡土社会生根发芽。针对信访不信法等顽疾，恩施州推动律师进村、法务进网格，让法律来到村民身边。恩施州委政法委相关负责人说，全州 88 个乡（镇）都组建了律师顾问团、2532 个村（社区）都有一个"法律诊所"，划分的 1 万余个社会管理网格均配备至少 1 名法律宣传员。近 1 年来，开展法治宣讲 2800 余场、培训"法律明白人"28 万人、解答法律咨询 25.4 万人次，办理法律援助事项 3200 件。

　　三是以德治为根，全方位加强农村精神文明建设。恩施州把培育新农民作为目标，深入开展群众性精神文明创建，弘扬向上向善、向上向美正能量。在这当中，鹤峰县连续 4 年开展系列最美评选活动，"盆景"汇聚成"风景"，涌现出了"全国最美乡村教师"邓丽、"全国孝亲敬老之星"王艳、"全国十大法治人物"易满成、"中国好人"周吉然、"全国最美家庭"朱永翠家庭等先进典型，出现了名副其实的农村"群星"现象，示范效应显著。

案例来源：半月谈，2017（19）.

案例简析 >>>

　　湖北恩施让自治、法治、德治"三治融合"在村级落地生根，实现了基层治理资源的交汇，增加了破解基层问题的"钥匙"，交出了一份山区"三治融合"的样本。从恩施的案例来看，"三治"在当前的农村社会治理中体现出有效性,可以针对农村不同的事务、不同的人群,发挥各自的治理优势。也正因如此,"三治融合"在全国各地乡村扎根结果,体现了很强的生命力与可复制性。

二、加强法治保障推进平安中国建设

法治中国建设与平安中国建设犹如车之两轮、鸟之两翼,两者互为补充,相互成就。党的十八大以来,平安中国建设的一条主线是发挥法治引领保障作用推进平安建设。习近平总书记一直强调,法治是平安建设的重要保障,要把政法综治工作放在全面推进依法治国大局中来谋划,深入推进平安中国建设,发挥法治的引领和保障作用,坚持运用法治思维和法治方式解决矛盾和问题,提高平安建设现代化水平,努力为建设中国特色社会主义法治体系、社会主义法治国家作出更大贡献。在习近平总书记的法治思想引领下,政法综治部门注重运用法治思维和法治方式,加强平安中国建设,为人民安居乐业、社会大局稳定保驾护航。

1.多元解纷促平安。全国各地各部门积极探索矛盾纠纷多元化解的实践。如全国各地公安机关以创建"枫桥式公安派出所"活动为载体,完善矛盾纠纷多元化解体系,探索出更多来源于基层公安的生动实践,最大限度地把矛盾纠纷化解在当地、消除在萌芽状态。北京市公安局在户籍派出所设立治安、民间纠纷联合调解室,2018年以来,共调处化解各类矛盾纠纷10.4万起。山西省公安机关积极探索建立多部门协同、法理情融合、网上网下共建的矛盾纠纷多元化解机制,2018年以来,矛盾纠纷调处化解率达94.32%。在吉林,全省1348个社区警务室全部建立调处点,9338个行政村全部配齐农村辅警,截至2019年9月,已排查化解各类矛盾纠纷

12.8万起。① 四川、江苏、上海、黑龙江等地通过大力推进矛盾纠纷多元化解机制建设创新,在熟练运用人民调解等传统手段化解矛盾纠纷的基础上,通过融入科技、文化、心理等要素,不断提升矛盾纠纷化解能力,有效维护了社会和谐稳定。安徽桐城创造性地将倡导"六尺巷"典故所蕴含的礼让文化与辨法析理相结合,率先应用于法院系统的司法实践中,通过"听、辨、劝、借、让、和"六步走法则,化解了大量矛盾纠纷。② 福建省出台《多元化解纠纷条例》,对规范和促进多元化解纠纷工作提出了具体规定,明确提出涉及合同、债务、婚姻家庭等民商事纠纷的,可以向人民调解委员会等调解组织提交调解申请;涉及治安管理、交通事故损害赔偿、医疗卫生、消费者权益的,可以向有关行政机关提交行政调解申请。③

2.规范执法促平安。坚持依法行政,加强治安、食品药品、安全生产、环境保护、文化市场和网络安全等重点领域基层执法,强化行政执法与刑事司法的衔接,着力解决好人民群众反映强烈的突出问题。2016年5月20日,中央全面深化改革领导小组第二十四次会议审议通过《关于深化公安执法规范化建设的意见》,对公安机关执法办案提出了新的更高要求。各地公安机关普遍建立涵盖执法岗位职责、治安行政案件裁量标准、执法执勤基本动作和语言规范、多发性案件取证标准等执法活动主要环节的制度规范,执法行为标准化、精细化水平得到有效提升。例如,江苏省公安厅组织编写了《执法标准化管理手册》,福建省公安厅编制了涵盖6大方面700余项内容的《行政执法权力运行手册》。广西深入推进市

---

① 万广朋.打防并举 助力平安中国建设[N].人民公安报,2019-9-26(1).

② 十大经验推动平安中国建设取得新成效[EB/OL].(2017-9-22).http://cpc.people.com.cn/n1/2017/0922/c64387-29553219.html.

③ 密织法律之网 强化法治之力[N].人民日报,2019-1-16(07).

场监管、生态环境保护、文化市场、交通运输、农业等5个重点领域综合行政执法改革,完善职能配置,提高行政效能,推动160多个事业单位的相关行政职能回归行政机关。全面推开行政执法公示制度、行政裁量权基准制度、重大执法决定法制审核制度,实现自治区、市、县三级全覆盖。在全国率先推行自治区、市、县三级旅游、公安、工商、交通运输、物价等部门联合执法模式。柳州市建立"非接触式执法"模式,城市管理执法案件结案率达到95.2%。建立健全行政执法案卷评查制度,及时纠正行政执法工作中存在的问题。①

3.司法公正促平安。加快建设公正、高效、权威的社会主义司法制度,提高办案质量。贯彻宽严相济刑事政策,在依法严厉打击极少数严重刑事犯罪分子的同时,最大限度地减少社会对抗,努力化消极因素为积极因素。如吉林省法院系统围绕大局推进平安建设,全省法院充分发挥刑事审判职能,依法打击各类刑事犯罪,保障人权,紧紧围绕稳定发展的大局,大力推进平安吉林建设。在民事审判工作中,大力推行"调解优先、调判结合",实行全员、全面、全程调解,将司法调解贯穿于诉讼的全过程,深入推进社会矛盾化解,最大限度地实现案结事了,息诉宁人。② 又如,广西法院系统充分发挥刑事审判职能,依法打击各类刑事犯罪,提升人民群众安全感,紧紧围绕稳定发展的大局,大力推进平安广西建设。准确把握社会治安形势,加大打击力度,严厉惩处危害国家安全犯罪、黑社会犯罪、毒品犯罪,以及杀人、抢劫、绑架等严重危害公共

① 程静,党舒.广西法治政府建设任务完成三分之二[J].人民法治,2019(09):93.
② 吉林省法院加强司法公正推进平安吉林建设综述[EB/OL].(2013-7-3).http://www.gov.cn/zhuanti/2013-07/03/content_2597737.htm.

安全和人民群众生命财产安全犯罪,彰显了司法机关严厉打击犯罪的力度。①

4.法制宣传促平安。各地区、各部门、各单位和广大普法工作者扎实工作、开拓创新,"六五"普法规划顺利实施,法制宣传教育工作取得了明显成效。许多地方普遍建立党委(党组)中心组学法制度,把法治纳入干部录用和晋职培训内容。一些地方把学法用法情况纳入公务员考核和领导班子、领导干部述职内容。为了丰富普法形式,各地纷纷搭建了贴近群众的普法平台。山东将法治元素嵌入著名景区、融入繁华街区、纳入乡镇村庄、注入建制小区。黑龙江等地利用植树节、妇女节、消费者权益日、禁毒日、消防日、重阳节等时间节点开展法制宣传活动。云南在少数民族地区推进用民族干部宣讲法治、用民族语言传播法治、用民族文字诠释法治、用民族节庆展示法治、用民族文化弘扬法治等"五用"普法工作法。② 昆明市开展扫黑除恶法制宣传活动。昆明市普法办公室依托法治文化阵地,并结合"法律进社区""法律进学校""法律进乡村"开展专项宣传活动,同时运用新媒体扩大专项宣传覆盖面。活动期间,宣传人员以悬挂横幅、摆放展板、发放宣传资料等方式,向辖区群众广泛宣传扫黑除恶相关法律法规,倡导市民自觉遵守法律,弘扬社会正气,积极检举揭发涉黑涉恶违法犯罪线索,同黑恶势力违法犯罪行为做斗争。③ 强有力的普法,在全社会形成办事依法、遇事找法、解决问题用法、化解矛盾靠法的良好法治环境。

---

① 广西法院加强司法公正推进平安广西建设综述[EB/OL].(2013-11-27).http://yzg.gxfy.gov.cn/info/1075/43306.htm.

② "六五"普法成效显著 法治精神深入人心.经济日报[N].2016-4-28(1).

③ 昆明市开展扫黑除恶法制宣传[EB/OL].(2018-11-13).http://zswldj.1237125.cn/html/km/2018/11/13/391db3ac-59f8-46e9-86f8-486b540d606a.html

◆◆ **案例 4-2**

和谐之花耀庐陵:吉安市以法治思维推进平安建设纪实

5月11日,吉安市政法系统领导干部法治能力培训班在中国政法大学举办,42名政法系统领导干部聆听了国内顶尖法学专家关于"法制与法治"的权威解读。带队领导深有感触地说:"法治理论必须与法治实践有机结合,深化平安吉安建设要坚持以法治思维和法治方式来推进。"

运用法治思维推进依法行政

2015年7月17日下午,法治吉安建设领导小组办公室小组例会如期召开,8个专责小组牵头单位逐一汇报工作进展情况,共商推进法治建设的思路和对策。自法治吉安建设工作全面启动以来,成立了由市委书记任组长的法治吉安建设领导小组,出台了《法治吉安建设2015年工作要点及责任分工》,明确了7个方面38项具体任务。其中,"建立执法全过程记录制度""公共法律服务纳入政府购买范围""执法权力清单"等机制的创设,广受关注。2014年,吉安出台了《吉安重大决策社会稳定风险评估实施细则》,仅2015年上半年便对136项重大决策事项进行了风险评估。全面推开了政府法律顾问制度,市、县、乡三级党委政府全部聘请了法律顾问,全力保障各级政府和部门的合法行政需求。

多元化调解架起和谐"连心桥"

3294个人民调解组织,17253名调解员,5年来共调处矛盾纠纷12万余件,杨慧芝工作室、胡开生调解室、钟义灿调解室……以个人名字挂牌的调解室越来越多,已成为吉安市人民调解组织网络中的一颗颗璀璨明珠。青原区新圩镇的调解员杨慧芝,二十年如一日地在乡村法治道路上默默耕耘,因此荣当全国人大代表。除了在村居、乡(镇)、县、市建立四级纵向调解平台外,吉安市还积极探索诉调、警调、政调、检调、访调的"五调联动"横向矛盾纠纷化解机制。此外,在医疗、劳动、物业交通等行业,活跃着38个专业人民调解组织,近3年来,这些调解组织共受理纠纷3828件。吉水、永丰等地还建立了县级矛盾纠纷调处中心。2015年7月,吉安市启动在全市范围内普遍建立行业、专业性调解平台工作,使得人民调解与司法调解、行政调解衔接成为新常态。

基层民主法治建设亮点纷呈

2015年5月,吉水县乌江镇前江村举行"低保听证",该村的邹某因获得11票中的8票而吃上了低保。让街坊邻居来评判是否符合低保条件,投票评议,然后再现场计票、唱票,使得吃低保变得很"阳光",群众也十分满意。其实,早在2009年,在社区群众的提议下,吉安市便率先试点探索"低保听证"制度,一经推行便受到了省里和国家民政部的充分肯定,现在,这一让群众充分参与社区事务决策管理的民主自治机制,已普及推广。吉安市以改革创新的思路,构建"以社区为平台,以社会组织为载体,以社会志愿者为骨干"的"三社联动"基层社会服务管理模式享誉全省、走向全国。万安县建立的"群众说事"做法作为基层社会治理重点项目在全市社区、农村推广。

案例来源:井冈山报,2015-8-5(1).

案例简析 〉〉〉

以法治思维推进平安建设,有利于以理性合法方式维护权益,有利于公平正义解决矛盾问题,从而能更好地从源头上实现平安和谐。吉安市善于运用法治思维和法治方式谋划推进平安建设各项工作,充分发挥了法治对平安建设的引领和保障作用,有效提高了平安吉安建设水平。

三、加强社会治安推进平安中国建设

社会治安综合治理是中国特色社会主义社会治理体系的重要组成部分,是解决我国社会稳定问题的重大方略和根本途径。习近平总书记多次对加强社会治安综合治理作出重要指示,要求完善立体化社会治安防控体系,健全落实领导责任制,坚决遏制严重刑事犯罪高发态势,依法打击和惩治黄赌毒黑拐骗等违法犯罪活动,保护人民人身权、财产权、人格权,增强人民群众安全感。全国各级党委政府和政法机关、综治部门不断创新实践探索,推动传统社会治安防控向立体化社会防控体系转变,极大改善社会治安情况,提高平安中国建设水平。

1.加强人防维护社会治安。全国各地坚持发展新时代"枫桥经验",加强群防群治,开展网格化管理,充分发挥"人防"作用。山东省日照市公安局推广三级调解维稳举措,引导基层群众参与自治与共治,城乡社区警务全面纳入镇、社区、村三级社会综治体系,不断壮大"志愿者""和事佬""护家院"民间调解队伍,实现居民共建共治共享平安成果。[①] 江苏省常熟市打造了一支千余人的专职巡特警队伍,构筑环城、环市的"治安防控识别圈"。[②] 西藏自治区乡科级以上干部每人与2~3户困难群众"结对认亲",帮发展保稳定。同时,实行"双联户"政策——引导城乡居民以5~10户为一

---

① 山东公安机关部署坚持和发展新时代"枫桥经验"工作[EB/OL].(2018-11-27).https://www.mps.gov.cn/n2255079/n4242954/n4841045/n4841055/c6310784/content.html.

② 袁猛.织密社会治安防控网 擦亮"平安中国"名片[N].人民公安报,2019-8-14.

个联户单位,联户保平安、联户促增收。通过多措并举,2013 年,西藏全区危害国家安全案件和其他刑事案件发案率同比都大幅下降,治安案件发案率也下降 11.46％。[①] 如今,通过全国各地的不断努力,大量企事业单位、社会组织和人民群众参与社会治理的积极性被充分调动了起来,形成了平安建设人人参与、平安成果人人共享的良好局面。

2. 加强技防维护社会治安。全国各地各部门不懈追求"智慧"建设,充分利用现代信息技术抓好治安防范,不断提高平安建设的现代化、科技化水平。江苏省南通市以推进"数据赋能"攻坚行动为契机,以解决突出治安问题、有效服务警务实战为导向,以联动融合理念为引领,科学务实、创新驱动、智慧支撑,强力打造"最强大脑、最优网络、最佳实战"的社会治安智慧防控体系南通样板。近年来南通市的社会治安满意度、公众安全感连续多年位居江苏省前列。[②]上海市公安机关全面推进智慧公安建设,全市已建成 9000 余个智能安防小区,布设在社区、街面、楼宇的智能设备实时感知社会治安动态,经过"公安大脑"智能运算,反映违法犯罪行为的数据即刻推送至一线执法民警手中的智能警务终端,大幅提升了公安执法办案效能,实现了入室盗窃等可防性案件的"零发案"。2019 年,全市报警类 110、违法犯罪案件接报数同比分别下降 15.9％、13.4％,刑事案件立案数同比下降 35.7％,破案数同比增加 16.4％;扒窃拎包、盗"三车"案件数同比下降 57.5％、60.8％;入室、入民宅盗窃案件数同比大幅度下降 57.1％、56.3％,破案率均超过 66％;持续

---

①　王治国.完善治安防控体系深化平安中国建设[N].检察日报,2014-11-5(04).

②　尤莉,曹钰华.南通公安打造升级版社会治安智慧防控体系[N].江苏法制办,2019-5-15(A05).

高发的电信网络诈骗出现"拐点",立案数下降 17％,既遂数下降 6.9％,破案数同比上升 21.5％。①

3.加强物防维护社会治安。物防建设是治安工作中的重要预防手段,能有效防止并及时发现不法分子的破坏活动。传统的物防工具,主要是手铐、警棍、盾牌、保安钢叉、防爆服、催泪弹、枪械等,目前新型物防建设不断深化,不断提高社会治安防范能力,其中非常典型的是"雪亮工程"。"雪亮工程"是以综治信息化为支撑、以网格化管理为基础、以公共安全视频监控联网应用为重点的"群众性治安防控工程"。甘肃省兰州市全力推进"雪亮工程"示范城市项目建设,投入 4.29 亿元,新建 10000 个高清点位、改造 2800 个标清点位,着力打造"全域覆盖、全网共享、全时可用、全程可控"的社会治安视频监控系统。② 山东省平邑县创新实施以"民安六网"为龙头,以"6(民安六网)＋1(综治平台)"形式为主要内容的独具特色的社会治安防控体系建设的"雪亮工程",在实现"发案少、秩序好、社会稳定、群众满意"的工作目标基础上,把"雪亮工程"拓展为社会治理工作的平台,积极探索"雪亮工程"在服务全县社会经济发展中的作用,实现了由社会治安综合治理向社会治理转变的新目标,形成了独具特色的一网管控全县大局的社会治理体系建设的"平邑模式"。③

4.加强心防维护社会治安。社会心理疏导是矛盾纠纷的"调节器",居民情绪的"理疗师",生活工作的"减压阀",只有"心安"才

---

① 上海"智慧公安"为城市高质量发展保驾护航[EB/OL].(2020-1-9).https://www.mps.gov.cn/n2253534/n4904351/c6853861/content.html

② 赵万山.兰州投 4.29 亿元推进"雪亮工程"建设[EB/OL].法制甘肃.(2017-12-5).http://hi.legaldaily.com.cn/content/2017-12/05/content_7412158.htm? node＝32240.

③ 王君师.山东平邑实施"雪亮工程"一网管控全县大局[EB/OL].(2018-1-31).http://www.wenming.cn/djw/djw2016sy/djw2016gddj/201706/t20170629_4318370.shtml? collcc＝2118577013&.

能"平安"。江西省赣州市把加强社会心理服务疏导和危机干预作为创新社会治理、化解社会矛盾、防控社会风险、深化平安建设重点，从 2016 年开始全面实施影响社会治安的特殊人群"心防"工程建设，对矛盾突出、生活失意、心态失衡、行为失常及性格偏执人员，开展心理服务疏导和危机干预，在全市构建起人防物防技防心防"四位一体"治安防控网，取得了良好的社会效果。① 湖北省十堰市茅箭区是 2016 年中央综治办确定的全国 12 个社会心理服务体系建设示范联系点之一。该区先后投入 1500 多万元，建成公益性社会心理服务中心，建立各层级心理服务站（室）建设运行标准体系，在全区实现了工作平台全覆盖、咨询服务全方位、应急干预全天候。在茅箭区示范引领下，十堰在乡镇、村（社区）和机关、学校、企业等不同层次和行业选定 100 余个单位，探索构建以综治中心为依托、网格化管理为手段、信息化为支撑、市场化运作为基础、特殊人群为服务重点的覆盖全市、连接城乡的心理服务机构和工作机制。②

◆◆ 案例 4-3

深圳凤凰街道"四防并举"织密基层治理"安全网"

11 月 20 日晚，凤凰街道政法办联合南凤派出所继续常态化组织辖区 120 名义警深入大街小巷和工业园区开展大巡逻、大排查活动，及时消除治安隐患，确保辖区稳定。

---

① "心防工程"助力平安赣州建设［EB/OL］.（2018-1-31）. http://jxgz. jxnews. com. cn/system/2018/01/31/016729807. shtml

② 十堰心理服务疏导开出平安之花［EB/OL］.（2017-12-1）. http://html2. qktoutiao. com/detail/2017/12/01/4812092. html

2019 年以来,凤凰街道强化立体巡防,建立健全人防、物防、技防、心防"四防并举"的社会风险防控体系。依托"人防",调动社会力量组建两支队伍。以党员干部为核心,发动群众成立一支由1900 多名义警组成的 24 小时巡防队伍,统一开展"大巡逻、大排查"防控工作。整合辖区各级力量,组成一支 5240 人的平安员队伍,大力推进"红袖标"义务巡防。精化"技防",探索基层治理智能化。2019 年已完成 657 栋视频门禁、908 个二类探头安装,实现与省市公安系统大数据共享平台联网。在甲子塘社区设立智慧调度中心,充分利用技防、人防资源织就"常住人员住得安心、陌生人员及时感知、重点人员及时预警、服务对象及时关爱"的"安全网"。强化"物防",提高技术防范水平。对原有视频门禁、二类探头进行更新优化升级,配齐义警巡逻装备,开展覆盖辖区的警灯"亮灯"行动。巩固"心防",构筑社会心理防线。建立心理健康关爱空间"V爱之家",将心理咨询纳入特殊群体关爱帮扶,已累计服务群众6000 余人次。

据了解,2019 年以来,凤凰街道辖区警情同比下降 14.19%;环比下降 19.9%,群众满意度、幸福感大幅度提升。

案例来源:谢燕丽,余勇,张洁纯.凤凰街道"四防并举"织密基层治理"安全网"[N].深圳新闻网,2019-11-21.

案例简析 >>>

坚持人防、物防、技防、心防"四防"并举,是浙江坚持发展新时代"枫桥经验"、深化平安浙江建设的重要创新手段。目前"四防"并举的做法,已经在全国各地开花结果。深圳市凤凰街道就是充分利用"四防"体系,推动平安建设向纵深发展,从而更好地消除治安隐患,确保辖区稳定。

四、维护公共安全推进平安中国建设

加强公共安全是风险时代建设平安中国的难点。党的十八大以来，习近平总书记针对国内外频发的公共安全事件和突发性危机，多次指示要吸取血的教训，健全公共安全体系，防范化解重大社会风险，提高平安中国建设水平。要求牢固树立安全发展理念，自觉把维护公共安全放在维护最广大人民根本利益中来认识，扎实做好公共安全工作，努力为人民安居乐业、社会安定有序、国家长治久安编织全方位与立体化的公共安全网。自新冠疫情发生以来，习近平总书记多次强调要重视公共卫生安全、生物安全，坚持平时和战时结合、预防和应急结合、科研和救治防控结合，加强疫病防控和公共卫生科研攻关体系和能力建设。总之，习近平总书记把公共安全放在平安建设的重中之重位置，体现出以人为本的思想，强调把人民群众的生命健康和人身安全放在第一位，时刻不忘牢固树立安全发展理念。在习近平总书记的有力推动下，我国的公共安全治理水平得到极大提升，构建起平安中国建设的公共安全防护墙。

1.遏制安全生产事故。处于转型期的中国，曾经存在生产安全事故易发多发，尤其是重特大安全事故频发的势头。在 2013 年 5—6 月，全国多个地区接连发生 8 起重特大安全生产事故。[①] 习

---

① 全国安全生产电视电话会议对2013年5—6月接连发生的8起重特大安全事故进行全国曝光，包括5月10日贵州安顺市平坝县（2014年撤县设区）大山煤矿发生瓦斯爆炸事故，事故造成12人死亡、2人受伤；5月11日四川省泸州市泸县桃子沟矿难，事故造成28人死亡，8人重伤；5月20日山东济南市章丘区炸药生产车间爆炸，事故造成33人死亡，19人受伤；5月23日山东济南市章丘区煤矿透水事故造成9人死亡；5月31日黑龙江中储粮林甸直属库火灾；6月2日大连中石油石化分公司油渣罐爆炸，事故造成2人失踪，2人受伤；6月2日湖南邵东县（2019年撤县设市）煤矿发生瓦斯爆炸，事故造成10人死亡，15人受伤；6月3日吉林德惠市米沙子镇宝源丰禽业有限公司发生火灾，造成119人遇难、60人受伤。

近平总书记因此下定决心,用猛药进行整顿和治理,要求完善制度、强化责任、加强管理、严格监管,把安全生产责任制落到实处,切实防范重特大安全生产事故的发生。按照习近平总书记的指示,国务院从 2013 年 6 月初至 9 月底在全国集中组织开展安全生产大检查,深入排查整治安全生产隐患,督促全面落实安全生产责任制度。各地严格落实安全生产责任制,取得明显成效。安徽省住建领域全面落实安全生产责任制,深入开展安全生产专项治理、安全隐患排查治理工作,扎实推进安全生产标准化建设,安全生产形势保持平稳可控、持续向好。2017 年与 2012 年相比,事故总量大幅下降,事故起数、死亡人数分别下降 24％、27％;漏报迟报事故数量大幅下降,漏报迟报事故起数下降 100％,并杜绝了事故瞒报现象。各地安全管理水平、安全生产状况明显好转。[①]

2.重视食品安全问题。食品药品安全关系每个人身体健康和生命安全。要用最严谨的标准、最严格的监管、最严厉的处罚、最严肃的问责,确保人民群众"舌尖上的安全"。[②] 2015 年公安部精心组织全国公安机关开展了为期一年的食品药品打假"利剑"行动,集中力量专项打击食品药品犯罪,突出大案要案侦办,健全行政执法与刑事司法衔接机制,推动专业力量建设。各地积极响应,取得明显成效。重庆等地公安机关侦破"10.29"特大地沟油系列案,破获各类肉制品案件 2600 余起;上海、北京公安机关分别侦破

① 五年来我省住建领域安全生产形势呈现"两个大幅下降、两个明显好转"态势[EB/OL]. (2018-1-31). http://www.ahrtv.cn/am936/system/2018/01/31/004280080. shtml? bsh_bid=1936369791.

② 切实维护公共安全和社会稳定,着力建设平安中国[EB/OL]. (2018-2-1). http://theory. people. com. cn/n1/2018/0211/c416915-29817887. html.

了"9.10"使用过期奶粉加工冒充知名品牌婴幼儿配方乳粉案、"8.13"天维公司制售不符合安全标准婴幼儿乳品添加剂案。[①] 山东省阳信县公安机关破获一起非法经营"瘦肉精"案,带破使用"瘦肉精"制售有毒有害食品案6起,抓获犯罪嫌疑人13名,查获"瘦肉精"原粉36公斤,半成品150公斤。湖北省武汉市公安机关破获一起销售国外疫区牛肉案,抓获犯罪嫌疑人8名,查扣涉案冻品牛肉450余吨。[②]

3.加强卫生防疫。新冠肺炎疫情,是中华人民共和国成立以来在我国发生的传播速度最快、感染范围最广、防控难度最大的一次重大突发公共卫生事件。上至中央下到市县,普遍建立起应对疫情联防联控工作机制。2020年1月20日起,国家卫生健康委牵头建立联防联控工作机制,成员单位共32个部门,当日起在全国范围内实行病例日报告制度。地方党政机关快速成立疫情防控工作领导小组,统一指挥疫情防控工作。各地医疗卫生部门做好病人诊治,地方落实人群排查,财政、经信、公安、交通运输等部门分头落实经费保障、物资调配、道路管制等工作。自上而下,城乡遍地全覆盖,在城市,权威防控专家的科普覆盖媒体终端;在农村,大喇叭在乡间小路循环播放。从社区到农村,从机场到车站,拉开了一张"防输入、防扩散、防输出"的大网。宁波市北仑区小港街道枫林社区党委书记金胜男,负责辖区内148家企业和696户居民的防控排查和宣传工作。合肥市经济技术开发区锦绣社区120名工作人员,摸排了辖区全部21664户

---

① 2015年公安机关共侦破食药犯罪案件2.6万起 452起案件告破[EB/OL]. (2016-2-5). http://m.cnr.cn/news/20160205/t20160205_521347068.html.

② 2015公安机关食药打假"利剑行动"典型案例[EB/OL]. (2016-2-26). http://sydj.cpd.com.cn/n23501294/c32170226/content.html.

居民的情况。①

4.其他公共安全治理。全国各地还加强防灾减灾救灾、应急管理等公共安全治理能力，综合加强平安建设水平。各地区、各有关部门强化自然灾害风险网格化管理，形成纵向到底、横向到边的灾害事故隐患排查模式。建立健全基层应急物资保障体系，确保物资有序调度、快速运输、高效配送、精确溯源。统筹推进基层应急能力建设，促进乡镇（街道）政府专职消防队、企业专职消防队、志愿消防队、灾害信息员等多元力量发展。加强应急避难场所建设，满足辖区居民紧急避险和临时安置需求，修订完善基层各类应急预案。如甘肃省张掖市应急管理局"七个紧盯"，扎实推进平安建设工作，紧紧扭住安全生产基本面、基本盘不放松，时时跟进防灾减灾救灾环节不懈怠，各类事故灾害得到有效防范，全市应急管理系统平安建设工作扎实有序推进。2019 年 1—11 月，全市发生各类生产安全事故 53 起，直接经济损失 1022.01 万元。同比事故起数、死亡人数、直接经济损失分别下降 19.69％、36.07％、33.45％，未发生重大生产安全事故。②

◆◆ **案例 4-4**

疫情防控积极　成效彰显中国优势

新冠肺炎疫情，是中华人民共和国成立以来在我国发生的传播速度最快、感染范围最广、防控难度最大的一次重大突发公共

---

① 刘菁，代群，姜刚.当亿万只手紧握在一起——战"疫"一线感受中国力量[J].共产党员（河北），2020（04）：9.

② 张掖市应急管理局"七个紧盯" 扎实推进平安建设工作[EB/OL].（2019-12-26）.http://www.zhangye.gov.cn/dzdt/bmdt/201912/t20191226_366842.html.

卫生事件。像防控传染病疫情、减灾救灾这样的大事,无论中国还是其他国家,都需要集中力量去应对,区别在于能否迅速、合理、有效地集中力量。在这个问题上,我国国家制度和国家治理体系具有多方面的显著优势,其中,"坚持全国一盘棋,调动各方面积极性,集中力量办大事",对于推动党和国家事业发展具有重要作用。

大国优势　凝聚国民力量

抗击新冠肺炎疫情的过程中,全国上下一心、全力应对。在党中央集中统一领导和及时部署下,各党政军群机关和企事业单位等紧急行动、全力奋战,疫情防控工作得以有力开展。各级党委、政府及有关部门把人民群众生命安全和身体健康放在第一位,制定周密方案,组织各方力量开展防控,采取切实有效措施,坚决遏制疫情蔓延势头。在疫情较为严重地区的封闭社区里,由政府给居民统一配送物资,以保障居民的正常生活。经过艰苦卓绝的奋战,新冠肺炎疫情防控工作已经取得积极进展。

湖北和武汉是这次疫情防控斗争的重中之重和决胜之地。疫情发生以来,全党全军全国各族人民始终同湖北和武汉人民站在一起,从医护人员驰援,到各类物资调集,再到多省对口支援,举国上下全力支持武汉,支持湖北,凝聚起众志成城抗击疫情的磅礴力量。

全国范围内,关于防疫知识的"硬核"广播和丰富多样的防疫标语成为流行话题;各级各类媒体传播正能量,激发了国民的防疫潜能。在短时间内,防疫动员工作达到了前所未有的广度、深度,展示出党和政府强大的政治动员能力。

中国力量 为世界传递信心

新冠肺炎疫情发生后,中国第一时间通报世界卫生组织,发布信息,快速识别病毒并分享基因序列,缩短了世界各国研制疫苗的周期;对疫情严重的武汉和湖北其他地区采取严格的"封城"措施,为国内其他地区及其他国家防控疫情争取了宝贵时间;针对一些国家从武汉撤侨的要求,中国政府提供了力所能及的帮助;随着疫情扩散至全球多个国家和地区,中国政府和专家通过各种途径与世界分享防控和诊疗经验,派出医疗团队赴伊朗、伊拉克、意大利帮助开展防疫工作。中国经验给各国送去了温暖,为世界增添了信心。

中国抗击新冠肺炎疫情的有力举措和积极成效受到海外媒体高度关注,国际舆论纷纷给予肯定:"中国采取了公共卫生史上最具勇气、最为重大的举措""上下一心的凝聚力令人肃然起敬""只有中国才能够实现如此高效有力的应对。"面对疫情,中国的作为不仅体现了对本国人民生命安全和身体健康高度负责的态度,也向世界传递了战疫必胜的信心、决心,展示了负责任大国形象,为世界公共卫生安全事业做出了重大贡献。

案例来源:臧梦雅.[战"疫"说理]疫情防控积极 成效彰显中国优势[N].经济日报,2020-3-17.

案例简析 >>>

这场战"疫",让我们看到了党和国家始终将人民群众生命安全和身体健康放在第一位的价值理念,看到了一方有难、八方支援的伟大中华民族精神,看到了坚持全国一盘棋、调动各方面积极性、集中力量办大事的中国制度优势。新时代,我们要创造新的更大奇迹,需要与时俱进、创新发展,不断完善国家治理体系和治理能力,以推动党和国家事业的发展进步。

第三节　平安中国建设的制度成果

在习近平中国特色社会主义思想指引下,平安中国建设日趋体系化,形成了矛盾纠纷多元化解体系、立体化社会治安防控体系、基层社会治理体系、公共卫生治理体系、安全生产责任体系、食品安全监管体系、应急管理体系、法治保障体系、国家安全体系等一系列制度性成果,使得平安中国建设越来越趋向体系化、制度化和成熟化。

一、矛盾纠纷多元化解体系逐步完善

从党的十八届四中全会提出要"完善调解、仲裁、行政裁决、行政复议、诉讼等有机衔接、相互协调的多元化纠纷解决机制"以来,中央持续出台相关文件推动矛盾纠纷多元化解,从源头上加强平安中国建设。2015 年 12 月 6 日,中共中央办公厅、国务院办公厅出台的《关于完善矛盾纠纷多元化解机制的意见》。2016 年 6 月 29 日,最高人民法院出台的《关于人民法院进一步深化多元化纠纷解决机制改革的意见》。2018 年 9 月 29 日,司法部印发《坚持发展"枫桥经验"实现矛盾不上交三年行动方案》。2019 年 2 月 13 日,公安部出台《关于全国公安机关坚持发展新时代"枫桥经验"的意见》。2019 年 5 月 24 日,公安部《全国公安机关创建"枫桥式公安派出所"活动工作方案》,提出要实现"矛盾不上交、平安不出事、服务不缺位"。在中央政策与制度的推动下,矛盾纠纷多元化解工作制度不断完善,逐步形成上下贯通、横向协调、运转高效的矛盾纠纷多元化解工作体系。据统计,自党的十八大以来,全国各地调解组织和人民调解员共排查矛盾纠纷 1472 万次,预防矛盾纠纷 997

万件,化解矛盾纠纷4646万件,把大量矛盾纠纷化解在基层,消除在萌芽状态,筑牢了维护社会和谐稳定的"第一道防线"。[①]

二、社会治安防控体系不断优化

按照习近平总书记对社会治安防控体系的重要指示,中央相关部门推动制度出台。2015年4月,中共中央办公厅、国务院办公厅印发了《关于加强社会治安防控体系建设的意见》,该意见改变了以往社会治安主要由公安等政法机关来抓的做法,规定党委和政府作为社会治安防控体系建设的第一责任人,要亲自研究部署,一级抓一级,层层抓落实,真正担负起维护一方稳定、确保一方平安的重大政治责任。2016年3月,中共中央办公室、国务院办公室印发《健全落实社会治安综合治理领导责任制规定》,进一步压实各级党政领导班子、领导干部社会治安综合治理责任,深入推进社会治安综合治理创新,努力建设更高水平的平安中国。各地各部门积极贯彻落实中央精神,省市县三级党委政府基本制定了《关于加强社会治安防控体系建设的意见》(以下简称《意见》),既严格按照中央的统一要求进行落实,又对《意见》中规定的"社会面治安防控网建设、重点行业治安防控网建设、乡镇(街道)和村(社区)治安防控网建设、机关企事业单位内部安全防控网建设、信息网络防控网建设"进行因地制宜的实践与创新,尤其结合"枫桥经验"的群防群治和网格化管理,新时代智慧治理手段"雪亮工程"等普遍形成了横向到边、纵向到底、网上网下同步的社会治安防控网。2018年1月,中共中央、国务院发布了《关于开展扫黑除恶专项斗争的通知》,扫黑除恶专项斗争在全国范围内启动。这些措施极大地提高

---

① 政法机关有力之举换来全方位平安[N].法制日报,2017-10-11(1).

了社会治安能力,有效减少了刑事发案率,降低了命案发生率。据统计,我国每 10 万人命案发案率由 2012 年的 0.83 起下降到 2016 年的 0.62 起,人民群众安全感和满意度由 2012 年的 87.55％上升到 2016 年的 91.99％。[①]

三、基层社会治理体系走向成熟

自党的十八大以来,我国基层社会治理体系日趋完善,治理现代化水平不断提高,基层活力不断迸发,为平安中国建设打牢坚实的基层基础。党的十八届五中全会提出构建"党委领导、政府负责、社会协同、公众参与、法治保障"五位一体的社会治理体制,党的十九届四中全会又进一步完善为"党委领导、政府负责、民主协商、社会协同、公众参与、法治保障、科技支撑"七位一体的社会治理体系,建设人人有责、人人尽责、人人享有的社会治理共同体,确保人民安居乐业、社会安定有序,建设更高水平的平安中国。2017年 6 月,中共中央、国务院出台《关于加强和完善城乡社区治理的意见》。2019 年 6 月,中共中央办公厅、国务院办公厅又印发《关于加强和改进乡村治理的指导意见》。在中央顶层设计的推动下,我国不断健全党组织领导的城乡社区管理和服务体系,创新自治、法治、德治"三治结合"基层社会治理体系,健全基层协商民主体系,创新社区、社会组织、社会工作"三社联动"工作体系,健全网格化管理和组团式服务体系,构建"互联网＋"基层社会治理体系,加快推进市域社会治理现代化体系,探索边疆治理体系等。这有力地推动了社会治理和服务重心向基层下移,把更多资源下沉到基层,

---

① 图解:近 5 年中国命案率不到 10 年前一半,好于德英美［EB/OL］.(2018-3-2). http://politics.people.com.cn/n1/2018/0302/c1001-29844034.html＃__sinfor＝appid: 801239953.

把更多基层力量动员起来,为平安中国建设打下更为扎实的基层基础。

四、公共卫生治理体系逐步建立

公共卫生是全民健康的基石。自 2003 年非典爆发以来,我国相继制定了《突发事件应对法》《突发公共卫生事件应急条例》《国家突发公共卫生事件应急预案》《突发公共卫生事件与传染病疫情监测信息报告管理办法》《传染病防治法实施办法》等一系列法律法规,初步形成了公共卫生制度体系。自党的十八大以来,我国坚持预防为主,加大公共卫生投入,控制健康危险因素,逐步健全突发公共卫生事件应急体系建设。2013 年 6 月,我国修订《中华人民共和国传染病防治法》,以更好地预防、控制和消除传染病的发生与流行,保障人体健康和公共卫生。习近平总书记在中央全面深化改革委员会第十二次会议上对有关疫情防控工作和健全国家公共卫生应急管理体系作出指示"针对这次疫情暴露出来的短板和不足,抓紧补短板、堵漏洞、强弱项,该坚持的坚持,该完善的完善,该建立的建立,该落实的落实,完善重大疫情防控体制机制,健全国家公共卫生应急管理体系。"为进一步完善和强化公共卫生法治保障体系,我国拟于 2020—2021 年制定修改相关法律 17 件,包括生物安全法、动物防疫法、野生动物保护法、国境卫生检疫法等。

五、安全生产责任制度显著强化

2014 年 8 月 31 日第十二届全国人大常委会第十次会议通过的新《安全生产法》,从落实安全生产责任制等监管方面做了系统的、具体的制度安排。2016 年 12 月 9 日,中共中央、国务院出台了《关于推进安全生产领域改革发展的意见》,提出依靠严密的责任体系、严格的法治措施、有效的体制机制、有力的基础保障和完善的系统治理,切实增强安全防范治理能力。2018年4月8日,中共中央办公厅、国务院办公厅印发《地方党政领导干部安全生产责任制规定》,加强地方各级党委和政府对安全生产工作的领导,健全落实安全生产责任制。在以习近平为领导核心的党中央对安全生产的高度重视和有力领导下,各级各部门全面落实安全生产责任,一方面不断完善地方性安全生产法规,从制度上保障安全生产有效落实;另一方面开展一系列整顿、严查和问责,使得安全生产情况有了根本性扭转。截至2019年年底,全国生产安全事故总量、较大事故和重特大事故保持"三个下降"。其中,事故起数和死亡人数分别下降18.3%和17.1%,较大事故、重特大事故起数分别下降10.2%和5.3%。[①]

六、食品安全监管体系全面改进

习近平总书记要求牢固树立以人民为中心的发展理念,坚持党政同责、标本兼治,加强统筹协调,加快完善统一权威的监管体制和制度,落实"四个最严"的要求,切实保障人民群众"舌尖上的安全"。为此,2019年5月9日,中共中央、国务院出台《关于深化改革加强食品安全工作的意见》,这是第一个以中共中央、国务院名义出台的食品安全工作纲领性文件,具有里程碑式重要意义。该意见提出要建立最严谨的标准、实施最严格的监管、实行最严厉的处罚和坚持最严肃的问责,从而推动建立食品安全领域现代化治理体系。2019年3月6日经国务院第42次常委会议修订通过并于12月1日施行的《中华人民共和国食品安全法实施条例》,强化生产经营者的食品安全主体责任,增设"处罚到人"制度,充分体

---

① 　2019年全国生产安全事故起数下降18.3%[N].人民日报,2020-1-8(13).

现食药领域"四个最严"的要求。由此,全国从上而下注重食品安全,相关部门齐抓共管这项工作,使得我国食品安全情况大为改善。据统计,2018 年食品安全检出不合格样品 5965 批次,样品平均不合格率为 2.4%,比 2014 年降低 2.9 个百分点,风险防控力度不断加大。[①] 2019 年食品安全的形势持续稳中向好,平均食品总体抽检合格率为 97.8%,其中,2019 年乳制品抽检合格率达99.9%。英国《经济学人》杂志旗下智库发布的《2019 年全球食品安全指数报告》显示,中国排名第 35 位,较上一年的第 46 位上升了 11 位。中国食品安全整体水平的提升,为世界所认同。[②]

七、应急管理体系基本形成

应急管理是国家治理体系和治理能力的重要组成部分,承担防范化解重大安全风险、及时应对处置各类灾害事故的重要职责,担负保护人民群众生命财产安全和维护社会稳定的重要使命。要发挥我国应急管理体系的特色和优势,借鉴国外应急管理有益做法,积极推进我国应急管理体系和能力现代化。[③] 2013 年 10 月 25日,国务院办公厅印发《突发事件应急预案管理办法》,对于全面加强应急预案管理,健全公共安全体系具有重要意义。2016 年 12 月19 日,中共中央、国务院出台了《关于推进防灾减灾救灾体制机制改革的意见》,提出了新时期防灾减灾救灾改革的顶层设计,明确了改革的总体要求和具体改革举措。全国各省市区也相继出台

---

① 2018 年国家食品安全监督抽检样品平均不合格率为 2.4%[EB/OL]. (2019-4-1). http://health.people.com.cn/n1/2019/0401/c14739-31006566.html.

② 2019 年食品安全形势持续稳中向好 平均食品总体抽检合格率为 97.8%[EB/OL]. (2020-1-6). http://dc.sanhaostreet.com/guonei/202001/062706.html.

③ 习近平.发挥我国应急管理体系特色和优势 积极推进我国应急管理体系和能力现代化[N].中国应急管理报,2019-12-01(1).

《关于推进防灾减灾救灾体制机制改革的实施意见》和综合防灾减灾规划（2016—2020 年）、防震减灾"十三五"规划，不断提高全社会抵御地震灾害的综合防范能力。2018 年 3 月，根据第十三届全国人大第一次会议批准的国务院机构改革方案，国家应急管理部设立。2019 年，应急管理部门依靠改革破解难题，系统谋划、综合推进，应急管理大的体制已经明确，新部门、新机制、新队伍的优势日益显现，应急救援能力建设整体推进，综合应急保障水平全面提升，危险化学品安全生产风险监测预警系统全面应用。目前已经建成部省市县四级贯通的全国应急指挥信息网，初步形成应急指挥"一张图"。同时还创建了中国应急信息网，组建了国家自然灾害防治研究院。据统计，2019 年，全国安全生产形势总体保持稳定态势，事故起数和死亡人数分别下降 18.3％和 17.1％，较大事故、重特大事故起数分别下降 10.2％和 5.3％。①

八、法治保障体系不断健全

法治建设是平安建设的重要保障。2014 年 10 月，中共中央出台《关于全面推进依法治国若干重大问题的决定》，强调"坚持走中国特色社会主义法治道路，建设中国特色社会主义法治体系""坚持法治国家、法治政府法治社会一体建设"。2015 年 12 月 27 日，中共中央、国务院印发的《法治政府建设实施纲要（2015—2020 年）》，提出"到 2020 年基本建成职能科学、权责法定、执法严明、公开公正、廉洁高效、守法诚信的法治政府"的目标。2020 年 12 月，中共中央印发了《法治社会建设实施纲要（2020—2025 年）》，提出要"建设信仰法治、公平正义、保障权利、守法诚信、充满活力、和谐

---

① 2019 年我国事故起数和死亡人数"双下降"[EB/OL].（2020-1-5）. http://www. xinhuanet. com/politics/2020-01/05/c_1125423564. htm.

有序的社会主义法治社会。"2021 年 1 月,中共中央印发了《法治中国建设规划(2020—2025 年)》,强调"坚定不移走中国特色社会主义法治道路,奋力建设良法善治的法治中国""建设法治中国,应当实现法律规范科学完备统一,执法司法公正高效权威,权力运行受到有效制约监督,人民合法权益得到充分尊重保障,法治信仰普遍确立,法治国家、法治政府、法治社会全面建成。"在明确"法治国家、法治政府、法治社会"三位一体的总体建设框架下,我国陆续推动和完善全面从严治党制度体系、科学立法体系、完善法治政府体系、司法公正体系、法治社会建设体系等,这为平安中国建设提供了更为有力的法治保障。

九、国家安全体系不断完善

国家安全是安邦定国的重要基石,是平安建设的最重要任务之一。自党的十八大以来,在习近平总书记的亲自推动下,我国国家安全领导机构日益健全,法律制度逐步完善,治理体系不断丰富,总体国家安全观得以全面践行。2013 年 11 月,中央国家安全委员会成立,习近平总书记亲自担任主席。2014 年 4 月,中央国家安全委员会第一次会议提出总体国家安全观。2014 年 11 月,《中华人民共和国反间谍法》颁布实施。2015 年 1 月,中共中央政治局审议通过《国家安全战略纲要》。2015 年 7 月,新《中华人民共和国国家安全法》颁布实施,规定每年 4 月 15 日为全民国家安全教育日。2015 年 12 月,《中华人民共和国反恐怖主义法》颁布。2016 年 12 月,《关于加强国家安全工作的意见》审议通过。近年来,我国还通过了诸如《中华人民共和国境外非政府组织境内活动管理法》《中华人民共和国国防交通法》《中华人民共和国网络安全法》《中华人民共和国国家情报法》《中华人民共和国核安全法》等一系列国家安全配套法律,逐渐形成了比较健全的国家安全规范体系。在顶层设计的推动下,各级各部门始终坚持总体国家安全观,统筹发展和安全;始终坚持人民安全、政治安全、国家利益至上有机统一;始终以人民安全为宗旨,以政治安全为根本,以经济安全为基础,以军事、科技、文化、社会安全为保障,健全国家安全体系,增强国家安全能力。

◆◆ **本章小结**

党的十八大以来,习近平总书记全面推进平安中国建设,把新时代"枫桥经验"从地方经验上升为"中国之治"的重要组成部分,把平安建设从地方实践上升为中国战略。经过持续七八年的努力,平安中国建设结出了累累硕果,形成了一系列制度性成果和一大批实践性成果,提高了全国各地社会治理和平安建设的能力,提高了人民群众的安全感和幸福感。平安中国建设是习近平新时代中国特色社会主义思想的集大成者,是萌发于浙江、拓展到全国、影响到世界的一项重要治国理政、定国安邦的战略。

◆◆ **思考题**

1. 平安中国建设体现了习近平总书记的哪些治国理政思想?

2. 思考如何顺应时代新形势,通过创新社会治理、加强法治保障、深化社会治安综合治理、加强公共安全,抓住平安中国建设的着力点,建设更高水平的平安中国?

◆◆ **拓展阅读**

1. 蔡长春.十大经验推动平安中国建设取得新成效[N].法制日报,2017-9-22(1).

2. 努力建设更高水平的平安中国[N].人民日报,2019-5-10(1).

3. 创新社会治理 建设平安中国[N].新华每日电讯,2019-11-

12(3).

4. 龚维斌. 建设更高水平的平安中国[J]. 社会治理, 2019(11)：16-19.

5. 深入践行以人民为中心的发展思想 着力推进更高水平的平安中国建设[N]. 人民公安报, 2018-1-28(001).

6. 打造平安中国示范区 平安浙江建设再出发[N]. 法制日报, 2017-3-27(1).

7. 习近平谈治国理政. 北京：外文出版社, 2014.

8. 习近平谈治国理政(第二卷)北京：外文出版社, 2017.

9. 习近平谈治国理政(第三卷). 北京：外文出版社, 2020.

各级政法机关要增强"四个意识"、坚定"四个自信"、做到"两个维护",发扬斗争精神,着力推进政法领域全面深化改革,提高政法工作现代化水平,努力建设更高水平的平安中国、法治中国。

——习近平同志在中央政法工作会议上的讲话,2019 年 1 月 17 日

第五章　平安浙江建设的价值与启示

◆◆　**本章要点**

1. 平安浙江建设取得了瞩目成果,包括丰硕充盈的实践成果、有效管用的制度成果和与时俱进的理论成果。

2. 平安浙江建设的成功之路,彰显了中国特色社会主义道路自信、理论自信、制度自信和文化自信。

3. 平安浙江建设带来了深刻启示,党建统领是建设平安浙江的重要保证、人民主体是建设平安浙江的关键所在、方法创新是平安浙江建设的可贵品格、基层基础是平安浙江建设的坚实保障、共建共治是平安浙江建设的创新格局、科学考核是平安浙江建设的有力抓手。

平安浙江建设是植根于浙江经济社会发展大局的战略部署,是平安中国在浙江的先行先试,是具有中国特色和浙江元素的维护社会秩序和谐稳定的成功探索。今天的浙江就是明天的中国。作为改革开放先行地和市场经济先发地,浙江勇立时代潮头,敢于探索创新,在省域内首创平安建设,率先打造平安中国建设示范

区,取得了瞩目成果,充分体现了中国特色社会主义自信。浙江的平安建设实践不但为自身破解问题找到了一条道路,而且可以为全国其他地区未来应对类似问题提供经验启示。

第一节 平安浙江建设的瞩目成果

自平安浙江建设启动以来,浙江始终驰骋在经济快速发展与社会和谐稳定的平安大道上,最终取得了令人瞩目的成果。15 年来,浙江始终坚定不移地沿着"八八战略"指引的路子走下去,把平安浙江建设作为浙江省推进社会治理现代化的总抓手,一张蓝图绘到底、一任接着一任干,不断把平安浙江建设引向深入。特别是党的十八大以来,浙江认真贯彻落实习近平总书记关于社会治理和平安建设的重要论述,在坚持中发展,在继承中创新,全面深化平安浙江建设,奋力谱写了经济持续健康发展、社会持续安全稳定"两大奇迹"的浙江篇章。15 年平安浙江建设的主要成果集中体现在以下三个方面。①

一、丰硕充盈的实践成果

在浙江省委、省政府的坚强领导下,各地各部门坚持发展与稳定并重、富民与安民共进,聚焦打赢维稳安保硬仗,有力保障 G20 杭州峰会、世界互联网大会等重大活动,同时着力防范化解各类风险挑战,有效应对台风、洪水、山体滑坡等自然灾害,妥善处置火灾、交通、食品药品、环境污染等公共安全事故,积极化解非法集资、金融诈骗等引发的群体性事件,为平安中国建设贡献了浙江力

---

① 建设平安浙江新闻发布会举行[EB/OL].(2019-4-8). http://www. scio. gov. cn/xwfbh/gssxwfbh/xwfbh/zhejiang/Document/1651515/1651515. htm.

量。据统计,浙江生产总值从 2003 年的 9705 亿元跃升到 2018 年的 5.6 万亿元,年均增长 10.2%;人均生产总值从 1.7 万元增加到 9.9 万元,年均增长 9.0%;一般公共预算收入从 570 亿元增加到 6600 亿元,位居全国第四位;城乡居民人均可支配收入年均实际增长 7.9%;城市化率从 47.5% 提升至 68.9%,居全国各省区第三位。2003—2018 年,浙江省刑事案件总量下降 21%;命案总量下降 77%,并实现"命案全破";人民群众安全感满意率从 2004 年的 92.33% 上升到 2018 年的 96.84%。特别是 2018 年,全省刑事案件发案总量同比下降 13.1%,其中命案数下降 10%;火灾事故起数、死亡人数同比分别下降 32.5%、37.5%;道路交通事故死亡人数同比下降 13.29%,实现了经济发展与社会稳定同步推进、社会治理与平安建设水平同步提升、人民群众获得感幸福感与安全感同步增强,浙江被公认为最安全、最公平、最具活力的省份之一。

二、有效管用的制度成果

在平安建设过程中,各地各部门边实践边总结,边探索边完善,统筹推进系统治理、依法治理、综合治理、源头治理,构建了具有时代特征、浙江特点的平安建设大格局。特别建立健全组织领导机制、责任落实机制、考评督查机制,推动完善维护国家安全和社会稳定体系、立体化治安防控体系、社会矛盾多元化解体系、公共安全保障体系和经济领域安全保障体系,创新平安考核办法,平安建设的制度化、标准化、规范化水平有明显提升。

三、与时俱进的理论成果

各地各部门始终以新的眼光、新的视角,分析和判断新情况新问题,先后总结提炼了 G20 杭州峰会维稳安保经验和"三治融合"

"基层治理四平台""全科网格"等特色做法。特别是省委与中央政法委一道，概括提炼了以坚持党建统领、坚持人民主体、坚持"三治融合"、坚持"四防并举"、坚持共建共享为主要内容的新时代"枫桥经验"。这些都有力地深化了对平安建设规律性的认识，是习近平新时代中国特色社会主义思想在社会治理领域结出的硕果，为全面提升基层治理现代化水平提供了重要的理论参考。

第二节 平安浙江建设的时代价值

平安浙江建设是中国特色社会主义与浙江实际情况有机结合下，走出的一条政治、经济、文化、社会和生态建设全面推进的大平安建设之路，及时回应了人民群众对繁荣安定的需要，从源头上保证了社会秩序稳定。今天的浙江就是明天的中国。2020 年 3 月29 日至 4 月 2 日，习近平总书记考察浙江期间赋予了浙江全面展示中国特色社会主义制度优越性"重要窗口"的新定位新使命。显然，作为浙江的特色经验，平安建设毫无疑问是全面展示中国特色社会主义制度优越性"重要窗口"不可或缺的浙江实践和浙江元素。平安浙江建设具有重要的时代价值，具体可以从思想价值、理论价值、制度价值、实践价值四个维度分析解读。

一、平安浙江建设的思想价值

平安浙江建设蕴含着丰富的思想，是习近平新时代中国特色社会主义思想重要萌发的有机组成部分。21 世纪之初，浙江经济社会发展"一条腿长、一条腿短"的问题先发暴露出来，社会建设相对滞后，社会治安、公共安全不断出现新情况，由各类矛盾纠纷引发的群体性事件呈多发态势，经济高速增长所付出的社会成本和代价不断上升。因此,2003 年至 2007 年期间,习近平同志提出并推进了包含社会政治稳定、治安状况良好、经济秩序平稳、安全生产状况稳定好转、社会公共安全、人民安居乐业、基层基础建设、重点部位的强化管理等八个方面建设在内的"大平安"。"大平安"建设融合了有关科学发展观、社会主义和谐社会等思想,又融入了习近平同志自身结合浙江实际情况所做的思考,成为当时浙江经济、政治、社会、文化、生态全面发展的重要指导思想。党的十八大以来,平安浙江建设根据社会矛盾的新变化、新趋势,又形成共建共治共享的社会治理理念、协同高效的平安建设机制,努力建设更高水平的平安浙江。纵观平安浙江建设的发展,其一直蕴含着丰富的治理思想:一是以人为本的思想,紧紧围绕服务人民群众这个原点开展各项工作;二是全面发展思想,着眼于"大平安"建设推动"五位一体"发展;三是高效协同的思想,强调形成合力、高效运行、整体推进。这些思想是平安浙江建设实践有效性的源泉,是推动平安浙江建设的明灯,也是全国各地开展平安建设过程中值得借鉴的重要内容。

二、平安浙江建设的理论价值

平安浙江建设有着重要的理论支撑,也取得了丰富的理论成果。它在提出之初,就强调要把思想理论建设放在首位。一方面,它把邓小平理论、"三个代表"重要思想和科学发展观作为重要理论依据,按照马克思主义经典理论和中国特色社会主义理论来推进平安建设。另一方面,它还把社会建设、社会管理等新理论作为指导理论,并跟浙江自身的实际情况结合,形成一套适合省情的平安建设理论,有力地推动了平安浙江实践始终走在前列。自党的十八大以来,平安浙江建设又在习近平新时代中国特色社会主社会治理理论的指导下,创设了具有浙江特色的社会治理理论:一是始终坚持源头治理,力求矛盾不上交、平安不出事;二是始终坚持系统治理,用"大平安"理念统揽平安建设;三是始终坚持综合治理,齐抓共管形成平安建设整体合力;四是始终坚持依法治理,以法治思维和法治方式破解难题保平安;五是始终坚持智慧治理,运用信息化科技手段打造平安建设升级版;六是始终坚持精细治理,像绣花一样精细地做好平安建设每个环节。正是因为有这些科学理论为指导,平安浙江建设才在实践上不断创新,并且这种创新始终不偏离方向,始终充满时代活力。平安浙江建设的成功,佐证了中国特色社会主义理论自信,也为全国各地开展平安建设提供了借鉴。

三、平安浙江建设的制度价值

平安浙江建设始终建立在规范化、制度化的基础上,也在长年实践中积累了一系列制度成果。它在提出之初,就紧紧围绕中央对中国特色社会主义制度的总体安排开展,并结合浙江自身特色,设计了一整套与和谐社会、科学发展观、政治平安、经济平安、文化平安、社会平安、生态平安密切相关的具体制度,这些制度有效地确保了平安浙江建设的有序开展,并使浙江由 21 世纪之初的"经济黑马单项优秀生"变成"五好发展优等生"。16 年来,平安浙江建设在各方面制定了一系列制度,并与时俱进,根据人民诉求和中央政策动向不断完善调整,使平安浙江始终走在全国前列。进入新时代,浙江又结合省域治理现代化,着力推动"落实和健全党的领导制度体系、健全现代法治体系、健全高质量发展制度体系、健全社会治理体系、健全基层治理体系、健全治理能力保障体系"六大制度体系,从制度上保障推动实现更高质量的发展、更高水平的平安。从这个意义上说，平安浙江建设正是通过较完善的制度支撑，才取得了良好的治理成效，让社会安定有序，让人民幸福满满。平安浙江建设的实践证实了中国特色社会主义的制度自信，也为全国其他地区甚至世界其他国家维持核心稳定的社会秩序提供了一种可供选择的制度样本。

四、平安浙江建设的实践价值

平安浙江建设是典型的地方实践经验，其蕴含着三方面的实践价值：一是提升整个浙江平安建设水平。经过多年持续推动平安浙江建设，从根本上扭转了社会治安问题，浙江刑事案件总量大幅度下降，实现"命案全破"；人民群众安全感满意率大幅度提升，被公认为全国最安全的省份之一。二是激发当地干部群众的积极性。从公共政策视角看，平安浙江建设是地方政府创造性执行中央政策的地方政策实践，是从地方政策实践到全国性政策的样本。在其发展的 16 年中实现"地方试点→中央吸纳→全国推广"的互动循环。同时，"地方试点"也是根据中央政府、省级政府的政策意图，有针对性地开展的政策试点。对于地方干部群众来说，地方试点的成功经验能够被中央政府或者高层级政府采纳，是对他们工作的认可和肯定，因此会极大地激发地方干部群众的工作积极性和主动性。[1] 三是引领全国平安建设的走向。平安浙江建设已经走出浙江走向全国，被广泛效仿。尤其 2018 年"枫桥经验"纪念大会举办后，全国各地掀起了坚持发展新时代"枫桥经验"、建设更高水平的平安中国建设的热潮。类似的案例遍布全国各地，各具特色的创新做法在各类媒体宣传中随处可见。这有力地推动了地方

---

[1]　刘开君."枫桥经验"与基层治理现代化[N].浙江日报，2018-12-5(5).

政府的创新经验扩散，并互为借鉴、互为模仿，提升了平安建设水平。

第三节　平安浙江建设的深刻启示

平安浙江建设是习近平新时代中国特色社会主义思想在浙江的播种与开花，是省域层面率先开启平安中国建设的实践与探索。其代表着中国特色平安建设在地方的有力践行，涌现了许多成熟的经验和规律，可以为各地带来启示。

一、党建统领是平安浙江建设的重要保证

纵览十多年来平安浙江建设的历程可以发现，始终坚持党建统领是平安浙江建设取得显著成效的重要保证，也是平安浙江建设最为根本性的特征。多年来，平安浙江建设一直坚持党的领导，加强和改进党的建设，把其作为建设"平安浙江"的根本保证。各级党委和领导干部不断适应经济社会形势变化，自觉履行"促一方发展、保一方平安"的政治责任，把平安浙江建设作为重要政治任务贯彻到位、落实到底。

建立党委统领的组织体系推动平安建设。平安浙江在建设之初，省委书记习近平亲自"挂帅"，担任领导小组组长，省长吕祖善、分管的省委副书记夏宝龙及其他 4 位省委常委共同组成强有力的领导班子，统领"平安浙江"建设。按照省委的决策部署，各级党政"一把手"也都亲自"挂帅出征"，带头全面落实省委统领平安浙江建设的各项要求，把平安建设摆在跟经济建设同等重要的位置，一手抓经济报表，一手抓平安报表。习近平同志离任浙江后，浙江依然由新任省委书记统领，着力抓平安浙江建设，始终坚持

党委的领导核心作用,"一任接着一任干""一张蓝图绘到底"。多年来,浙江省各级党委常委会都坚持社会形势分析会制度,省委常委会至少每半年、各市至少每季度、各县(市、区)至少每月召开社会形势分析会,像分析经济形势那样定期分析社会形势。在工作制度上,建立完善了平安建设领导小组会议、平安办全体成员会议、平安建设明察暗访等制度,不断提高平安建设工作科学化、规范化水平。

提高党政领导干部执政能力推动平安建设。一是加强动员能力。提高组织群众、宣传群众、教育群众、服务群众的本领,把最广泛的群众动员到平安浙江建设中来。二是提高调研能力。经常性开展调研,并每年组织领导干部优秀调研报告评选,鼓励各级领导干部要研究式推动平安建设。三是提升应对能力。加强实战,加强风险评估,提高应对突发事件、群体性事件、重大社会风险和复杂局面的能力。四是加强学习能力。各地每年组织各级相关领导参加平安专题培训,并组织到北上广深等先进城市考察学习或挂职锻炼,切实提高领导干部抓社会治理、促平安建设的能力。多年来浙江通过建设一支高素质的平安建设干部队伍,为平安建设提供强有力的人力保障。

二、人民主体是平安浙江建设的关键所在

多年来,坚持人民主体是平安浙江建设的生命力所在,也是平安浙江建设的关键点所在。正如习近平总书记强调的,要"以人民为中心","把人民幸福作为奋斗目标",体现人民群众的主体地位。平安浙江建设始终坚持一切依靠人民群众、一切发动人民群众开展平安建设,始终让人民群众共享发展成果,让人民群众共享繁荣稳定。由此,平安浙江建设也得到了人民群众的衷心拥护、积极参

与和满意评价。

　　坚持平安建设为了人民群众。从根本目的上讲,建设平安浙江就是为了最大限度地满足人民群众的生产、生活和人的全面发展需要。因此,平安浙江建设在提出之初,就强调"坚持以人为本""确保人民安居乐业"这个逻辑起点和价值前提,抓住了我们开展理论和实践创新的出发点和落脚点。在推进平安建设过程中,又始终坚持以人为本的执政理念,始终把改善民生作为平安浙江建设的落脚点和出发点,全心全意为人民群众办实事。每年推出十大民生工程,并根据人民群众各方面需求的新趋势新变化,及时调整民生实事的内容。在新时代又建立健全"为民办实事长效机制"、"最多跑一次"改革,以迎合新时代人民群众对美好生活的向往,不断提高人民的幸福感、获得感、安全感。

　　坚持平安建设依靠人民群众。平安浙江建设的主要方法是发动和依靠广大人民群众参与,充分利用人民群众的力量和智慧,把一切能够动员的平安力量都动员起来。因此,在平安浙江建设之初,就提出"使广大人民群众既成为社会和谐稳定的受益者,又成为平安浙江的建设者",在实践中也产生了村务监督、民主恳谈、人民调解、党建契约化共建等一系列依靠群众参与平安建设的做法。虽然时代在变化,但是平安浙江建设把专门工作与群众路线结合起来的基本做法始终没有改变,在新时代又创新了平安志愿者、平安类社会组织、第三方评估等依靠群众参与平安建设的新做法。

三、方法创新是平安浙江建设的可贵品格

　　多年来,方法论的创新一直是平安浙江建设的可贵品格,在不同的时期都能与时俱进地采用不同的方式方法来施策,正如习近平总书记指出,"领导干部一定要学会全面辩证地看问题,在认识论上要有辩证统一的思想,在方法论上要学会统筹兼顾,在具体工作中要学会'十指弹琴'"①。平安浙江建设善于统筹兼顾,强调问题导向,利用"三治融合",综合运用各种方法应对经济社会快速发展过程中涌现的各类复杂问题,从而实现高质量发展。

强调统筹兼顾。平安浙江建设在实施之初,习近平同志就十分强调平安建设中的统筹兼顾,要求按照中央建设社会主义和谐社会和浙江省委平安浙江建设的精神,着力解决好各类社会矛盾纠纷,全面维护社会和谐稳定,强调要抓好"统筹兼顾经济、政治、文化、社会生活等诸因素""统筹兼顾服务群众和教育群众""统筹兼顾经常性与阶段性工作"三个方面的统筹。进入新时代,平安浙江建设着眼于经济、政治、文化、社会建设之间的有机统一和内在联系,综合考虑各方面对社会和谐稳定的影响,使之统筹兼顾和协同发展。由此浙江成为贯彻落实"五位一体"总体布局和"四个全面"战略布局最到位的省份之一。

强调问题导向。问题导向始终都是平安浙江建设的重要方法。浙江各级党委和政府牢牢抓住平安建设中的各种问题不放松。对于那些影响浙江平安和谐的问题,不论是观念理念问题,还是政策偏差问题,抑或是安排部署的问题,也不论问题大小,发现一个解决一个,逐一破解困局。正如习近平同志所强调的,领导干部不仅要有忧患意识和问题意识,而且要善于见微知著,防患于未然,把问题化解在未爆发之前、化解于无形之中。所谓上医治未病,正是这个道理。平安浙江建设从酝酿到决策、从实施到深化、从考评到奖惩,每一个过程、每一个环节,都坚持需求导向、问题导向,并实事求是地寻找原因,逐一破解相关难题。

---

① 习近平.之江新语[M].杭州:浙江人民出版社,2007:62.

强调科技支撑。平安浙江建设不断深化互联网、物联网、大数据等技术工具在平安浙江建设中的应用,构建了全覆盖、多层次、协调联动的智能化监控体系,不断提高社会治理的智能化水平。率先探索构建"互联网＋社会治理"新模式,创造性地运用现代科技手段,通过"互联网＋"矛盾化解、公共安全、执法司法、基层自治、诚信体系等探索,打造了网上"枫桥经验",推动了平安浙江建设升级版。浙江各级政法机关陆续尝到了信息化建设的甜头,持续探索构建了大数据评估、"组合拳治理"等工作新机制,积累成为平安建设的浙江经验。

强调"三治融合"。平安浙江建设过程中重视构建自治、法治、德治"三治融合"基层社会治理体系。发挥自治基础作用,加强和规范群众自治组织建设,推动群众参与民主决策,做到民事民议、民事民办、民事民管。发挥法治保障作用,健全法制宣传教育服务体系,培养政府和群众的法治习惯,善于运用法治思维和法治方式解决问题。发挥德治引领作用,通过道德榜样、最美评选、家训家风等方式,加强基层社会治理的道德氛围,赶跑歪风邪气和消解矛盾怨气。"三治融合"方法使得平安浙江建设综合施策、多措并举。

四、基层基础是平安浙江建设的坚实保障

平安浙江建设的工作重心一直放在基层,全力以赴做好抓基层打基础各方面工作。正如习近平同志强调的,基层既是产生社会矛盾的"源头",同时也是疏导各种矛盾的"茬口"。① "基层是加强党的执政能力建设的基础。基础不牢,地动山摇。"② 只有把基层

---

① 习近平.之江新语[M].杭州:浙江人民出版社,2007:226.
② 习近平.之江新语[M].杭州:浙江人民出版社,2007:111.

基础工作做扎实了,利益关系理顺了,思想情绪也就平和了,各种不稳定因素和矛盾冲突也就在基层解决了,平安建设的基层基础也就牢靠了。

始终坚持"枫桥经验"夯实基层基础。"枫桥经验"最大的特点,是坚持把矛盾问题化解在基层,努力创造和谐稳定的社会秩序。在不同时期,"枫桥经验"根据基层社会治理中出现的不同问题,发展出不同的具体做法,诸如"小事不出村,大事不出镇,矛盾不上交""矛盾不上交,平安不出事,服务不缺位",这些都把解决矛盾问题的场景设定为基层。平安浙江建设唱响"枫桥经验",体现的就是基层导向,实现的就是基层社会治理目标。

不断创新载体夯实基层基础。通过整合基层力量和资源,创造了乡镇(街道)综治工作中心、综治进民企等一批在全国有重要影响的特色经验,进一步增强了基层实力、提高了基层战斗力。全面建成了省、市、县、乡、村五级综治中心,特别是县乡两级综治中心在基层平安建设中发挥着"瞭望塔""数据库""协调室""指挥部""研判室"的重要作用。大力深化"网格化管理、组团式服务",构建起了全省统一的基层社会治理"一张网"。并从 2017 年开始,在原有工作基础上,全面推行"全科网格",将行政执法、环境保护、安全监管、食品药品监管等事项纳入网格,努力实现"多元合一、一员多用"。同时,坚持不懈开展基层平安创建系列活动,创建领域逐步扩展到社区、村居、渔区、市场、企业、医院、学校、景区、林区、铁路、公路、家庭等基层各个单位、各个方面,平安渔区、平安校园等工作走在全国前列,巩固了平安浙江建设的基层基础。[①]

---

① 浙江举行建设平安浙江新闻发布会.(2017-4-7).www.scio.gov.cn.

五、共建共治是平安浙江建设的创新格局

平安浙江建设一直把共建共治的理念融入全过程中。在平安建设之初，就强调"坚持协力推进，充分发挥各类社会组织的基础性作用，充分发挥广大人民群众的主体作用"。进入新时代，平安浙江建设又努力构建人人有责、人人尽责、人人享有的社会治理共同体，建设更高水平的平安浙江。

党政力量合力建设平安浙江。大平安建设在横向上涉及诸多党政部门，在纵向上涉及省、市、县、乡镇四个行政层级，科层制组织的条块分割特征愈发明显。因此，浙江通过各级党委牵头抓总，各部门齐抓共管，形成平安建设的合力。同时先后创新乡镇综治中心、乡镇基层治理"四个平台"、县级社会矛盾纠纷调处化解中心、市级综治中心等平台，把党政力量有效整合起来，一站式、协同式推进平安建设中的各项工作。

自治组织积极参与平安浙江。城市社区居民委员会和农村行政村的村民委员会在法律属性上是基层群众性自治组织，也是人民群众自我管理、自我教育、自我服务所能达到的组织层级。因此，在平安建设中，浙江始终重视发挥好基层群众自治组织的作用，创新了"后陈经验""村民说事"等有效形式，促使基层群众自治组织成为基层平安建设的主体力量，依靠群众开展平安社区、平安乡村、平安企业等系列平安创建活动。

社会组织协同开展平安浙江。伴随着时代的变化，平安建设发动和组织群众的具体形式也在不断变化。培育、引导和激活社会组织就是新时代有效发动群众的创新形式之一，通过业缘、趣缘、地缘等因素把原子化个体组织整合到社会组织网络之中。这成为近年来平安浙江建设非常有亮点的做法，也成为建设平安浙

江的重要力量。

其他力量广泛加入平安浙江建设。志愿者助推平安建设。浙江大力倡导志愿精神,各类平安志愿者组织的数量与规模日益壮大。流动人口参与平安建设。浙江对流动人口采取融入式、市民化管理模式,大大提高了流动人口的归属感,成为平安浙江建设的一支重要力量。市场力量介入平安建设。浙江率先在平安建设领域加大引导市场力量介入,优化资源配置,激发社会潜能,丰富平安建设力量。

六、科学考核是平安浙江建设的有力抓手

浙江强调以考核促成效,压实平安建设的责任。坚持条块结合,以块为主,制订和完善具体可操作的打造平安浙江工作考核措施,严格落实领导、部门和单位责任制,把维护社会稳定、打造平安浙江的工作成效,作为检验各级党政领导班子和领导干部执政能力和执政水平的重要标志,作为衡量其政绩的重要指标,列入任期目标和作为年度述职报告的重要内容,认真考核,并把考核结果作为干部政绩评定、晋职晋级和奖励惩处的重要依据。

在建设"平安浙江"实践中,"平安浙江"建设考核体系发挥了相当大的作用,它就像"指挥棒""导航器""助推仪",有力地促进了各地平安创建工作按照省委、省政府指定的目标前进,标志着浙江平安建设的各项工作向着更加规范化、制度化的方向发展。[①] 早在2004年8月,浙江省委、省政府下发《浙江省平安市、县(市、区)考核办法(试行)》,以平安市、县(市、区)为主要载体,将"平安浙江"

---

① 夏阿国,蓝蔚青,等.平安浙江——全面构建和谐社会[M].杭州:浙江人民出版社,2006:37-38.

建设的六大内容细化为 1000 分制的 72 项定量定性指标,按照兼顾全面、突出重点、促进工作的原则,确定各项指标的分值权重,以年度各项指标的完成情况为标准进行考评打分。2005 年 7 月,又进一步加以完善,正式颁布《浙江省平安市、县(市、区)考核办法》,确定了涵盖全省深化平安浙江建设、构建和谐社会相关内容的 100 项考核指标。此后,浙江每年根据工作重点的变化,相应对考核指标进行适当调整。浙江省委、省政府每年总结表彰平安市、县(市、区)、社会治安综合治理优秀市和省级平安创建先进单位。截至 2019 年,浙江 11 个地级市有 7 个获得平安金鼎,90 个县(市、区)有 65 个获得平安金鼎。

平安浙江建设的实践启示我们,科学、合理、客观、公正的考评是推进工作的强有力抓手。在平安建设的各项工作中,必须要充分发挥考核体系的作用。

◆ 本章小结

平安浙江建设的成功,既是一个省域内率先践行中国特色平安建设的成功,也是习近平总书记新时代中国特色社会主义社会治理思想逐步萌发、成熟、成功的见证过程。平安浙江建设充分彰显了中国特色社会主义道路自信、理论自信、制度自信和文化自信,为我们沿着中国特色社会主义大道坚定走下去,实现中华民族的伟大复兴,实现中国人民对美好生活向往的中国梦增强了信心。平安浙江建设带给我们的深刻启示,可以概括为"六个坚持",即"坚持党建统领""坚持人民主体""坚持方法创新""坚持基层基础""坚持共建共治""坚持科学考核"。这"六个坚持"包含着中国智慧,体现了浙江先行,可以为全国其他地区未来应对类似问题提供启示。

◆◆ **思考题**

1.为什么说平安浙江建设体现了中国特色社会主义"四个自信"?

2.平安浙江建设哪些具体做法可为学员所在地借鉴复制?

3.平安浙江建设可以带来哪些规律性、普适性的启示?

◆◆ **拓展阅读**

1.马以,谢小云.平安建设的浙江实践[M].杭州:浙江人民出版社,2017.

2.浙江省委党校编写组.中国自信与浙江实践(系列丛书)[M].杭州:浙江人民出版社,2017.

3.中国法学会"枫桥经验"理论总结和经验提升课题组."枫桥经验"的理论构建[M].北京:法律出版社,2018.

4.郁建兴.从"平安浙江"到"平安中国"[N].浙江日报,2018-7-25(5).

5.徐邦友.平安浙江建设的若干启示[N].浙江日报,2019-7-1(8).

6.秋石.建设"平安浙江"构筑和谐社会——浙江省实践"立党为公、执政为民"的调查[J].求是,2005(2):14-18.

后　记

2013 年以来,我一直在浙江大学继续教育学院为全国各地党政干部讲授"枫桥经验"、平安建设相关课程,也一直有个愿望,希望有一本跟授课内容相配套的教材。由于"枫桥经验"、平安建设内涵丰富、体系广泛,很难在一堂课中讲全。每次授课结束后,总有一些学员向我索取相关学习资料,希望对"枫桥经验"有更全面的学习和借鉴。这次承蒙浙江大学的信任,委托我编写《创新"枫桥经验"　建设平安浙江》这本教材,正遂了我的心愿,可以为培训学员提供更好的服务。

本教材由我携绍兴市党校系统的年轻骨干教师一起编著完成。绍兴市委党校于 2009 年成立了"枫桥经验"研究所,一直有一支在本土开展"枫桥经验"研究的教师队伍。我担任研究机构负责人以来,与全市党校系统的骨干教师合作从事"枫桥经验"研究,结下了深厚的情谊,也形成了研究的默契。2019 年因工作调动,我赴浙江警察学院"枫桥经验"与社会治理研究院工作。但跟这些年轻教师依然保持着密切联系,大家商定共同编写这本教材。本教材构思和写作主要由卢芳霞完成,相关章节由绍兴市委党校"枫桥经验"研究中心副主任刘开君博士,法学教研室赵海丽副教授、唐曼老师、周珊老师,文化与社会学教研室副主任李萍副教授、曾云老师,科研处主任科员陈怡伶,上虞区委党校办公室主任杨琴副教授,嵊州市委党校教育科科长冯波讲师,新昌县委党校科研室主任丁丁讲师、嘉兴市委政法委基层治理指导处处长应培国等参编。另外,在教材编写过程中,浙江省委政法委基层治理指导室、绍兴市委政法委、绍兴市公安局、绍兴市司法局、诸暨市委政法委、诸暨市人民法院、柯桥区委政法委、诸暨市枫桥镇、杭州市委政法委、宁波市委政法委等单位为我们提供了相关的经验材料。在此,表示衷心感谢。

本书主编为卢芳霞,具体分工如下:绪论、第一章、第二章由卢芳霞编写;第三章第一节由卢芳霞、冯波、李萍编写;第三章第二节由卢芳霞、杨琴编写;第三章第三节由卢芳霞、丁丁、应培国编写;第三章第四节由卢芳霞、赵海丽、唐曼、陈怡伶、曾云编写;第四章第一节由卢芳霞编写;第四章第二节由卢芳霞、周珊编写;第四章第三节由卢芳霞编写;第五章第一节由卢芳霞编写;第五章第二节由卢芳霞编写;第五章第三节由卢芳霞、刘开君编写;后记由卢芳霞执笔。

需要说明的是,本书所选取的许多案例和数据来自诸多报刊、网站等,如有遗漏标注出处的,在此表示歉意。

由于时间仓促和水平有限,书中难免存在疏漏和不足之处,敬请读者批评指正。

卢芳霞
2020 年 10 月

图书在版编目(CIP)数据

创新"枫桥经验" 建设平安浙江 / 卢芳霞等编著. —
杭州：浙江大学出版社，2021.6(2025.7重印)
ISBN 978-7-308-21411-7

Ⅰ.①创… Ⅱ.①卢… Ⅲ.①社会管理－研究－浙江
Ⅳ.①D675.5

中国版本图书馆 CIP 数据核字(2021)第 097609 号

创新"枫桥经验" 建设平安浙江

卢芳霞 等 编著

出 品 人	褚超孚
总 编 辑	袁亚春
策划编辑	黄娟琴
责任编辑	王元新
责任校对	杨利军　汪　潇
封面设计	程　晨
出版发行	浙江大学出版社
	（杭州市天目山路 148 号　邮政编码 310007）
	（网址：http://www.zjupress.com）
排　　版	杭州朝曦图文设计有限公司
印　　刷	浙江新华数码印务有限公司
开　　本	710mm×1000mm　1/16
印　　张	16.75
字　　数	204 千
版 印 次	2021 年 6 月第 1 版　2025 年 7 月第 5 次印刷
书　　号	ISBN 978-7-308-21411-7
定　　价	39.00 元